世界の奇食の歴史

人はなぜそれを食べずにはいられなかったのか

セレン・チャリントン＝ホリンズ
阿部将大 訳

REVOLTING RECIPES FROM HISTORY

SEREN CHARRINGTON-HOLLINS

原書房

世界の奇食の歴史

人はなぜそれを食べずにはいられなかったのか

REVOLTING RECIPES FROM HISTORY
by Seren Charrington - Hollins

ウェンディ・クラークに——コーヒーを飲みながら、地下室のネズミについての刺激に満ちた会話に感謝をこめて。亡きアラン・クラークの思い出に——事務所に立ち寄っては、励ましと人生についての賢明な言葉、そしてベジタリアン用のサンドイッチを授けてくれ、日々生きていく元気をくれた人。

目次

はじめに

不快な料理、奇食とは何だろうか。奇食を定義しようとするとき、嫌悪感を単なる好みの問題として片づけることはできない。嫌悪感というのは、生理的、認知的な要因によって決まるだけでなく、他の社会的、文化的な側面の影響も受けているからだ。食物の好みは、かなりの程度、育ちや文化的背景によって決まるものだ。

食物は私たちのエネルギー源であり、生存するために人間が食物を摂取する必要があるということは広く認められている。嫌悪感は、私たちの文化に埋め込まれているものであると同時に、病気や安全でない食物を避けるために進化してきた機能でもある。しかし、誰もが生存のために食べる必要があるにもかかわらず、嫌悪を催す食物の種類は人さまざまである。ある人にとってはおいしいごちそうが、別の人にとっては不快にもなりうるのだ。

つまり、何を「嫌悪を催させる」食物に分類するかは人によりけりということだ。「ある人の肉は別の人の毒だ（蓼《たで》食う虫も好き好き）」ということわざが一番よくあてはまるのは、嫌悪感を与える食物を定義するときである。「腐敗した食物」と題された一九〇五年の新聞記事では、「腐敗しかけの」食物に対する態度も人それぞれであることが詳しく論じられている。

腐敗しかけの状態の食物を好むことは、病的で不健全のように思われるが、そのような嗜好は世界のほとんどの地域で見られるものである。イングランドでも事情は同じだ。イングランド人は熟成したスティルトン・チーズや強烈なにおいを放つゴルゴンゾーラ・チーズに目がないし、腐敗した鳥獣肉や腐ったセイヨウカリンを好む。ロシアでは腐ったキャベツを具にした「シチー」として知られるスープが広く食されているが、これは外国人にとっては奇食でしかなく、そのにおいは住宅にしつこくしみついてなかなかとれない。かのジョゼフ・バンクスは、南太平洋諸国の人々は腐敗したクラゲを好むと書き記したうえで、こう付け加えている。「彼らがクラゲを食べたあとは、正直言って、そばにいたくないという気持ちになる」

アラスカのイヌイットの大好物料理は、おそらく私たちにさらに不快感を抱かせるだろう。その料理法は次のとおりである。生の鮭の頭部を地中に掘った穴に詰め込み、一〇日間日光にさらす。ウジ虫がうじゃうじゃ動き回っている状態のまま、人々は鮭をがつがつと食べるのだ。これは、名誉ある賓客には必ず供される料理の一つで、イヌイットのメニューでは「トリプリチェラット」と呼ばれている。

一九〇五年の記事はさらに続く。こういう変わった好みにはなんらかの理由があるのだろうか。それとも、これらの腐った肉というのは、ただ単においしいからという理由だけで食べられているのだろうか。（一）腐敗するものにはすべて多量の細菌が含まれている、（二）細菌は食物の消化を促す、という二つの事実をあわせて考えると、一つの理由が浮かび上がってくる。つまり、腐りかけた食物というのは消化を助けるものなのではないか、ということだ。

健康に悪いとされるのにとてもおいしい食物がある一方で、おいしいからではなく、健康によいからということで食べられる食物があることも事実だ。一般に、ある食物が健康によいか悪いかは、不快なものに分類されるかどうかとはあまり関係がない。それはむしろ、文化と関連するものだ。

嫌悪感が防御装置としてはたらいていることはまちがいない。つまり、嫌悪感とは、有害な影響を与える可能性のある食物や病原菌から私たちを守るよう進化した機能であり、ある種の食物を私たちが避ける行動の根幹にあるものなのだ。どの食物が命取りになるか、体を癒やしてくれるか、または安全に飢えを満たしてくれるかを判定する「毒味役」も、人類の歴史上長い間存在してきた。さらに、私たちは、どの食物が自分の体に合うか、合わないかを人生を通して学んでいく。また、文化的なタブーにもとづいて、ある種の食べ物に対して否定的な見方をするようにもなるのだ。

一般的に、嫌悪感という反応は、植物性食品よりも動物性食品に対して示されるものである。だから、動物の肉が禁断のものとされる傾向にあるのも当然だ。ほとんどの宗教には、清潔さの規範に適合しないために食べることが禁じられている食物が存在する。ヒンドゥー教徒は牛肉を口にしないし、仏教の多くの教えは、あらゆる肉の摂取を禁じている。イスラム教徒は豚肉を食することを禁じられているし、ユダヤ教徒は豚肉と甲殻類を食べることが許されない。キリスト教でも、聖書に「清潔」な食物と「不浄」な食物についての教えが記されている。レビ記一一章には次のような記述がある。

主はモーセとアロンに告げられた。「イスラエルの人々に告げなさい。地に住むすべての動物のうち、あなたがたが食べてよい生き物は次のとおりである。反芻《はんすう》するもので、ひづめが割れ、完全に分かれている動物はすべて食べることができる。

ただし、反芻するだけか、あるいはひづめが割れているだけのものは食べてはならない。らくだ、これは反芻するが、ひづめが割れていないので、あなたがたには汚れたものである。岩狸、これも反芻するが、ひづめが割れていないので、あなたがたには汚れたものである。野兎、これも反芻するが、ひづめが割れていないので、あなたがたには汚れたものである。豚、これはひづめが割れて、完全に分かれているが、反芻しないので、あなたがたには汚れたものである。これらの肉を食べてはならない。死骸に触れてはならない。これらはあなたがたには汚れたものである。

水の中に住むすべてのもののうち、食べることができるのは次のとおりである。水の中、すなわち海や川の中にいて、ひれとうろこのあるものはすべて食べることができる。しかし水に群がるものや、水の中に住むすべての生き物のうち、海や川にいても、ひれやうろこのないものは、あなたがたにはすべて忌むべきものである。あなたがたには忌むべきものであるから、その肉を食べてはならない。その死骸は忌むべきものとしなければならない。水に住みながら、ひれやうろこのないものはすべて、あなたがたには忌むべきものである。

鳥のうち、次のものは忌むべきものとし、食べてはならない。それらは忌むべきものである。禿鷲《はげわし》、ひげ鷲、黒禿鷲、鳶《とび》、隼《はやぶさ》の類、烏《からす》の類すべて、鷲みみずく、小みみずく、かもめ、はいたかの類、小きんめふくろう、みさご、森ふくろう、めんふくろう、こくまる烏、エジプト禿鷲、こうのとり、鷺《さぎ》の類、やつがしら、こうもり」（聖書協会共同訳）

羽のある昆虫も、這《は》って飛ぶものを除いてほとんどが忌むべきものとされ、ヤモリやネズミ、イタチといった動物も不浄なものに分類される。そのメッセージは明らかだ。

「地に群がるものはすべて忌むべきもので、食べてはならない。腹で這いずるもの、四本足のもの、あるいは多くの足で歩くもの、すなわち地に群がるものはすべて食べてはならない。忌むべきものである。すべての群がるものによって、あなたがた自身を忌むべきものとしてはならない。それらによって汚され、不浄な者になってはならない」（聖書協会共同訳）

さらに、神はノアにいかなる動物の血も飲んではならない（『創世記』九章四節）と命じ、『出エジプト記』三四章二六節では、子ヤギを母ヤギの乳で煮ることを禁じている。だが、今日、ほとんどのキリスト教徒は旧約聖書の助言など気にせず、牡蠣《かき》やブラッド・ソーセージ、ベーコンのサンドイッチといったごちそうを楽しみ、「不浄な」肉とは自分たちに嫌悪感を抱かせる食物のことだと決めつけている。

つまり、嫌悪感はきわめて文化的な概念でもあるということだ。腐りかけの肉や魚といった自然食品は、その性質上、嫌悪を催させて当然だが、多くの社会には、そういった通常の嫌悪とは異なる、一風変わった嫌悪感が存在している。その文化における規則と習慣の中でしか理解されないような嫌悪感だ。西洋社会では、カタツムリやカエル、臓物といった食物は、地域や社会集団によって、高級なものと考えられることもあれば、嫌悪を催させることもある。これはつまり、私たちが何を食べ、何を拒否するかは、単なる料理の好み以上のものを語っているということである。

ブリストルのブッシュ酒場を経営するジョン・ウィークスのために印刷された一七九〇年と一八〇〇年のクリスマスの献立表には、魅力的で膨大なメニューが掲載されており、一〇〇以上の料理が並んでいる。そのほとんどが魚類、家禽《かきん》、肉類を中心とするものだ。このようなメニューでは、宗教の教えより料理の流行や贅沢が優先されている。一七九〇年のメニューには、豚の丸焼きやトナ

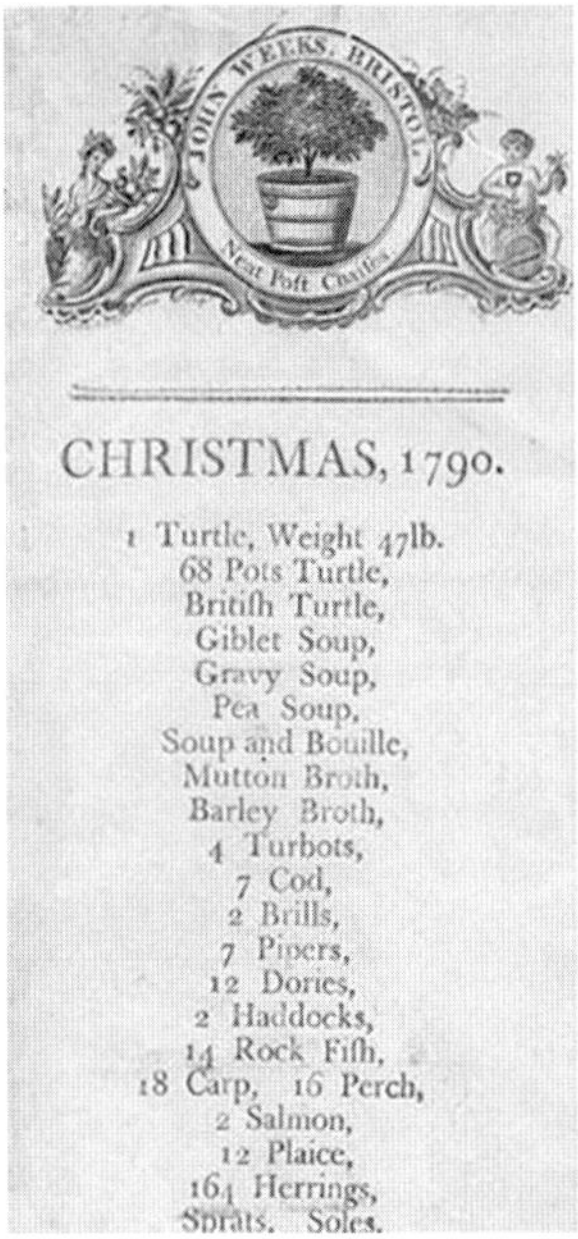

JOHN WEEKS, BRISTOL
Next Post Chaises

CHRISTMAS, 1790.

1 Turtle, Weight 47lb.
68 Pots Turtle,
Britifh Turtle,
Giblet Soup,
Gravy Soup,
Pea Soup,
Soup and Bouille,
Mutton Broth,
Barley Broth,
4 Turbots,
7 Cod,
2 Brills,
7 Pipers,
12 Dories,
2 Haddocks,
14 Rock Fifh,
18 Carp, 16 Perch,
2 Salmon,
12 Plaice,
164 Herrings,
Sprats, Soles,

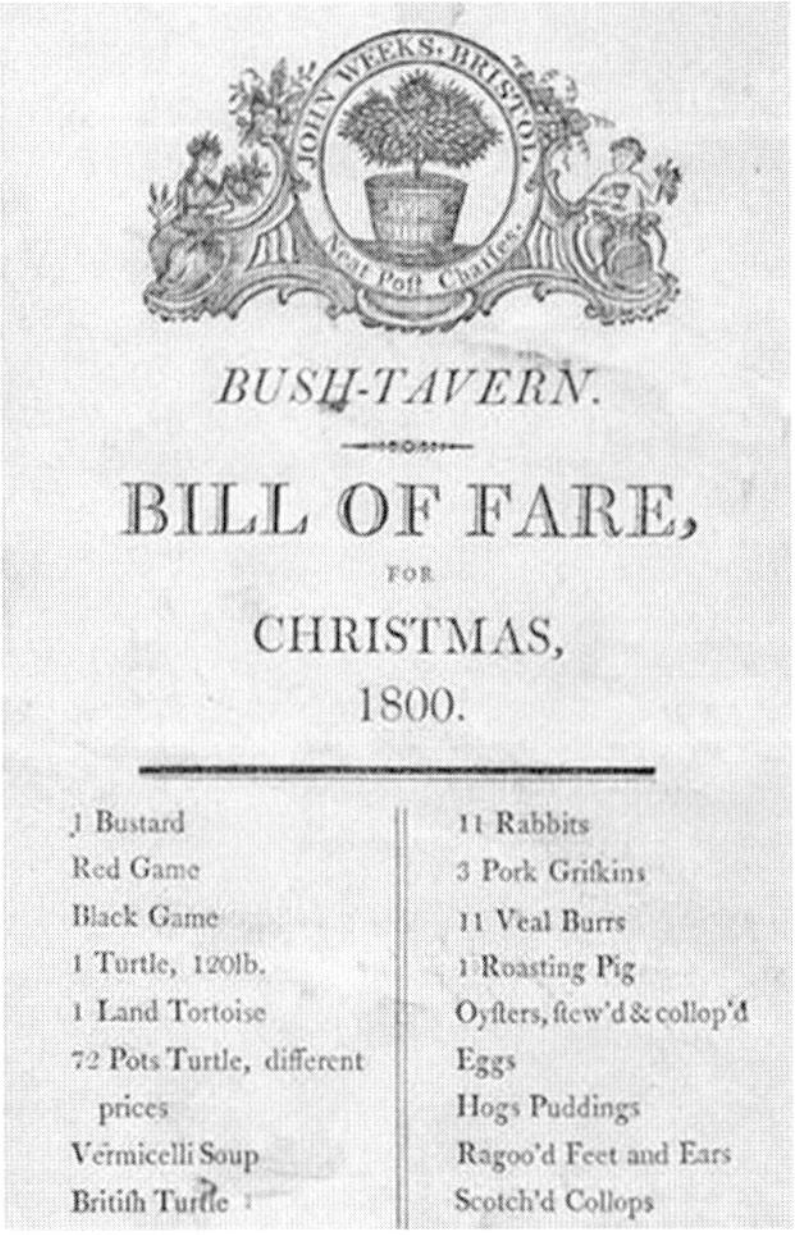

JOHN WEEKS, BRISTOL
Next Post Chaises

BUSH-TAVERN.

BILL OF FARE,
FOR
CHRISTMAS,
1800.

1 Bustard
Red Game
Black Game
1 Turtle, 120lb.
1 Land Tortoise
72 Pots Turtle, different prices
Vermicelli Soup
Britifh Turtle

11 Rabbits
3 Pork Grifkins
11 Veal Burrs
1 Roasting Pig
Oyfters, ftew'd & collop'd
Eggs
Hogs Puddings
Ragoo'd Feet and Ears
Scotch'd Collops

ブッシュ酒場のメニュー——1790年と1800年のクリスマス。2021年12月15日、2400ポンドで落札（競売番号279）（©Dominic Winter Auctioneers）

カイの舌、四七ポンド（約二一キログラム）のウミガメが、一八〇〇年のメニューには、一二〇ポンド（約五四キログラム）のウミガメが含まれている。鳥類も多く見られ、カッコウやフクロウ、ムナグロ、白鳥、ヒバリ、オナガガモ、ムクドリも入っている。もちろん、このような料理が毎日出されていたわけではないが、一八世紀から一九世紀はじめにかけてのジョージ王朝時代のイギリスで、異国由来のものが好まれたことは注目すべきだろう。ただし、そのようなものを好む余裕を持っていたのは富裕階級に限られていたことも事実である。

ウミガメのごちそうは富裕階級の間で大人気となり、上流階級のディナー・パーティーではいつも新鮮なウミガメ料理がたっぷり用意された。料理の流行を追いかけたくても本物のウミガメをしょっちゅう用意する経済的余裕がない人々には、子牛の頭を材料とした、にせウミガメの料理が人気だった。ウミガメは、入手が困難で高価だったため、ますます人気を博したようだ。西インド諸島で捕らえられたウミガメは、大西洋を渡る長旅の間ずっと生かしておかなければならず、イギリスに到着してようやく殺されることになる。この長旅を生き延びるウミガメは多くなかったのだ。ウミガメを載せた船が多く乗り入れるブリストルには、ウミガメ倉庫が続々と建設された。そのため、ブリストルの酒場のメニューにウミガメが入っていることには何の不思議もない。

上流階級の人々は珍しいものなら何でも興味を示した。今日とは異なり、野鳥が珍味とされ、ラードで料理されることが多かった。カッコウも珍味として楽しまれ、さまざまな種類の鳴鳥も捕獲され、食用にされた。

あらゆる種類の動物の舌もまた、広く食された。牛タンは、煮たり焼いたりして、クリスマスの食卓によく並んだものだ。シカやトナカイの舌も人気で、主食になることもあれば、スライスして(他の冷蔵肉同様)冷蔵したものが出されることもあったし、細かく刻んだうえで、牛タンやマトン、他の肉も入ったミンスパイなどのパイの具に混ぜられることもあった。

古くから、異国からもたらされた肉や物珍しい料理が人々の食欲を満たしてきた。そのような国では、食物が地位や娯楽と結びつき、より贅沢な食事が求められるようになっていった。

どの文化も、それぞれの流儀にしたがって、食べられるものと食べられないものを分ける傾向がある。現代では、動物福祉や健康・環境への懸念、畜産における抗生物質の使用や集約畜産といった問題が生じているため、フレキシタリアン（植物性食品を中心に食べるが、時には肉・魚も食べるという柔軟な態度を取る人）やベジタリアン、ヴィーガンになろうと思う人が出てくるのも不思議ではない。一方で、肉を断念する、または昆虫や人工的に作られた肉を食べるという未来図に懐疑心や敵意、嫌悪を抱く人も多い。パリパリした虫入りサンドイッチを想像して顔をしかめ、五〇年後にはみんなが昆虫を食しているという予測にぞっとする人がいるのも事実だ。だが、ちょっと考えてみてほしい。そう遠くない昔、ヴィクトリア朝のイギリスで、地球の反対側から輸入された冷凍ラム肉を食べるなんていったら、人々は同じように顔をしかめただろう。ちょっと前には、輸入冷凍食品や缶詰製品だって新奇でとてもうさんくさいものとみなされていたのに、今ではまったくふつうのものになっている。また、多くの文化で昆虫食はごくふつうの習慣であり、甲虫やイモムシ、ハチ、アリなどがありふれた食物と考えられていることも思い起こすべきだろう。それは、イギリス人がパイやフライドポテトをごくふつうのものと考えているのと同じことだ。

奇食とみなされるものは不変ではなく、時とともに変わっていく。食物をどのように位置づけるかも同様に変化していく。ロブスターがよい例だ。ロブスターは、貧乏人の食物から富裕者がシャンパンとともに楽しむ料理へと、社会的地位を上げていった。

奇食の定義は変わり続けるもののようである。奇食と考えられるかどうかは、文化的背景や歴史上の時期に大きく左右されるのだ。

1章　缶の中の死

ブリキ缶の物語は、必要と創意工夫、そして忍耐の物語であり、私たち一人ひとりにかかわりのある物語である。缶詰は、私たちの食事のとりかた、買い物のしかた、家庭の切り盛りのしかた、旅行手段を変えた。だが、ブリキ缶を開発した人々には、たいした野心があったわけではない。ただ、信頼できる食料保存法を見つけ、食料のある祖国から遠く離れた軍隊や艦隊にどのようにして食料を提供するかという難題を解決したかっただけなのだ。

缶詰の発明は食料保存の偉業として称賛されてきたが、その成功への道のりは、スキャンダルや腐敗、そして死に彩られた困難なものだった。

太古の昔から食料保存は人類の関心事だった。冬や新鮮な食料の不足時に食料を手元に残しておくためにも、旬の収穫物を無駄にしないためにも、保存は重要な作業だったのである。初期の食料保存法は必要に迫られて生まれたものだった。保存できなければ死ぬしかなかったのだ。仮説と実験、試行錯誤を重ね、時間をかけ、経験を積んで保存方法が完成されていった。冷却、冷凍、煮沸、乾燥、キュアリング（収穫時などに傷ついたサツマイモ類や球根を、高温多湿条件下において傷口にコルク層を形成させ、腐敗を防ぐ方法）、塩漬け、酢漬け、燻蒸《くんじょう》といった技法が開発されたが、これらはとても効果的であることが長きにわたって実証されてきたため、現在でも利用されている保存法である。

近世においても、食料保存は依然として必要に迫られて行われる作業だった。それはとても重要な任務であり、食料品戸棚をきちんと管理し、食料が傷まないで十分蓄えられているよう気をつける任にあたったのは、多くの場合、主婦だった。ジャーヴェス・マーカムの家政読本『*The English Housewife*（イングランドの主婦）』（一六一五年）には、「完璧な女性」の美徳が具体的に示されているが、中でも食料保存の能力が重視されていた。「宴会用の材料、大祝宴の手配、あらゆる種類のワインの保存……蒸留……乳製品に関する知識、麦芽やオート麦の製造所、家庭内でのこれらの優れた運用、醸造、パン焼き、その他もろもろは、家庭の責務である」

有能な主婦であることとは、食料保存技法に長けているということであり、食料保存に必要な家庭的知識を身につけるということだった。ジョージ王朝時代の食料貯蔵室のイラストや説明を見ると、そこで採用されている保存法は古くから行われてきたやりかたで、中世の食料貯蔵室といっても違和感がないようなものである。実のところ、食料保存に用いられる技術は、ヴィクトリア朝時代に革新が起こるまでほとんど変化がなかったのだ。

一九世紀まで、輸入食品は、輸送しやすく傷む危険性のない食物に限られており、香辛料や乾物、そして輸送中に悪臭を放ったり腐敗したりしないものばかりだった。だが、パリの製菓業者、ニコラ・アペールが食料保存の歴史を変えることになる。それとともに、食料の輸出入の世界も変わることになった。

現代の缶詰加工の基礎を築いたのがアペールであることは疑いの余地がないが、彼が保存のために用いた大型のガラス瓶を見れば、どうしてこれが缶詰と結びつくのかといぶかしく思われるかもしれない。

アペールが食料保存法を試し始めたのは一七九〇年ごろのことである。戦争の勃発によって天然資源が不足し、長期にわたる軍の遠征や作戦行動中に生の食物が傷んでしまうという事態が発生したため、食料保存は最優先課題と考えられるようになった。信頼できる食料保存法を開発すれば、利用できる食料を増やすことができるのだ。アペールはそれまでの保存法の欠点に気づいていた。

これまでに用いられてきた保存法は二つの原則に限られている。一つは乾燥にもとづくもので、もう一つは別の物質を利用するもの、つまり、腐敗や発酵過程が生じないよう、一定の量のものを加えることである。乾燥させると香りがなくなり、味が落ち、繊維組織が硬くなってしまう。砂糖を加えると余計な味がついてしまう。塩を加えると不快な辛さが混じるうえ、動物性物質は硬くなって消化しづらくなり、野菜の柔組織は収縮してしまう。かといって、塩気を取り除くために水に浸けようものなら、繊維の部分だけしか残らないし、第一、傷んでしまう。酢が使用できるのは、調味料として用いられるごく少数の食品だけだ。

こういった知見を出発点にして、アペールは、とても実践的な態度で仕事に取り組み、厳然たる事実にもとづく、信頼性のある食料保存法を開発した。「自然の状態であれば動物性・植物性物質を変質・劣化させてしまう酵素も、火を使えば破壊することができる。少なくとも、中和することはできる」

アペールの保存法はワイン製造にヒントを得たもので、新鮮な食物を瓶に詰め、沸騰した湯に数時間浸けるというものだった。この方法を成功させるためには、瓶の空気をすべて抜いて、コルクと針金、封蠟《ふうろう》で密閉しなければならなかった。

アペールがこのような方法をとったのは、なにも食品科学に精通していたからではなかった。ワイン製造の場合と同じように、腐敗の原因は空気にあるのではないかと考えた結果、初期の実験では空気を取り除くことに重点を置いたのである。だが、実験を重ねるうち、この方法がうまくいっているのは熱のおかげもあるのではないかと考えるようになった。ただし、この場合も、アペールに微生物に関する知識があったわけではない。

アペールは保存方法を四段階に分けてわかりやすく記している。

一　保存する食品を瓶に入れる。

二　最大限の注意を払って栓をする。瓶詰が成功するかどうかはこの工程次第である。
三　食品を封入した瓶を湯煎して加熱する。加熱方法、加熱時間は食品の種類と性質によって異なる。
四　規定時間になったら瓶を湯煎窯から引き上げる。

何年にもわたって実験を行ったあと、アペールは、新鮮な食品を携帯できる形で腐敗させずに保存できる方法、つまり、陸海軍の遠征にも利用できる保存方法を開発したことを、フランス政府や当局に実証できるところまでこぎつけた。一八〇三年、海軍はアペールが三カ月間保存した食品を査定したが、その評価はとても高いものだった。「スープはとてもおいしい……茹でた肉も食用にして問題ないものだ。エンドウ豆もとれたての野菜が持つ新鮮さと香りが残っている」
マシーにあるアペールの工場に保存された製品は多種におよび、果物や野菜からウナギやヤマウズラにいたるまで、あらゆるものが含まれていた。宣伝効果を狙って、羊を丸々一頭保存する技術を実演してみせたこともあった。

フランスのマシーにあるアペールの工場で作られた缶詰食品のカタログ
◉食品材料
・スイバ、アスパラガス、アスパラガスの新芽、エンドウ豆（上質）、エンドウ豆（並）、ワックスビーン、インゲン豆、アーティチョーク（四つ切り）、アーティチョーク（まるごと）、カリフラワー、チコリー、ホウレンソウ、トマトソース、白スグリ、赤スグリ、ラズベリー、チェリー、モレロチェリー、黒スグリ、セイヨウスモモ、ネクタリン、マルメロ（四つ切り）、アプリコット（四つ切り）、ピーチ（四つ切り）、梨（四つ切り）

・以下の果汁——白スグリ、赤スグリ、黒スグリ、ブラックベリー

・マスト（やや酸味のあるもの、脱酸あるいは浄化したもの）

・セミ・コンデンス・ミルク、ホエー、クリーム

◉調理済み料理

・味つけ済みエンドウ豆、調味済みライス

・コイとホワイティング（欧州産タラ科の魚）のクネル

・味つけ済みウナギ、味つけ済みカワカマス、味つけ済みマス

・以下の若鳥の腰部の上肉——ヤマウズラ、キジ、ヤマシギ、ウズラ、コガモ、食肉用雌鳥、七面鳥、ガチョウ

・七面鳥と若ウサギのコロッケ

・さまざまな肉——ラム・チョップ、チキンのフリカッセ（家禽や子牛などの細切り肉をホワイトソースで煮込んだもの）、羊の舌、ラムのシチュー、豚足、豚の腰部の上肉、子牛の尻の軟肉、肉のゼリー寄せ、ステーキの切り身の煮込み、ビーフステーキ、肉入りコンソメ、肉入りスープ、ベシャメル・ソースをかけ

た卵

成果を認めてもらいたいアペールは、一八〇六年、工場で製造した瓶詰の果物と野菜をパリの全国産業製品展示会で展示した。報奨金を得ることはできなかったが、食料保存への情熱は高まるばかりだった。

保存食品の業績をどうしたら公式に認めてもらえるものかと苦慮した末、アペールは一八〇九年、産業振興協会に手紙を書いた。この組織は、フランスの産業発展を奨励する機関で、会員には当時の最も優秀な科学者が名を連ねていた。アペールの研究結果の調査員として、ナポレオン軍の薬剤師を務めていたアントワーヌ・パルマンティエと、ルイ＝ベルナール・ギトン・ド・モルヴォー、アメデエ・ブリヤートが選ばれた。アペールの製品が委員会のメンバーによって賞味、査定されたが、おおむね好評価を得ることができた。「肉はやわらかく、味もよく、肉入りスープはできたての味がした。濃縮されているため、ミルクは黄色がかっていておいしく、甘い。ホエーも同様だ。エンドウ豆はとてもおいしいし、チェリーとアプリコットも風味がほとんどもとのまま残っていて、ラズベリーと赤スグリのシロップも味が落ちていない」

一八〇九年、アペールは、陸海軍が直面している食料保存問題の解決策として、自らが開発した保存法を内務大臣に提案した。大臣はアペールに二つの選択肢を示した。保存過程の特許を取って特許使用料を得るか、保存方法を出版するかである。後者を選べば、政府から一万二〇〇〇フランという莫大な報奨金を得ることができる。アペールはこちらを選び、当時としては巨額の報奨金を手にしたのだった。

一八一〇年、アペールは約束通り、有益なデータとヒントを含む詳細な食料保存法の書籍を出版した。この本は大ヒットして評判になり、何度も版を重ねて広く流通し、ドイツ語と英語にも翻訳された。海軍士官からも多くの称賛が寄せられた。出版後、多くの新聞がアペールの新たな食料保存法に関する記事を載せた。『帝国新聞』（一八一〇年六月二二日）、『商業新聞』（一八一〇年五月二二日）、『健康新聞』（一八一〇年七月二二日）などである。『パリ新聞』（一八一〇年五月二一日）では、内務大臣であるモンタリヴェ伯がこの発明によってもたらされる重要な進歩について述べている。「旅行者は、すばらしい肉入りスープや新鮮なミルクを携帯して世界中を移動できるだろう……船乗りは壊血病の心配をせずに航海できる」。また、一八一〇年九月一日の『ル・モニトール（監者）』紙にはこう書かれている。「これまで食料保存に成功した人間はいなかった。私たちはこぞって、慈善事業家の中でも最も有能な彼に感謝の念を捧げるものである」

一八一四年から一八一五年にかけて、アペールの製造工場は外国部隊によって破壊されたが、その後、彼は産業振興協会から銀メダルを授与された。金銭的な援助ももらえるものと思われたが、残念ながらそれは一八二四年まで実現しなかった。一八二七年、産業振興協会は、次のような報告でアペールの業績をたたえ、金メダルを授与した。「この傑出した工場長は、フランスに、そして全世界にすばらしい貢献を果たした。彼が開発した保存方法は、おいしく安全な食品の輸送を可能にし、船上勤務者に大きな恩恵をもたらした。これらの製品は、健康に害を及ぼして壊血病の一因となっていた塩漬けの食料に取って代わったのである」。しかし、このような称賛にもかかわらず、アペールの技法が食料保存に与えた多大な影響が生前に正当に認められたかと言えば、そうは言えないだろう。

アペールの保存方法は海軍にとってたいへん有益であり、健康によい安全な食料を乗組員に提供してくれたが、それは世界貿易にも甚大な影響を与えることになった。やがて、どの食品が輸入可能なのか、食品がどのように保存、販売されるのか、また、どの食品が家庭の食料貯蔵室や戦場の最前線で保存可能なのかといったことが、すべてアペールの保存方法によって決まることになったのだ。それはまた、主婦の役割を変えるとともに、新鮮な作物の保存法自体にも変化をもたらすことになった。パルマンティエたちによれば、アペールは食料の保存方法を発明したわけではなかった——それは主婦たちがもうやっていたことだ——アペールが申し分なく傑出していたのは、その保存方法を工場生産できる規模に拡大し、正確できめ細かい、信頼性のある方法へと発展させる能力だった。この点において、アペールは缶詰食品の先駆者とみなされるのだ。

アペールの保存方法は海の男たちの食事に改善をもたらしただけではなかった。より信頼性のある食料保存方法を生み出すきっかけとなり、一般家庭の食事方法まで変革することになったのである。それを考えると、その後ブリキ缶の発明がスキャンダルにまみれて頓挫《とんざ》しかけることになるのは、予想外の展開と言ってよいだろう。

アペールの保存方法はとても単純で、出版されて誰でも参考にできる状態にあったため、すぐに利用され、ビジネス感覚を持ち合わせた人々はそこに商機を見出した。一八一〇年二月、オーガスタス・ド・ハイネが鉄とブリキ缶でできた容器の使用の特許を取ったが、商業的な規模で缶詰食品の製造に乗り出すことはなかった。その後、同じ一八一〇年に、イギリスの発明家で貿易商のピーター・デュランドが、ブリキ缶を用いた独自の技法の特許を取った。この特許は、動物、植物などの腐敗しやすい食品を、ガラスや陶器、ブリキ缶、その他適当な金属でできたさまざまな容器に入れて保存するものだった。

デュランドは大量の食品を使って実験を行い、ブリキ缶一個に一三キログラム以上の肉を保存することに成功した。その技法の評価をさらに確かなものにし、箔をつけるため、デュランドは、数カ月におよぶ遠征に缶詰を持っていってくれるようイギリス海軍の協力をとりつけた。遠征から帰国するやいなや、缶詰の中身が王立協会のメンバー数人によって検査されたが、食品は完全な状態で保存されていたことが確認され、デュランドは大満足だった。

しかし、オーガスタス・ド・ハイネ同様、デュランドは缶詰食品の商業生産の道に進むことはなかった。ブリキ缶の発明を利用して、商業的な規模で缶詰食品の生産に乗り出したのは、イギリスの事業家ブライアン・ドンキンとジョン・ホールだった。

ドンキンとホールがどのようにして缶詰ビジネスを始めたかについて、詳しいことはわかっていない。ジョン・ホールはダートフォード鉄工所の創始者で、J&Eホール社の社史には、ジョン・ホールたちは「アペールという化学者によるフランスの特許」に一〇〇〇ポンド支払った、と書かれている。しかし、アペールはそのような特許を売り出していないし、シュヴァリエ・アペール社の記録にはそのような取引は一切残っていない。ドンキンとホールはデュランドから特許を買い取ったのだとする説もある。事実はどうあれ、たしかなのは、ドンキンとホールが頑丈な鉄製の容器に保存された食品に大事業を発展させるチャンスを見出したということだ。

だが、恋愛と同じで、すぐれた発明というのは順調に発展するとは限らないものだ。バーモンジーのブルー・アンカー・ロードのドンキンとホールの新工場が、実用試験のためのサンプルを陸海軍に出荷するところまでこぎつけるには、数年の開発期間を要することになった。しかし、苦労のかいあって、サンプルが出荷されると、缶詰食品は絶賛の嵐を浴びた。それを示すのが、次の書簡のやりとりである。

ウェルズリー卿（のちのウェリントン公爵）の代筆をしたカリング・チャールズ・スミスの一八一三年四月三〇日付の手紙によると、ウェルズリー卿はドンキンの保存牛肉をおおいにお気に召されたとのことである。一八一四年には、王立協会会長の任にあったジョゼフ・バンクスが、自らの名前が「防腐処置を施した食品の栄養の質を保証するきわめて立派な方々の名前とともに、御社の設立趣意書に印刷されること」に認可を与える旨の手紙を書いている。一八一五年七月一五日、バンクスは再び筆をとり、一八一三年一月に受け取った子牛のヒレ肉の缶詰（一八一二年一二月製造）

を開封して、おいしく賞味したことを知らせている。「缶の中身は完全に保存された状態で、栄養もまったく失われていなかったというのが……居合わせた人々全員の一致した意見」だった。事実、ドンキンの缶詰には称賛と推薦の言葉が多く寄せられ、会社の一八一七年のパンフレットでも紹介されている。

缶詰製造は食料保存の歴史において画期的なものだったが、非常に多くの労働力を必要とするものでもあった。ブリキ板が手作業で缶に成形され、保存食が詰め込まれ、大英帝国のすみずみまで運ばれていったのである。

初期の缶の重量は四ポンド（約一・八キログラム）から二〇ポンド（約九・一キログラム）で、その中身の食品は、濃縮スープや調理済みのマトン、煮込んだマトン、子牛のロースト、子牛の肉と野菜、煮込んだ牛肉、塩漬けの牛肉の腿肉、野菜スープなどだった。コンセプトも斬新だったが、食品の保存法だけでなく、品質の保証という点でもすばらしい革新だった。工場で作られる缶はすべて出荷前に摂氏九〇度から一一〇度で定温保管され、追跡して元をたどれるよう一つひとつナンバリングされた。今日ではよく知られる食品安全システムだが、当時としては新しい試みだった。

缶詰食品への称賛は惜しみなく続いた。一八一三年には、海軍がドンキンの食品を一五六ポンド（約七一キログラム）購入し、病んで衰弱した水兵たちに食べさせた。壊血病は塩漬け肉の食べすぎによるものだという誤った考えが浸透していたのである。

ヴィル・ド・パリ号の船医だったウィリアム・ウォーナーは、一八一四年にこう記している。缶

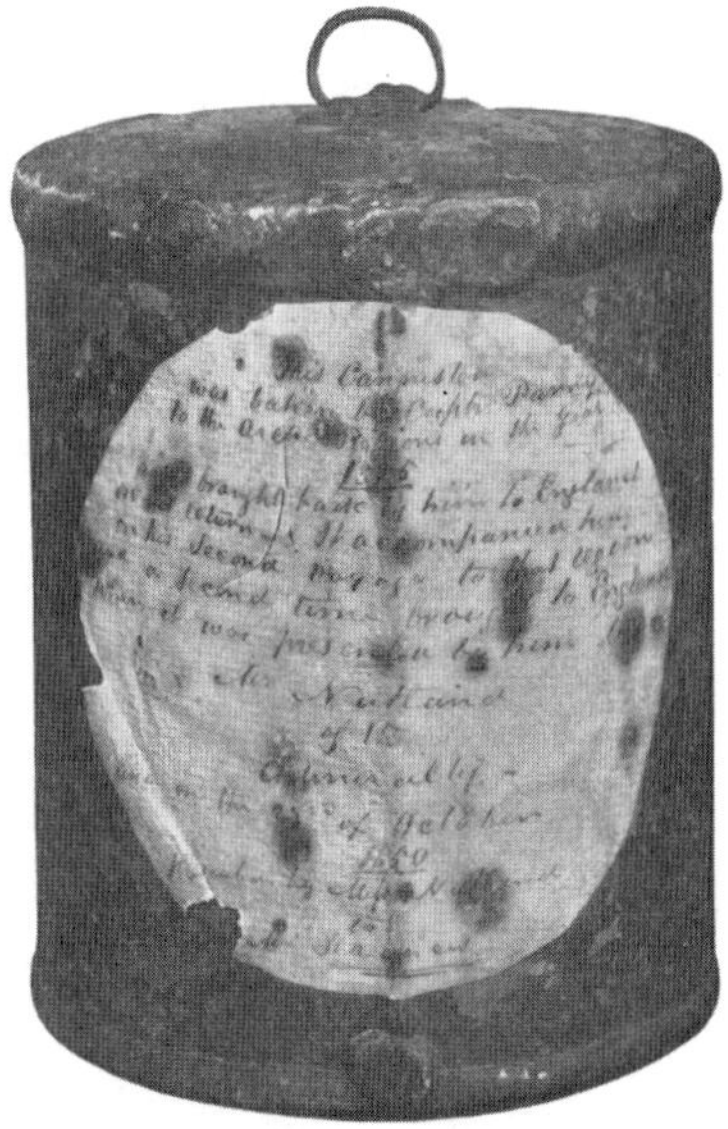

ウィリアム・エドワード・パリー船長によって
1826年ごろ北極探検に携行された溶接缶詰

詰食品は「回復期にある患者にとってとても有効な薬になってくれる。長旅では、急性疾患後に栄養不良で衰弱した多くの人々の命を救ってくれた。だから、船旅に缶詰食品を携帯することがとても望ましいというのが私の意見だ」

高評価を得たドンキン・ホール・アンド・ギャンブル社は、海軍と取引を始め、一八一八年には自社の保存食品の大部分を海軍に供給することになった。これによってさらに評判が高まり、医学的にも効果があるとみなされた。

同じ一八一八年には、ドンキンの缶詰食品の一部がバフィン湾に向かうイザベラ号とアレクサンダー号に積み込まれた。艦長のジョン・ロスは、一八一八年九月八日の日記にこう記している。「新鮮な食品がなくなると、塩漬けの肉の代わりに、保存食を出すようにという命令が発せられた」

一八二〇年一二月九日、C・I・ビヴァリーはこう記している。「ブリッグ・グライパー号の士官と乗組員の大半が健康を維持しているのは、賢明にも保存食品を取り入れたおかげだというのが忌《き》憚《たん》なき私の意見である。壊血病にかかった患者が回復したのも同じ理由によるだろう」

このような大成功を収めたにもかかわらず、一八二一年には、ドンキンは缶詰食品への関心を失っていた。この年、ドンキンはホールとギャンブルとの提携を解消したのである。その理由ははっきりわからないが、日記から判断すると、彼にとって缶詰とは、食料保存への情熱を託すものではなく、工学的に取り組んでみたい課題だったということのようだ。

ドンキンが退くと、世界最初の缶詰事業はジョン・ギャンブルに引き継がれた。一八三〇年、ギャンブルは工場をアイルランドのコークに移転した。コークは牛の飼育が盛んだったし、アメリカ合衆国への輸送ルートを通して安定的な供給が見込まれたのである。

一八四一年、スティーヴン・ゴールドナーによって重要な特許申請が行われた。イギリス特許八八七三番は、缶詰業界に競合相手が現れたことを告げるものだった。ゴールドナーの特許は、ジョン・ヴェルトハイマーの特許（特許八八七四番）を引用特許として挙げ、住所もヴェルトハイマーと同一のものになっている。どちらの特許も、水ではなく塩化カルシウムを用いた缶詰食品保存のアイディアを申請したものだ。塩化カルシウムは水より高温による処理が可能で、殺菌が不十分なために中身が腐敗するという危険性が少なく、従来型の水に入れる方法よりもさらに安全なものと考えられたのである。

ゴールドナーはすぐさま海軍に供給する契約をとりつけた。一八四五年、エレバス号とテラー号によるフランクリン遠征隊への缶詰食品の供給という大型案件を受注することに成功したのだ。この案件の発注は、スープが約二万二〇〇〇パイント（約一二・五キロリットル）、野菜が五五〇〇ポンド（約二・五トン）、肉が三万一〇〇〇ポンド（約一四トン）におよんだ。このような遠征隊には三年分の食料が積み込まれるのが慣例で、そこからもいかに膨大な量であるか想像がつくだろう。この契約は一八四五年四月一日に急いでとりつけられたが、それはフランクリンの不運な遠征が始まるわずか七週間前のことだった。このような短期間での受注に間に合わせるため、ゴールドナーが非常に苦心したことは明らかだ。一八四五年五月五日には、デトフォードの備蓄食料倉庫の責任者が、注文の一〇分の一しか供給されていないという報告を委員会に上げている。五月八日、残りの食料について、すべての肉を五月一二日まで、スープを五月一五日までという日程で納品するとゴールドナーは約束している。ただし、ゴールドナーは、スープを指定より大きな缶詰で供給するという条件をつけていた。委員会はこの要求を認め、新たな納品日程に同意した。

一八四五年一一月、ゴールドナーは、保存肉について委員会に報告が上げられているかどうか、もし上げられていれば保存肉に対する遠征隊の反応はどのようなものだったか確認できるかおうかがいを立てたが、拒否された。ゴールドナーには想像もつかなかっただろうが、肉はたいへんひどい状態で、一万五四二〇ポンド（約七トン）もの肉が食べられないと判断されていたのである。ゴールドナーへの委託品とフランクリンの遠征がたどった運命は、その後数年間、表沙汰になることはなかった。その間、缶詰食品の人気はうなぎのぼりで、ゴールドナーの事業も拡大し続けた。

一八五一年の万国博覧会で、ギャンブルが缶詰食品を展示して広く世間の認知を得たときには、缶詰食品は軍隊への配給手段になっていただけでなく、今すぐ一般家庭でも必需品になると思われた。だが、缶詰食品は、食料保存方法としての信頼性を失う危機にさらされることになる。この新興産業を破滅させかねない食品スキャンダルが発覚したのである。

一八五二年一月、検査員たちが王立クラレンス備蓄食料倉庫に集まり、海軍に提供される予定の三〇六個の肉の缶詰を開封した。

ようやく人間が食べられるものに行き当たったのは、一九個目の缶詰を開けたときだった。ほとんどの缶詰の中身は保存肉ではなく、腐敗した肉だった。『イラストレイテッド・ロンドン・ニュース』によれば、あまりに腐敗が進んでいたため、石の床には悪臭を消すために石灰の塩化物をまかねばならなかったという。

においがあまりにひどかったため、検査員はたびたび作業を中断し、新鮮な空気を吸うために外に出なければならなかった。調査中に缶詰から取り出したものといえば、心臓の一部、犬や羊の腐った舌、臓物、血液、「腐りきった」腎臓、靭帯《じんたい》、腱、そしてどろどろになった得体のしれぬものだった。病気の動物から取り出されたと思われる臓器もあった。

この日、二六四個の缶詰が食べられないものとして海に捨てられた。食べられると判断された残りの四二個は貧困者に配られた。

海軍の命令によって行われた全国一斉検査の一環として、同じような場面がイギリス中で繰り返されることになった。一八五三年の『タイムズ』宛ての投書によれば、プローヴァー号の士官たちは「缶詰肉が腐敗してどろどろの状態で、とても人間が口にできるようなものではなかった」ので、一五七〇ポンド（約七一二キログラム）の缶詰肉をベーリング海峡に投げ込んだという。

こういった腐敗肉の缶詰を供給していたのが、ほかでもないスティーヴン・ゴールドナーだった。ゴールドナーが海軍と契約をとりつけられたのは、現在のルーマニアにあたる地域にあった工場で競合他社より安い労働力を利用していたからだということが判明した。

ドンキン・ホール・アンド・ギャンブル社の肉入り缶詰の平均重量が六ポンド（約二・七キログラム）であったのに対し、ゴールドナー社のものは九ポンド（約四・一キログラム）から一四ポンド（約六・四キログラム）だった。最終的に、ゴールドナー社の缶詰は明らかに大きすぎるのではないかという報告が上げられることになった。缶が大きいと、中央部に存在する細菌は熱処理を施しても生き残り、密封後も繁殖することができるのだ。腐敗缶詰が大型の缶に多く見られたという事実も、この説を裏づけることになった。

ゴールドナーが海軍と契約を結んだのは一八四五年だったが、一八四七年に海軍が週一日保存肉を配給する決定を下すと、供給量は増加した。しかし、翌年には、イギリスの備蓄食料倉庫および世界中の船員たちから、缶詰の質に関する苦情が寄せられ始め、缶詰肉に動物の望ましくない部位が入っているという報告も上げられるようになった。

一八四七年、フランクリン遠征隊が行方不明になっていることにロンドンの海軍本部が懸念を表し始めた。一八五〇年には、十分に食料を積んでいたこの遠征隊に何が起こったか証拠をつかもうと、一二回にわたって探索が行われたが、そのとき、ビーチー島で興味深いものが発見された。木造の避難小屋と三つの墓である。その墓石には、一八四六年一月に二人、四月に一人の乗組員が死亡したことが刻まれていた。そのそばには、ゴールドナーに発注された七〇〇個もの缶詰が山と積まれており、その中には食品がいっぱいに詰まったままのものもあった。フランクリン遠征隊の他の食料も同時に発見された。

一八五四年三月、海軍本部は以下の通達を発した。「フランクリン隊の士官と乗組員の名は海軍要覧から削除し、任務中に死亡したものとみなすことにする。その措置が正式にとられる日まで、親類縁者に給与を支払うものとする」。この時点で、フランクリン遠征隊は悲劇的かつ謎めいた形でこの世から消えたものと結論づけられたのである。しかし、同年一〇月、ジョン・レイ博士が、この失敗に終わった遠征隊の乗組員の運命に光を投げかける発見をすることになった。

レイはハドソン湾会社の社員として一六年間カナダ北部に住んでいたが、ブーシア半島を探索しているとき、その地方のイヌイットの人々からある話を聞いた。レイ博士は北極のイヌイットのサバイバルスキルに通じており、フランクリン遠征隊に関する重要情報を知ることができたのも、その知識のおかげだった。レイは、受け入れがたい真実――王室海軍の船員たちが死の前に人肉食を行っていたという真実を世に知らしめたために、自らが袋叩きにあうことになるとは夢にも思わなかっただろう。

イヌイットの話では、北方で三〇におよぶ白人の死体を発見したということだったが、死体から持ち物が略奪されているのではないかと思ったレイは、その事実を確かめると、イヌイットと取引をして海軍の制服や船名が刻まれた食器類、そして鍋を手に入れた。これらの物品は乗組員たちが死亡したことを示すものであり、レイは次のような報告を上げた。「死体の中には埋葬されているものもあった（おそらく飢えによって最初に亡くなった者たちだろう）。死体はテントの中にも、小舟をひっくり返して組み上げた避難所の下にもあった。別々の方向に頭を向けて散らばっているものも何体かあった」。報告がここで終わっていれば、レイは新事実を突き止めた成果を認められただろう。ヴィクトリア朝社会も、恐ろしい悲劇が起こってしまったが、レイはその悲劇的なニュースを伝えたにすぎないということで満足していただろう。だが、鍋の中身をのぞいたとき、レイはおぞましい発見をしていた。鍋の底に死体の一部が入っていたのだ。報告書にはこう記されている。「死体の多くが切り刻まれており、鍋の中身から、わが同胞たちがおそるべき最後の手段、つまり人肉食を行って生き延びようとしたことは明らかである」

このような調査結果は、ヴィクトリア朝の人々には呑み込めるものではなかった。さらに、夫の名誉が汚されることを望まないフランクリン夫人ジェーンが、レイの言葉は信用できないと言って彼に汚名を着せようとした。ジェーンに支援を頼まれた小説家チャールズ・ディケンズは、『タイムズ』への投稿で、英国海軍士官が「先住民の習慣を実践した」などとほのめかすとはなにごとかと、このスコットランド・オークニー諸島出身の探検家を激しく非難したのである。

チャールズ・ディケンズはレイの記録を「粗野で非文明的な一握りの人々がわめいているたわごと」と評し、「うそつきの野蛮人たち」が船員たちを殺害して、その犯罪を隠蔽しようと人肉食の作り話をでっちあげたのだと断じた。忠誠心に厚いイギリス国民がお互いを食するという凶悪な犯罪に走るなどとは、誰も信じたくなかったのだ。

レイは人格攻撃を受け、その職業的信頼も崩れ去った。レイの報告は、イヌイットの説明だけを根拠にしているために信頼できないものとして拒絶された。イヌイットが一〇日から一二日もかけて遠征隊の行方不明場所まで行くことをいやがったため、レイは死体が多く埋葬された場所に実際に足を運んでいなかったのだ。彼がその現場まで行かなかったことは激しく批判された。

一八五九年、レオポルド・マクリントックがフランクリン隊の痕跡を求めてキングウィリアム島の西海岸を探索した結果、いくつか大きな発見がなされ、遠征隊の公式記録も見つかった。そこには、ジョン・フランクリンの死亡日や、船員たちがエレバス号とテラー号を後にしてバック・リヴァーに向けて出発するに至った経緯の詳細が記されていた。

レイやマクリントックが発見した証拠にもかかわらず、フランクリン夫人は夫の消息不明を取り

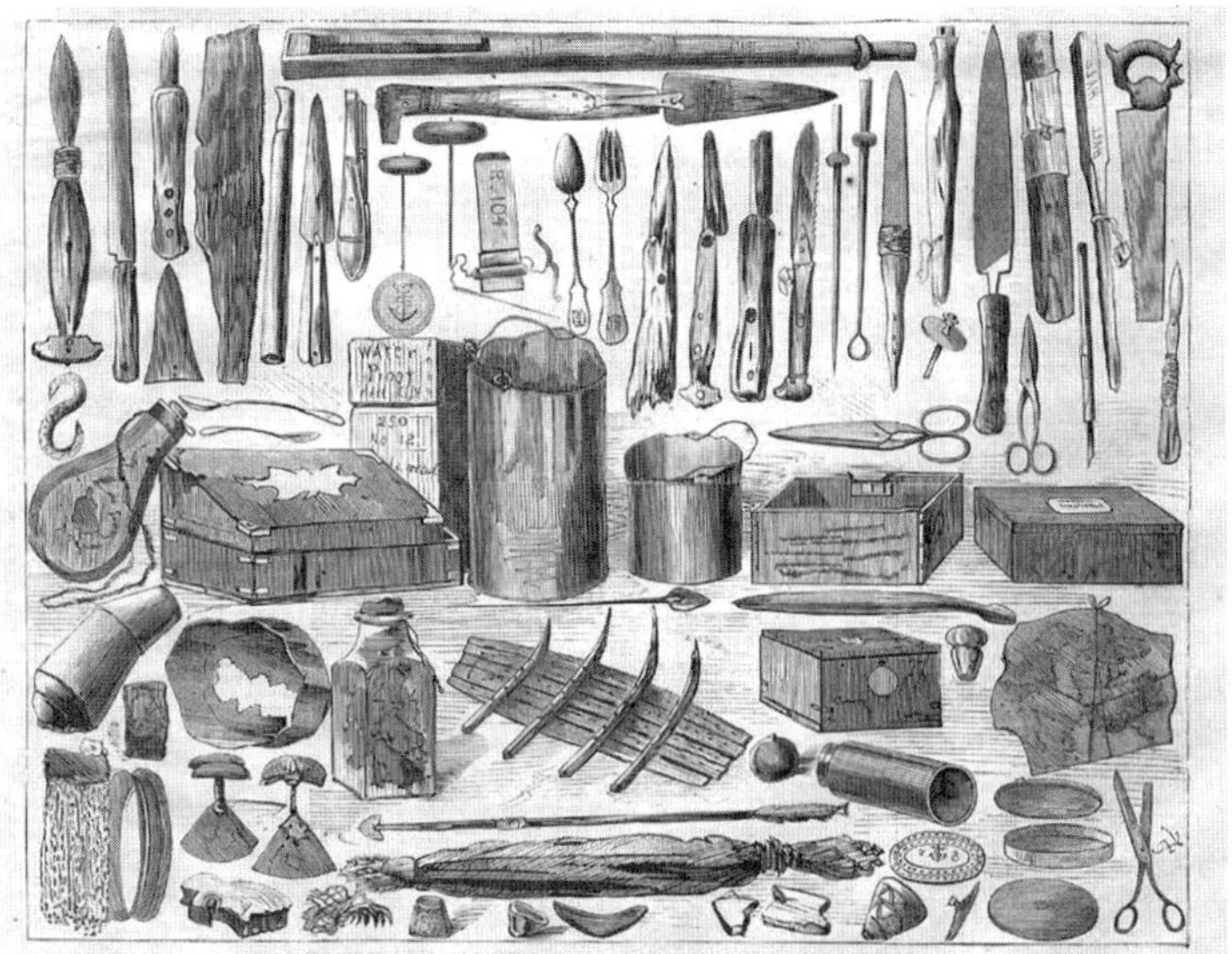

RELICS FOUND BY CAPTAIN HALL IN HIS RECENT ARCTIC EXPLORING EXPEDITION.

回収されたフランクリン遠征隊の遺物（1859年）

巻く問題がすべて解決されたと納得することはなかった。一八六〇年代に入り、イギリスでさらなる捜索への援助が打ち切られると、夫人は新たな支援を求めた。アメリカのジャーナリスト、チャールズ・フランシス・ホールと、そのパトロンで、ニューヨークの裕福な実業家・慈善家のヘンリー・グリネルである。グリネルの資金により、ホールがフランクリン隊の痕跡を求める遠征を二度行うことになった。まず一八六〇年にバフィン島への遠征が行われた。このとき、ホールは、通訳兼ガイド役としてイピルヴィクとタクリトゥクという二人の地元のイヌイットを雇った。フランクリン隊追跡の二度目の遠征は、一八六四年から一八六九年の長期にわたり、このときはまず、ハドソン湾北西岸のキヴァリク地域のリパルス湾（現在のノージャアット）に拠点を置いた。ホールの発見はそれまでの調査結果を裏づけるもので、不運な遠征が人肉食という結末を迎えたことはさらにたしかなものになった。

その後二〇年の間に、手足を切り取られた状態の骸骨や、救命ボート内の箱に詰められた頭蓋骨、散らばった遺骸などがアメリカ人探検家フレデリック・シュワトカによって発見され、人肉食が行われた証拠はゆるぎないものになった。しかし、最初に亡くなった二四人の乗組員の真の死因の解明は、さらに一世紀を待たねばならなかった。

一九八一年、カナダのアルバータ大学のオーウェン・ビーティーが「フランクリン法医学計画」を立ち上げ、これまでの遠征調査でそのままの状態で残されていた三体の船員の遺体を発掘するために二度の遠征を行った。ジョン・トーリントン、ジョン・ハートネル、ウィリアム・ブレインの遺体が解剖され、三名すべての遺体から高濃度の鉛が検出された。その後の同位体比調査で、ビーティーはその鉛が缶詰のものと矛盾しないことを確認した。

一九九二年、アン・キーンレイサイドは、キングウィリアム島に残る四〇〇におよぶ人骨の破片を調査した。その結果、遺体の多くにナイフで切られた痕が確認された。これらの骨は、フランクリン遠征隊の八人から一一人の遺体のものと推定され、解体されて食べられたものであるとの結論が出された。こうして、ジョン・レイ博士がフランクリン隊の運命について最も早い時期に行った発見が正しかったことが証明されたのである。しかし、記録から、フランクリン遠征隊が莫大な食料を備蓄していたことは明らかだ。そこで、フランクリン隊が誇った高品質の食料が、実は腐敗によって食べられない状態にあり、そのために乗組員たちが人肉食に走らざるをえなかったのではないかという疑問が生じる。もっと重要なのは、食べられた缶詰食品が有害なものだったのかということだ。

鉛中毒という化学的証拠とビーティーの発見を考え合わせると、スティーヴン・ゴールドナーのビジネス手法に着目する必要がある。この工場長は、長きにわたり安いコストで競合他社に打ち勝って海軍への缶詰供給契約をもぎとってきた男なのだ。ビーティーは、ビーチー島で発見された廃棄物の山から掘り出された数個の缶の調査を行った。当時の缶詰肉調理の技術は、一八一一年に特許が認められたばかりの新しいもので、缶はブリキと高濃度の鉛のはんだで密閉された。はんだづけ自体に、九〇パーセントの鉛と一〇パーセントのブリキの合金が含まれていたことがわかっている。缶自体の製造も質が低く、はんだづけのすきまから空気が入りこみ、中の食品が傷むこともあった。

コストを削減し、ごく短期間で製造しなければならなかったため、手抜き作業が行われ、低品質の缶の製造、不十分な調理、衛生的に問題のある環境での作業につながったようである。低品質の缶の製造により、食品が傷んでいると肉眼ではっきりわかる前にボツリヌス中毒が発生した可能性もある。

ゴールドナーの缶詰食品の質と安全性について、海軍備蓄食料倉庫からの苦情が増えていたにも

19世紀初頭の缶詰食品

かかわらず、一八四九年には、問題のない肉を必ず提供するよう厳しく戒められたうえで、ゴールドナーは契約の延長を許可された。しかし、苦情の量はもはや見過ごすことができないほどになっていた。ルーマニアの工場で腐敗した有害な肉が缶詰にされているというおぞましいうわさも広まり、ゴールドナーの缶詰製造過程に対して大きな不信の念が抱かれたばかりか、そもそも缶詰は安全な食料保存方法なのかという根本的な疑念まで呈されるようになった。

ゴールドナーに発注した缶詰肉を告発する報告が次々と上がる中、この問題の調査のために政府の特別委員会が設置された。委員会が出した結論は、缶から空気を完全に閉め出せず、中身を十分に調理できていなかったため、缶詰肉の腐敗が生じた、というものだった。缶が大きいことが腐敗につながったとはっきり指摘されたのだ。ゴールドナーは海軍への缶詰食品の供給を禁じられ、新たなチャンスを与えてほしいという請願は拒絶された。委員会の決定的な調査結果にくわえ、ゴールドナーが不運なフランクリン遠征隊に缶詰肉を供給していたことも明らかにされた。フランクリン遠征隊の乗組員の運命にゴールドナーの缶詰食品がどんな役割を果たしたかは、人々の想像に任されることになったが、大衆の缶詰への信頼が揺らいだことは言うまでもない。

一八五二年のスキャンダルは、一般人における缶詰食品人気に水を差すことになったが、一八六〇年代にイギリスで牛疫が流行し、再び流れが変わった。新鮮な肉が急激に値上がりしたため、より安い肉が求められるようになったのだ。この需要に応えたのが缶詰肉だった。缶詰食品は復活のチャンスを与えられ、一般家庭の食品になる道が再び開けたのである。

一八六五年に、医師で作家のアンドリュー・ウィンターはこう書いている。「衛生的観点から公共的にきわめて重要であるうえ、すでに安全であると証明されている発見に対して偏見を抱くことは、大衆にとって愚かな自殺行為であるように思われる」。一八七〇年代には、缶詰肉の値段は新鮮な肉の約半分になっていた。だから、この新産業が世界中で発展する中で、一八八〇年にはイギリスが一六〇〇万ポンド（約七二五七トン）の缶詰肉を輸入していたのも不思議ではない。鉄道、道路、運河といったネットワークの発達により、物流管理がかつてないほど容易になっていたのである。

『オックスフォード英語辞典』によれば、「缶詰の」（tinned）という言葉がはじめて食物に関して使われたのは一八六一年のことである。ビートン夫人が「缶詰のウミガメ」の形で用いたものだ。缶詰市場はヴィクトリア朝後期に急成長し、『*Mrs Beeton's Book of Household Management*（ビートン夫人の家政読本）』の一八九五年版には、「ここ四半世紀、さまざまな種類の缶詰食品の取引が盛んになっている」と書かれている。付随するイラストには八〇種類もの製品が示されており、その中には、果物の缶詰、ランチ用舌肉、煮込んだ羊肉、その他瓶詰ビーフや「特選ウサギ」「新鮮な牡蠣」といった製品が含まれている。

ゴールドナーのスキャンダルや、缶詰食品は質の低い疑わしいものであるといううわさにより、裕福な主婦は缶詰食品に不信の念を抱くようになった。労力を省くのは不道徳だという考えも広く行き渡っており、特に使用人に関してはそうだった。実際、ビートン夫人はこの問題について聖書を引用し、「女主人」に対して「家政に力を注ぎ、安逸をむさぼらないこと」と助言している。

それにもかかわらず、缶詰食品は一般家庭の食料貯蔵室に置かれることが増え、イギリス人の主食と言うべき存在になった。ビートン夫人も次のように認めざるをえなかった。「肉、スープ、魚、鶏肉、果物、野菜の缶詰は今や、私たちの食料供給の中で重要な位置を占めている。いつでも利用でき、新鮮な食品が手に入りにくいときは手軽に代用品になってくれる」

ヴィクトリア朝イングランドの缶詰食品はほとんど輸入品で、オーストラリアやアルゼンチン、アメリカ合衆国といった遠くの国々から持ち込まれた。この時期から第一次世界大戦まで、イギリスの缶詰業界は海外製品に押されてふるわなかった。一八六〇年代半ばから、マトンと牛肉の缶詰が

ヴィクトリア朝の缶詰製品の展示のイラスト

20世紀初頭のアメリカ製豚肉入りベークドビーンズの缶詰

オーストラリアから大量に輸入されたが、それはイギリス産のどんな肉よりもはるかに安価だった。イギリスでは、口蹄疫や牛肺炎、牛疫といったさまざまな動物の疫病が流行し、需要に応えることができなかったのだ。

一部の主食はイギリス企業によって製造された。アーミー・アンド・ネイヴィー・ストアは、煮込んだ牛肉や腎臓煮込みプディング、トリュフつき子牛の胸腺、ライチョウのあぶり焼き、フォアグラ、より好みにうるさい層向けにはロブスターのアスピック（ブイヨンで作った透明なゼリーで肉や魚介類を固めたもの）などを製造した。

缶詰肉がアメリカ合衆国やオーストラリア、アルゼンチンからイギリスの港に流入し、あらゆる食料品店のショーウィンドウにこれ見よがしに展示されるさまは、「便利な食品」の時代が到来したことを告げているようだった。コロンビアやアラスカから鮭の缶詰が世界中に輸出され、一八八六年にはフォートナム・アンド・メイソンが、アメリカから進出してきたばかりのH・J・ハインツからベークドビーンズの在庫をまるまる買い取った（しかし、この新奇な食品はイギリス家庭ではなかなか受け入れられなかった）。

ただ、缶詰食品は新聞の見出しから逃れられない運命にあるようだった。一八九五年にはさらなるスキャンダルが起こった。今度はアメリカの缶詰肉に関するものだ。一八九五年三月九日、『ウィークリー・ニュース』は『タイムズ』で報じられた記事を取り上げた。イングランドをはじめとするヨーロッパ諸国向けにアメリカの工場で作られた缶詰肉が、不衛生な環境で製造されていることを告発する内容だった。

あちら［アメリカ合衆国］では、人間が食べるのに適さない動物を取り除くため、すべての食肉処理場に検査員が配置される習慣が確立されている。動物が「顎放線菌症」その他の病気にかかっていることが明らかである場合、検査員はその動物を不適切なものと判断し、その動物が殺され、皮を剝がれ、切り刻まれ、「タンク室」と呼ばれる場所に運搬されるのを見届けるのだ。タンク室で動物は蒸気処理され、「肥料」となる。だが、疫病にかかった動物の舌や脂肪は見逃される危険性が高い。監視をすり抜けた舌は、他の部位に混ぜられて燻《いぶ》され、缶詰となり、輸出される。脂肪のほうは「オレオ」の源として利用され、精製されて「オレオ・マーガリン」に加工されるのである。

タンク室では、検査員の監視のもと、疫病にかかった動物の肉が清潔なタンクに入れられる。タンクの蓋が閉められると蒸気処理が施され、こうして動物は完全に処分されたことになる。だが、検査員がタンク室から食肉処理場に戻っていくやいなや、タンクの蓋が外され、不適切とされたはずの肉がすばやく取り出されて冷蔵室に運ばれ、買い手を待つ他の肉と混ぜられるのだ……。ある会社の例を挙げよう。わが社の特派員によれば、わずか数ドルの利益を得るために、「この会社は、病気の動物の肉を食べさせることで何千という人間を忌むべき病にかかる危険にさらしている。時には死の危険さえある」のだ。彼の言葉をさらに続けるなら、アメリカの牛肉はイングランドで大量に消費されているので、これは裕福な者から貧しい者まであらゆる人にとって無関心ではいられない話題にちがいない、とのことである。

記事では、病気にかかった動物の肉やあこぎな商習慣など、気がかりな話がさらに続き、牛肉エキスがどのように作られ、中に入っていた異物がその過程でどのように処理されたかが生々しく描写されている。

いわゆる「牛肉エキス」が処理される状況はほとんど活字にできないほど嫌悪を催させるも

のだ。我が社の特派員が「汚物エキス」と呼ぶこの食品は、上品な瓶に入った形で大衆に供されるが……実際は缶詰製造室や地下室の遺棄物を材料としたもので、購買者が信じているような「牛肉の特選部位」の美味なるエキスとは似ても似つかぬものである。

この食品が処理される部屋は、時には「腸チフス性の空気」を含むこともあるという。特派員はこう語る。「そのにおいで私はひどい吐き気を催した。この部屋の環境は不潔きわまりなく、未処理の状態のエキスが入った缶がいくつか散らばっており、液体状の牛肉エキスを入れた運搬車も数台あった。私がそこに立ち尽くしている間、この部署を管理する男が、エキスの入った缶から、缶に落ち込んで溺死したまるまると太った二匹のネズミをつまみ出した。しかも、その直後に缶の中身が利用されることになるのだ。ネズミが缶の中にどのくらいの期間入っていたのかは知るよしもないが……すでに腐敗が進み、皮膚ははがれかけ、体毛は抜けかけていた。こういったことが日常茶飯事なのである」

牛肉エキスが入った容器に腐敗したネズミが浮かんでいたり、病んだ動物の肉が缶詰食品に混ざっていたりといったことだけではまだ消費者が用心し足りないとでもいうのか、当時の新聞記事は、缶詰食品を食べる人々に降りかかる不幸話でいっぱいである。

今日では、鮭の缶詰ほどありふれていてつまらないものはほとんどないだろう。年配のおばや祖母が、酢と混ぜてキュウリといっしょにサンドイッチに挟む具材といったところで、鮭の缶詰のサンドイッチを食べることを死の危険と結びつけて考えることは難しい。だが、一九世紀末から二〇世紀初頭にかけての新聞は、プトマイン中毒の記事でいっぱいである。ボツリヌス菌の恐ろしさと、それによってもたらされる混乱が広く知れ渡り、缶詰の肉と魚は疑念と不安の源泉となった。

中毒死の記事で多いのが、缶詰食品を食べたために病気になり、極端な場合は死に至ったという不幸な事件だ。次に挙げる三つの記事はいずれもロブスターの缶詰に関するものである。

「缶詰ロブスターによる中毒。マンブルズ地区の事件」
休暇でウェールズのマンブルズ地区を訪れた年配の元ロンドン警視庁警部補が、敗血症により一週間前からスウォンジー病院に入院している。この元警部補は、缶詰のロブスターを食べたあと急に具合が悪くなったが、ロブスターは何の問題もないように思われたので、食事をおおいに楽しんだとのことである。

『サウス・ウェールズ・デイリー・ニュース』
一八九九年八月一五日

「缶詰ロブスターによる中毒」
先日の午後、バーミンガムの検視官が、弁護士の事務員を務めていたトマス・ロバーツ・トマスの死について審問を行った。故人は長年にわたり週一回夕食に缶詰のロブスターを食べる習慣で、八月二一日もこの習慣に従った。ロブスターを買うとき、所望のものはあまり状態がよくないからというので、特定の種類の缶詰を買うようすすめられたとのことである。数日後、彼は重体になり、水曜日にプトマイン中毒により死亡した。缶詰のロブスターを食べたことによる中毒死という判断が下された。

『カーディガン・オブザーヴァー・アンド・ジェネラル・アドヴァタイザー・フォー・ザ・カウンティーズ・オブ・カーディガン・カーマーセン・アンド・ペンブローク』

一八九七年九月一八日

「缶詰ロブスターを食べて死亡」

カンタベリー近郊の村、ハーンで、エクセルという名の少年が敗血症により死亡した。開封したばかりの缶詰のロブスターを食べた翌日から症状が出始めたため、その死因はロブスターを食したことによるものと考えられている。

『サウス・ウェールズ・エコー』（第五版）

一八八六年一〇月二日

ヴィクトリア朝時代、ロブスターは引っ張りだこの人気食材で、この珍味を賞味するのに便利で費用対効果の高い方法が缶詰だった。イギリス人は石器時代からロブスターを食べてきた長い歴史を持ち、ごくふつうの栄養源として日常的に食卓に上らせてきた。

魚類や甲殻類の地位が上がり始めたのは、ヴァイキング時代以降のことである。肉の消費をめぐる宗教の規則がその一因だった。魚しか食べてはいけない日が設けられたため、ロブスターをはじめとする魚介類の需要が増えたのである。禁じられていない肉が求められるようになり、ツノメドリやビーバーの尾、カオジロガン、子ウサギなどはすべて「魚類」に分類された。一方、ロブスターの地位はどんどん上がり、富裕層や権力者の食卓に上り始めた。ソールズベリー主教の一四〇〇年代の記録には、九カ月の間に四二種の甲殻類が購買されたことが記されている。一五世紀には、酢をつけて冷たいまま食べるのが流行したが、同時に茹でたロブスターも人気を博した。

だが、ロブスターには、新鮮さを保持するのが難しいという問題があった。新鮮なロブスターは二日以内に調理して食べる必要があったし、あらかじめ茹でたロブスターも、便利な食品ではあったが、棚に置いて保存できる期間は短かった。富裕層のイギリス人は瓶詰のロブスターを好み、濃厚なロブスター・ソースを賞味した。ロブスターをフリカッセにしたり、シチューにしたり、クリームソースやワインに入れてじっくり煮たりする料理法が、流行のレシピ本に掲載されるようになっていた。チャールズ・ディケンズの妻は、一八五二年の盛大なディナーのメニューにロブスター・ソースをかけた魚料理を含めている。ディケンズ夫人はまた、レディ・マリア・クラッターバックというペンネームで『*What Shall We Have for Dinner?*（ディナーは何にしましょう？）』という料理本を執筆し、ロブスターを上流社会の食事における期待の星と称賛している。ロブスター人気に乗じて、ドンキン・ホール社もロブスターの缶詰の生産に乗り出した。氷の製造法や輸送のネットワークが発達し、缶詰という形で食料保存法が改善されたことにともない、ロブスターの消費も増えていった。缶詰のロブスターはソースや調理済みの料理に付け加えるのに便利であり、それほど裕福でない美食家にも手が届く夕食のごちそうになった。

ジャーナリストのジョージ・ドッドが一八五六年に出版した『*The Food of London*（ロンドンの食物）』で述べているように、「ロブスターは近年の急速な輸送技術の改善の影響を、他のどんな魚介類にもまして受けている」。ドッドによれば、ロンドンのロブスター消費は毎年一五〇万匹、金額にして三万ポンド相当におよんだという。長い間、新鮮な状態の保持がロブスターの問題点とされていたが、缶詰のロブスターはその問題を解決したように思われた。だが、需要の高さにつけこみ、業者は傷んだり食べごろを過ぎたりして売りものにならない缶詰の数をなんとかして減らそうとした。つまり、膨張してしまった缶詰を新たにはんだづけするような悪質な行為が横行するようになったのだ。一八九七年には、クララ・グリーンという三四歳の女性が缶詰のロブスターを食べて死亡する事件が起きた。「［ロブスターの］缶詰が……検視陪審によって調査され、外からはんだづけを行ったときに開いたものと見られる穴が二つ発見された」。この事件では、「陪審は、缶詰のロブスターを食べたことによるプトマイン中毒死との裁決を下した」。

傷んだ缶詰を食べるのは危険だと警鐘を鳴らす声が高まり、缶詰食品を食べて死ぬことを心配する空気が強まった。一八九七年には、セント・パンクラスの保健医官が「缶詰食品による食中毒が頻発しているのは、安く売り出されている缶詰食品の多くが、船で売られていた古い製品をもとにしているからだ」と述べている。この保健医官は、消費者が食べようとする缶詰がどのくらい古いものなのかわかるよう、缶詰一つひとつに日付を刻印することを提案している。しかし、日付刻印案は缶詰食品の安全問題を解決するとは考えられなかったようだ。『デイリー・グラフィック』は、「よい考えではあるが、効果があるかどうかは疑わしい」と書いている。

缶詰食品の安全性に関する小冊子が流布し、傷んだ缶詰を避けるにはどうすればよいかという助言が出版されたりしたが、それにもかかわらず、新聞では缶詰を食べて亡くなった事件の詳細が報じられ続けた。

傷んだ缶詰食品は、目で見ればたいていすぐわかるものである。缶自体が変形しているか、そうでなくても中身が傷んでいることが目に見えてわかるからだ。もちろん、傷んだものは好ましくないが、ほとんどの場合、害はそれほどひどいものではない。消化不良を起こしたり、少し具合が悪くなったりする程度である。それにもかかわらず、缶詰食品による死を報じる見出しが紙面を飾り続けたのである。

当時のプトマイン中毒の新聞の見出しについて考えるときには、歴史的背景を考慮に入れなければならない。今日では、プトマインは、細菌が動物性・植物性タンパク質を分解した際の副産物であることがわかっている。ということは、食中毒を引き起こすことはないのだが、かつては食中毒の原因と考えられていたのである。ダグラス・チャーマーズ・ワトソンの『*Food and Feeding in Health and Disease*（健康と病気における食事とその摂取）』では、プトマイン中毒は「汚染された肉、ミルク、魚介類（特に甲殻類）によって引き起こされる。プトマインは、分解、つまり細菌のはたらきによってタンパク質が腐敗することで生産されるアルカロイドである」と説明されている。プトマイン中毒という言葉は、原因が何であれ、食中毒一般に対して漠然と使われていたのだ。

今日であれば、当時の缶詰食品による死はボツリヌス菌が原因と判断されるだろう。この細菌はボツリヌス神経毒素を作り出すが、これは人間にとって最も致死性の高い毒素であるうえ、視覚、嗅覚、味覚のいずれによっても感知することができない。ボツリヌス菌自体が缶を変形させることはないが、缶が変形するということは、多くの場合、缶詰の製造過程の質が低いということである。缶の質が低ければ、ボツリヌス菌や、もっと目に見える影響を与える他の細菌を繁殖させることになる。ボツリヌス菌は嫌気性細菌であり、缶詰のような酸素のない環境でも繁殖することができる。

鮭とロブスターは、缶詰にされる過程で適切、入念な熱処理と加工が行われない場合、ボツリヌス中毒を特に引き起こしやすい食品である。缶詰の鮭は熱しすぎると食用にできないほど味が落ちてしまうが、処理に必要とされる温度が殺菌温度とほとんど同じであるため、少しでも熱処理が足りないと、危険をはらむことになるのだ。

缶詰に関する好ましくない話の多くは肉や魚に関するものだったが、果物の缶詰にまつわるスキャンダルも相当数あった。一九〇〇年三月三一日の出来事を報じた新聞記事によれば、四〇人のホテル客が食中毒の症状を呈し、二人が死亡した。食中毒の原因は缶詰の果物カクテルとされた。この事件を報じた「プトマイン中毒。ホテル経営者への警告」と題された記事によれば、「食中毒はおそらく缶詰食品内に生じた細菌によって引き起こされたものと思われる。ホテルのシェフは、果物の缶詰の残り物を翌日まで放置し、それを料理に使ったことを証言で認めた」。原告には一四〇ポンドの慰謝料が与えられたが、そんなものは死の果物カクテルを出された二人には何の慰めにもならなかっただろう。

缶詰食品の安全性については、いくつか議論の的になる問題があったようだ。まず、缶詰にされる食品の質である。次に、缶詰工場の衛生と企業倫理、つまり、効率的な熱処理や密封作業など、缶の準備や製造をきちんと行っているかどうかという問題である。それから、安全でない缶詰食品を売ろうとするあくどい業者の問題がある。このような業者は、安全でない食品を安全であるかのように見せかけ、顧客をだまして食べるのに適さない缶詰を購入させることもあった。

このようなたちの悪い取引や、人間が食べるのに適さない缶詰が押収される事例が週刊紙で広く報じられ、食品を少しでも安く買おうとしている倹約家の主婦に注意を促した。一九〇〇年には、そのような安全でない缶詰食品の話が生々しく語られている。

ベスナル・グリーンのセント・マシュー教区の衛生当局によって、腐った缶詰食品を売る人々を撲滅しようとする活動が行われている。何件もの缶詰押収が行われ、訴訟が起こされているが、魚やミルク、果物の「膨れた」缶詰を売る習慣があまりに横行しているため、教区民に対して警告のちらしを発行する必要が出てきている……古くて不適切な食物を売る「ジョブ・ライン」として知られる人々が、缶詰が傷んでいることが発覚しないよう、缶に穴を開けて蓄積したガスを抜いたうえであらためて缶をはんだづけし、ラベルを貼り直している事実が明らかにされ、大衆に注意を喚起している。『デイリー・メール』の販売員は、アルドゲイトの店で、穴を開けてはんだづけし直したロブスターの缶詰をおよそ一〇〇個も目にした。その中には、二回、三回とはんだづけし直した缶詰もあったという。

一八九九年の「缶詰食品の押収」という見出しのついた別の記事では、ジョゼフとヴァーノンのフェル夫妻が召喚され、「人間が食べるのに適さない大量の缶詰食品を所有していた」という告発に対する答弁を行った。「ある箱には『ハニー』というブランドのコンデンス・ミルクの缶詰が七二個入っていたが、そのうち五九個が膨らんで変形していた。多くの缶に新しいラベルが貼られていた。『ファイネスト・コロンビア』の鮭の缶詰三九個のうち一〇個、三三六個のコンデンス・ミルクの缶詰のうち二三一個が腐っていた。腐ったイワシの缶詰も五〇一個あり、七二個のパイナップルの缶詰も同様の状態だった。納屋にあった七九二個のコンデンス・ミルクの缶詰はすべて腐っていた」

腐敗した肉のスキャンダルや腐った缶詰製品の記事があふれていたにもかかわらず、缶詰食品が求められ続けたこと自体驚くべきだが、その安価と便利さのおかげで、缶詰製品はイギリスの一般家庭の食料貯蔵庫に確保されるようになった。一九七〇年代には鮭の缶詰のボツリヌス中毒による恐慌が起き、『ニューヨーク・タイムズ』によれば「四件の食中毒事件のあと、イギリス人はアメリカ合衆国やカナダから輸入された鮭の缶詰を食べないよう注意された」が、それ以降も缶詰食品の売り上げは伸び続けた。

近年では新鮮な食物が好まれ始めているが、それでもイギリスから缶詰食品が完全に消え去っているわけではない。ただし、今日では、缶詰の果物や肉は五〇年前ほど人気がなく、かつてこの実験的な食品を広めることに貢献したフォートナム・アンド・メイソンなどの店でも、扱っている缶詰はフォアグラだけという状態である。缶詰食品は永遠に残り続けるにせよ、その存在感は希薄になっていくだろう。缶詰は、ひどい評判も乗り越えて生き延びてきた歴史を持つが、どうやら、最後の手段として必要になる緊急事態用に、戸棚の奥に放置される運命にあるようだ。缶詰食品は、今では、新鮮な食品や冷凍調理された食品ほど食欲をそそるものではなくなっているのだ。

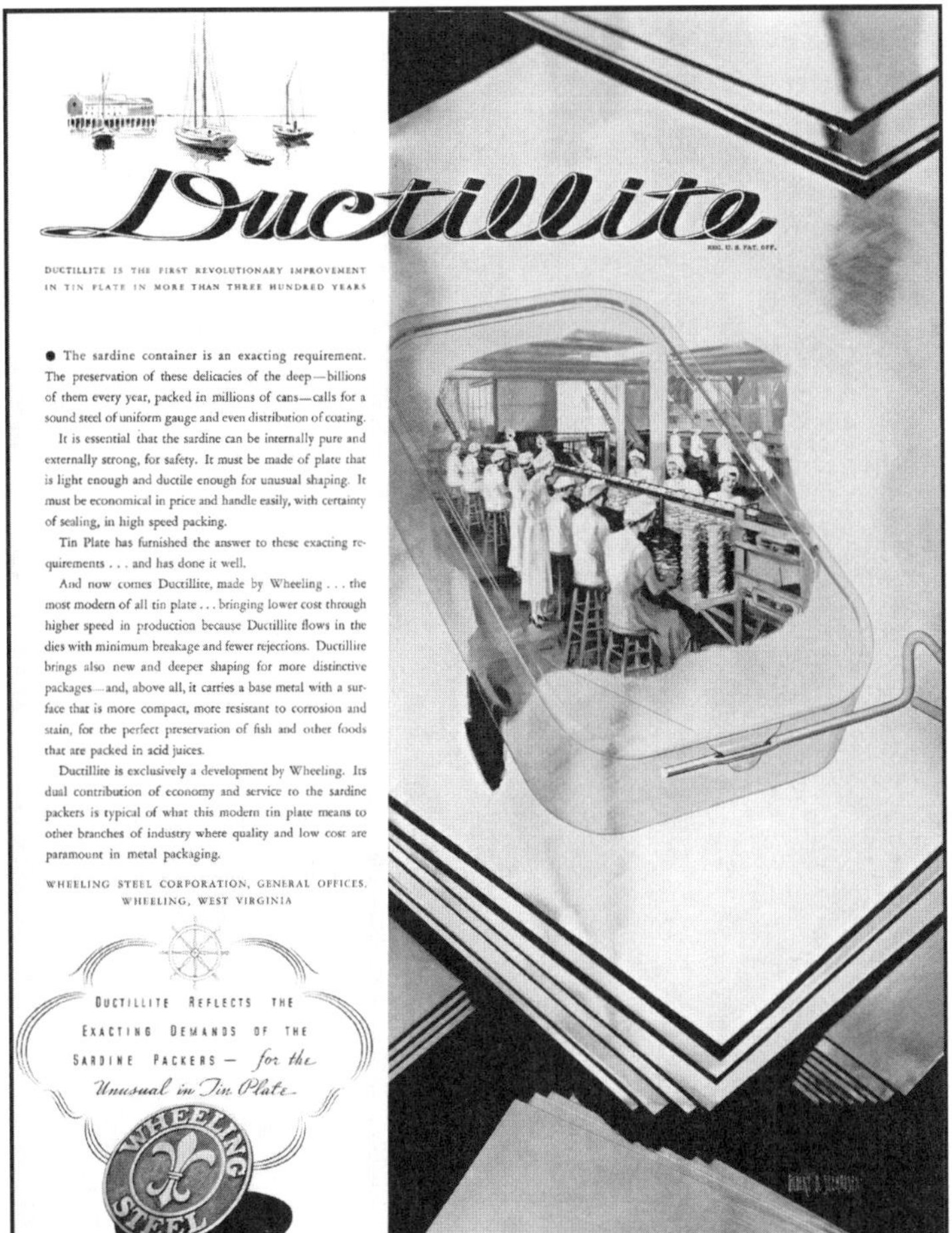

イワシの缶詰工場（1935年）

1930年代初頭のイギリスの
缶詰製造機

エンドウ豆の缶詰の
商品説明カード

ロンドンの缶詰食品諮問局の料理小冊子

2章　臓物の真実

「がつがつと貪《むさぼ》り食って、腐肉で腹がふくれてはちきれそうになるまで」

ミルトン『失楽園』第一〇巻六三三行

　動物の内臓を食べることは、好悪どちらにおいても極端な反応を引き起こすようだ。肉汁たっぷりの豚足を夕食に食べた思い出を楽しそうに語る人もいれば、ステーキパイの具に入っている牛の腎臓のことを思っただけで震え上がる人もいる。

　臓物の食事には長い歴史があるが、それは変化を繰り返す歴史でもあった。かつて臓物は栄養に富んだ安くて健康によい食物源とされ、多くの地方の特産料理の材料となり、家庭では安上がりなものとして重宝された。だが、臓物について話したり考えたりするのは好ましくないという風潮が次第に広まり始め、ましてや食べるなどとんでもないと考えられるようになった。現代のイギリス人の感受性には、生々しい臓器は受けつけられないようなのだ。腺、皮膚、筋肉、腸、砂肝、心臓、腎臓、肺、骨髄、脾臓、舌、足、睾丸などはとても食べられるものではない、と考える人が増えてきた。ヘッドチーズ（豚の頭部を煮こごり状にした料理）や脳みそのフリッター（果物・肉などの薄切りに小麦粉などのころもをつけてふっくらと揚げた料理）が食卓に上ることは珍しくなり、蒸気を立てる熱々の牛の胃袋やカウヒール（牛の足部をタマネギなどの野菜とともにゼリー状に煮た料理）などと同様、奇食と考えられるようになってしまったのだ。ただし、メニューから完全に消えたわけではない。肝臓のバター炒めを好む人もいるし、豚肉の切り身に腎臓を添えたものを珍味と考える人もいる。特選肉だけでなく、血まみれの肉を食べることもすばらしいと主張する人々も出てきた。有名シェフや、鼻先から尻尾まで食べつくす「ノーズ・トゥ・テイル」というコンセプトを熱狂的に支持する人々がそのような考えを打ち出し始めているのだ。臓物を呼びものにする高級レストランも数多く存在する。高価で流行しているとなれば、消費者も強い嫌悪感を脇に置き、胸腺や牛の胃袋、牛の頬といった特別料理を食べたがるようなのである。それに、血のついた内臓のことを考えただけでおぞけをふるう人だって、それと知らず臓物を食べているものだ。ソーセージやホットドッグ、パイ、ハンバーガーにも臓物は含まれているのだから。

くず肉や臓物は高級とされない部位の肉であり、これを調理するには料理人の腕が試されることはまちがいない。腎臓、肝臓、胸腺、鶏の臓物、子羊の腸、牛の乳房、豚足などは、電子レンジに突っ込んではいできあがり、とはいかないし、オーブンやフライパンで簡単に調理できるものでもない。だが、臓物に恐怖を覚えたり吐き気を催したりするのは、そういった理由からではないだろう。心臓や肝臓、腎臓は動物の生命源であり、しかもすぐにそれと認識できるものだ。そのため、人間の臓器が連想され、自分もこのように死に至る運命にあるということが頭に浮かんで意気阻喪してしまうのではないだろうか。また、動物の臓物は現実の動物の部位の原形をとどめているため、動物の死体の解体作業と縁遠くなってしまった現代文化には受け入れられないということもあるのだろう。チキンナゲットや恐竜を模した七面鳥などがもてはやされる社会では、実際の舌や心臓、しっぽ、耳は刺激が強すぎるのだ。食物は漠然とした「肉」ではなく、本当にかつて生きて呼吸をしていた動物が人間の食用となるために解体され切り刻まれたものだということを思い起こさせてしまうからである。あるいは、特定の部位――つまり、足や鼻、舌、性器といったものが汚く不快という連想を誘うという事情もあるのかもしれない。理由はどうあれ、臓物が避けられるようになってからよりも、好まれていた期間のほうがはるかに長い。では、人々はいつ臓物を不快なものと考えるようになったのだろうか。そしてその考えは正しいのだろうか。

臓物は古くから料理として非常な人気を誇り、上流階級の食卓を彩ってきた。一五四五年一二月の金羊毛騎士団のためのごちそうには、牛肉にマトン、ハム、舌肉、スープ、子牛の頭部、カブを添えた鹿肉、すりつぶしたエンドウ豆、子牛の肉、茹でた白鳥、ガチョウ、雌鶏、七面鳥、牛の乳房のパイ、アントルメ（主要な料理の間に出る添え料理）といった料理が並んだ。この大量のごちそうにさらに、あぶり焼きにしたソーセージ、牛の胃袋のカツレツ、ラグー（肉や魚と野菜の煮込み）、鹿肉のパイ、ヤマウズラ、キジのロースト、去勢鶏、ハトが続く。これらの料理をたらふく食べたあとに、最後の仕上げとして、クジャク、ヤマウズラ、バン（クイナ科の水鳥）、赤身肉、熱々のハトのパイ、冷たいサギのパイ、ウサギのロースト、ガチョウ、ゼリー寄せ、その他の料理が出てくるのだ。この中には、今日では食べることなど想像できないような臓物や料理が含まれている。これらのごちそうは、現代の目で見れば圧倒的な量を誇るものだが、一方で鹿の臓物パイのような簡素な料理も内臓をふんだんに使用していた。鹿の臓物パイは田舎料理とされることが多いが、富裕階級の人々もよく口にしていたものである。

一六六〇年に出版されたロバート・メイの『*The Accomplisht Cook*（熟達の料理人）』に掲載された鹿の臓物パイのレシピには、ナツメグとクラレットが含まれている。

鹿の臓物パイの作り方

パイの一番下に、細かく刻んだ牛肉のスエット（牛や羊の腎臓・腰部の硬い脂肪）か脂身を混ぜたベーコンのスライス、鹿の臓物をあられ切りにしたもの、ベーコンを同じくあられ切りにしたものを敷く。ナツメグと塩、コショウで味つけし、ベーコンのスライスとバターを加え、包みこんで焼いたあと、クラレットとバター、外皮をむいたタイムを加える。

サミュエル・ピープスは、一六六二年七月五日の日記で、鹿の臓物パイをおいしく食べたことを明かしている。「一、二日前、鹿肉をもらったので、肩肉片の一方をローストにし、もう一方を焼き肉にした。臓物はパイに入れて焼き、すべてたいへんおいしく料理できた」。一六六三年七月八日にも次のような記載がある。「ターナー夫人がやってきて、鹿の臓物パイの焼きたて熱々を持ってきてくれた。とてもおいしかった」

臓物がなぜイギリスの一般市民の間で食べられなくなったかについては、他の肉類と違い、第二次世界大戦中に配給制にされることがほとんどなかったからだ、というのが通説である。この期間中、イギリス人は臓物を飽きるほど食べ、そのため臓物は戦時中の節約精神と結びつけられるようになった。一九五四年に配給制が終了したとき、人々はそれまで手に入れることのできなかった高級肉が食べたくてたまらず、ずっと口にしてきた臓物はもうたくさんという気持ちになっていたのだ。

同じ時期に、世界貿易がかつてない規模で展開し始めた。食料供給への需要がイギリスで高まるにつれ、集約畜産化が進み、食品の市場も広がった。こういった変化は精肉貿易に影響をおよぼし、その効果がすぐに実感されることはなかったかもしれないが、食品の食べかた、買いかた、生産方法を根本的に刷新することになった。

肉屋や、個人で経営する小規模な食肉処理場が激減する一方で、スーパーマーケットや輸入品が精肉業界を支配し始めた。このような広範囲におよぶ変化は、消費者の嗜好や業界の構造に劇的な影響をもたらし、便利さという概念そのものも大きく変わった。その結果、臓物の人気と、食物供給における地位も変化せざるをえなかったのだ。

第二次世界大戦中、精肉業界は国家によって統制され、爆撃の影響を最小限に抑えるという目的もあって、各地に分散することになった。そして、多くの既存の供給ネットワークが破壊された。国家による統制は戦後もかなりの間続くことになる。一九五四年まで、ほとんどの肉は食料配給手帳を通して、もしくはブラックマーケットでしか入手することができなかった。ブラックマーケットでは、ウサギの肉や鶏肉の取引によって暴利がむさぼられていた。

このように肉の需要が高まる中、政府はそれに応えるべく方策を講じ、輸入食品の包装や配送を改善した。冷蔵輸送が急速に進歩し、動物の死骸が骨や腺を除去した状態で輸入されることにより、輸送に必要なスペースも減った。

こういった傾向は、イギリスの小規模な食肉処理場に壊滅的な打撃を与えた。生きたまま輸入される動物が減る一方で、動物の死骸の輸入は増加し、食肉処理場が不要なものになってしまったのだ。一九五〇年代から一九七〇年代の間に、およそ五〇〇〇あった小規模な食肉処理場は、わずか一一〇の大規模な食肉処理場へと統廃合された。

肉屋もまた、臓物の購入を控え、あらかじめカットされた肉を購入し始めた。スーパーマーケットと歩調を合わせ、廃棄肉を減らそうとして、在庫肉を「現代化」したのだ。システムが変わったことで、小さなトレイでそのまま調理に回せるような、下ごしらえ済みの骨抜き肉を販売することが可能になった。このような状況を背景として、動物由来とはっきりわかる部位の肉に吐き気を催すような人々が登場してきたのである。

家族の人数の減少や女性の就業率の向上に加え、世界各地から輸入された食品を食べるようになったことで、肉に対する人々の見方は変化し、切り身肉が好まれるようになった。突如として切り身肉という選択肢を手にした主婦たちは、もはや自分で肉の下ごしらえをする気にはならなかったのだ。今や便利さが何にもまして優先され、世界貿易へのシフトによって消費はより手軽に行えるようになった。現代の働く女性は、世界中から輸入される骨抜きの白身肉を好むようになったが、これは数世代前の妻や母には考えられなかった贅沢だ。このような変化が消費者の嗜好によるものだったのか、精肉業の変革によるものだったのかについては議論の余地があるが、いずれにしても、牛の胃を茹でるか、下ごしらえの済んだ鶏肉をオーブンに入れるかのどちらを選ぶかとなると、後者がより魅力的に映ったのはたしかだ。

イギリスの消費者の食習慣は、牛海綿状脳症（狂牛病）騒動を受けて再び変化した。イギリス政府は、長期にわたる調査の末、牛海綿状脳症とクロイツフェルト・ヤコブ病の間に関連性があることを認めた。ＥＵは一九九六年三月からイギリスの牛肉輸出を禁じ、脳みそや脊髄、脾臓、胸腺、扁桃、腸といった臓物は染色したうえで廃棄しなければならなくなった。食肉処理場を経営するブライアン・ヒューイットによれば、一九九六年、精肉業界はこの臓物処理のために二二〇〇万ポンドを費やしたという。輸出禁止により、多くの業者が廃業に追い込まれたり、厳しい資金繰りを強いられたりした。ロンドンの肉市場、スミスフィールド・マーケットのジョン・ブルースターは、牛海綿状脳症を精肉業界を襲った最悪の惨事と考え、「私たちにはこの病気の存在はほとんど受け入れがたいものだった」と語っている。ラジオインタビューを受けたとき、ブルースターは、牛海綿状脳症は世間で思われているほど深刻なものではないと主張したが、「動物のえさの殺菌」が不十分だったことが「心の奥底ではわかっていた」という。

臓物が金銭的な価値を失ったのは複雑な社会・経済的変化によるものだが、技術や貿易の発達とともに便利さについての考え方が変わったため、文化的な価値も失われることになった。第二次世界大戦前には、動物の解体、販売、消費の利害は、動物一体をまるまる経済的に使用することで調整されていた。だが、現代の家庭が期待する新たな便利さというものは、肉をすばやく、安く、簡単に調達して料理することに主眼を置いている。

イギリスの食品システムは、動物のあらゆる部位を使用した戦前の地方分散型の肉生産システムから大きく変化した。多様で美味な臓物は現在でも少数の美食家を惹きつけ続けてはいるが、近い将来、再び主流になるとは考えにくい。子供時代に臓物を食べるようすすめられなかった世代に、どろどろして不快感を抱かせると思われるものに興味を持つよう求めるのは無理な注文だろう。臓物は、環境にも精肉業界にも利益をもたらす安全な食品として再評価する必要がある。そのためには、業界の抜本的な改革が必要になるだろう――解体や包装の過程を根本的に考え直し、肉の副産物を再評価する必要があるのだ。

トライプ

フランス人はトライプを愛好し、イタリア人は貪り食い、かつてはイギリス人もいくら食べても飽き足らなかった。だが、今日では、トライプはイギリスではそれほど評判がよくないと言わざるをえない。トライプはカロリーがとても少なく、ステーキ一片よりもタンパク質が豊富なのに、調理法にかかわらず、ゼラチン質の牛の胃袋を食べようと思う人はほとんどいない。それどころか、大半の人は、夏にゼリー状のトライプをワイン一杯といっしょに食すると考えるだけで恐怖心を抱くだろう。

一般にトライプと言えばさまざまな家畜の胃壁のことだが、イギリスではふつう牛の胃壁を指す。トライプにもいくつか種類があり、胃壁のどの部分が取り出されたかに応じて分類されている。ミノは牛の第一胃、ハチノスは第二胃、ゼンマイは第三胃である。第四胃は主としてレンネットという酵素剤の材料として使われるが、その腺状構造のため他の使い道はほとんどない。

トライプはたいていきれいに洗って湯通しした状態で売られているが、その処理はたくましい体格の人でなければ行えないような重労働である。生の牛のトライプはたいてい茶色だが、解体される前に牛が食べていた食料に応じて色合いはさまざまだ。嚢胞《のうほう》その他の異常がないか検査されたあと、胃が消化した内容物を取り除くために冷水によって洗われる。トライプの処理は、すばやくできる仕事でも、清潔な仕事でも、快適な仕事でもない。生のトライプは強烈なにおいを放ち、よく言っても湿った干し草、もっと正確に言えば、おそらく牛小屋のにおいにたとえられるものだ。処理を行えばにおいは弱まるが、まったくなくなるわけではない。未処理の自然の状態のトライプは、不浸透性の皮の保護層で覆われており、それを取り除くと独特のクリーム色の組織が露出する。伝統的に、この過程は馬櫛《うまぐし》を使って手作業で行われてきた。むきだしになったクリーム色のトライプを何度も洗ってゆがいたあと、ようやく長時間茹でる作業に移る。茹でる時間は処理業者のやりかた次第だが、胃を取り出した動物の年齢も考慮に入れる必要がある。弱酸性の過酸化水素水で漂白するとトライプは雪のように白くなり、ふくらみも出てくる。総仕上げとしてゆすがれたあと、きれいに整えられ、小売りに出されることになる。

トライプの調理、食事には長い歴史があり、古代ギリシャやローマでもトライプは好まれていた。中世には、ノルマンディーのカーンに大修道院を建てたウィリアム征服王が、この地の特産料理「カーン風トライプ」を賞味したという。この料理は中世に考案され、そのレシピはもともとカーンの男子修道院の修道士が思いついたものだと言われている。ノルマンディー公にしてイングランド王でもあったウィリアムには、トライプの地元料理をリンゴジュースとともに楽しんだという伝説も残っている。牛の胃は食用として重宝されたばかりではない。アングロ・サクソン時代の医学書『*Bald's Leechbook*（ボールド医典）』には、眼軟膏の処方として、タマネギ、ニンニク、ワイン、牛の胆汁をすりつぶして混ぜ合わせ、銅製の容器で九日九晩保存する方法が記載されている。現代の研究により、この処方は実際に大きな効能があることが明らかになった。この眼軟膏は、いんちきであるどころか、最も強力な現代の抗生物質よりもすばやく実験室内のメチシリン耐性黄色ブドウ球菌を殺したのだ。

トライプはさまざまな料理に利用され、消化しやすいこともあって重宝されてきた。トルコの市場では労働者たちがトライプのスープを賞味しているし、ハーブやスパイスで味つけして食卓に出す国もある。イギリスの伝統的な料理法は、ミルクでじっくり煮てタマネギといっしょに調理するか、酢に浸すかである。『ビートン夫人の家政読本』では、トライプは「肉の中でも最も消化がよいため、脂肪分が多いとはいえ、病人食として特に適している。メイン・ディッシュとして出されることもある。牛の胃をもとにした料理だ」と述べられている。トライプといって思い浮かぶのは簡素な料理だろう。チャールズ・ディケンズの『バーナビー・ラッジ』の登場人物は、「トライプとタマネギの熱い煮込みの夕食」をごちそうになり、「全部平らげて相手の面目を施してやった」。この消化のよい食品には簡素な料理こそふさわしい。『ビートン夫人の家政読本』にはトライプのフリカッセというちょっと凝ったレシピも載っているが、トライプの定番料理となると、やはりパセリやタマネギといっしょにミルクで調理したものだ。一七六九年に出版されたエリザベス・ラファルドの『*The Experienced English Housekeeper*（イングランドの熟練した家政婦）』のレシピはさらにシンプルで、タマネギといっしょに塩水で煮て、パセリとバターを添えて食卓に出すというものである。

トライプを食べる習慣はイギリス文化に深く根づいており、文学作品や文献にも頻繁に登場する。シェイクスピアの『じゃじゃ馬ならし』では、グルーミオが「脂たっぷりのトライプのあぶり焼きはいかがですか?」と尋ねる。一六六二年一〇月二四日の日記で、サミュエル・ピープスは「私自身が指示して作らせたもので、マスタードをたっぷりつけたすばらしいトライプ料理」を「たっぷり食べた」と記しているが、このときの食事が大成功だったことはまちがいない。その後の日記でも「帰宅してトライプを食べる」とトライプについての記述が見られるからだ。

トライプに関してはどっちつかずの態度は存在せず、大好きか大嫌いかということになる。一九世紀を通して、そして二〇世紀に入っても中頃まで、トライプを使った料理は人気を博し、単独で出されることもあれば、サラダに混ぜられることも、タマネギといっしょに調理されることも、あるいはパイの具になることさえあった。だが、トライプが牛や羊の食用の胃壁であるという事実はいかんともしがたく、イギリスの食卓からは徐々に姿を消していった。現代人の胃には受け入れられなかったということだろう。

ぬるぬるしていてにおいも不快だということは認めざるをえないだろうが、一方でトライプを熱狂的に好む美食家も存在し、中には「ランカシャーのイカ」と名づけるほどの愛好ぶりを見せる人もいる。トライプは栄養豊富で、その素材のよさを活かせるシンプルな料理で知られてきた。男性の性欲を高めるとまことしやかに語られることさえあった。ユナイテッド・キャトル・プロダクツの一九二〇年代の広告には、トライプは「精力的な男性」にぴったり、という文句が見られる。「赤身肉と同じくらい栄養豊富で、しかもはるかに消化しやすく安価で、活力あふれる男性には理想の食品です」

トライプは素人にはおいしさがなかなか理解されない食品だ。トライプという言葉が、「ばかばかしい」「いつわりの」または「価値がない」と思われるものを軽蔑的に指すときに使われることがあるのも、その癖の強い味によるのだろう。たとえば、「これまでの人生でそんなたわごと《トライプ》聞いたことないよ」「またくだらないこと《トライプ》言ってやがる」といった言い回しがあるし、「トライプ・ワイフ」と言えば、トライプの下ごしらえを行ううさんくさい女性を指した。一七世紀の劇作家、リチャード・ブルームの『*The City Wit*（町の才子）』という戯曲には、「あんたのおふくろ、評判の悪いトライプ・ワイフだったんだろ?」というセリフが出てくる。

トライプの下ごしらえは一九世紀に多くの人がたずさわった仕事であり、イングランド中北部で特に多く見られた。この地方では、調理が簡単で安価、栄養豊富なトライプは、自由時間のとれない製粉所の労働者にとってありがたい食品だったのである。トライプの下ごしらえは技術と知識を必要とする仕事ではあったが、その労働環境は、健康・衛生面ではとても恵まれたものとは言えなかった。

貧民救済に尽力した教育行政家のジェイムズ・フィリップス・ケイ＝シャトルワースは、一八三二年に、マンチェスターの貧民窟でトライプの下ごしらえをする人々がどれほど不潔な環境で作業しているかを生々しく描き出している。

デュシー・ブリッジを渡って川沿いにさらに進むと、また皮なめし工場が見え、織物用の糊《のり》の製造工場やトライプ処理所も姿を現した。川を挟んで一方は教区墓地が占め、もう一方はたいへん衛生状態の悪い風変わりな路地が連なっていた。これらの区画に近づくには、ロング・ミルゲイトから狭い屋根つきの通路を使用することになる。石段や、時には長い階段が三つ続く箇所を降りていくと、河川敷に出る。先ほど言及したこの（アレンの）路地は、一方を岩で、二方を三階建ての家々で囲まれ、残りの一方は今降りてきた険しい土手で、その上には塀や家々が建っている。少し前まで、これらの家の多くには、房飾りや絹、木綿を織る職人や、羊毛を巻き上げる職人が住んでおり、一軒につきおよそ三、四家族が暮らしていた。土手の頂上に位置する隣の（バレットの）路地は、アレンの路地と低い壁で隔てられているだけで、豚小屋のほか、トライプ処理所もある。これはこぢんまりとした建物で、とても不潔な状態にあった。建物の内部には腐敗した動物の死骸の一部があり、ある部屋は犬小屋に改装され、子犬が何匹もいた。路地の反対側には皮なめし場があり、くぼんだ場所で動物の皮がタンニンなめしの手間をかけずに加工されている。ここには腸線の製造所もある。

この記述を読むかぎり、トライプの処理は「悪臭を放つ」仕事であるばかりか、大変危険な環境で行われていたらしい。「臓物は清潔さのかけらもない状態で積み重ねられ、周囲の住民の健康を危険にさらしている」。どれだけひどい状況だったか想像にかたくない。一八七五年には、トライプや血液、骨を茹でて加工したり、獣脂を溶かしたりする仕事はすべて公衆衛生法で「不快感を与える

ランカシャーのJSヒル・トライプ加工業者

職業」とされ、自治体によって規制の対象になったが、それも当然の措置だったのだろう。一八七七年、カーズリーの地区参事会は、トライプを茹でて処理する人々に関する条例を発令したが、そこでは「トライプを茹でる際に出る蒸気をすべて無害化するために現実的な方策をとる」ことが義務づけられた。一九三六年に公衆衛生法第一〇八項に関連して定められた細則にも、トライプを茹でることで大気中に拡散される蒸気について似たような文言が見られる。バーンリー自治区議会も、トライプの加工による廃棄物について同様の措置をとり、「営業日は毎日、仕事終わりに、構内のあらゆる場所に落ちたり蓄積したりした肥料、ゴミ、食用でない臓物、汚物、廃棄物のうち、以後加工して利用しないものに関しては、すべて回収して構内から除去すること」と定めた。これらの条例は、公衆衛生への害を減らし、近くで暮らす人々の生活状況を改善することを目的とするもので、厳しい罰則が定められ、違反したり無視したりした者には相当額の罰金が科された。

多くのトライプ加工業者が条例違反のために召喚され、一般市民の敵意を煽った。地元の新聞には「あくどい」トライプ加工業者が罰を科されたという内容の記事が何度も掲載された。以下は、一九〇一年、チェスターのトライプ加工業者が引き起こした「吐き気を催すような悪行」を報じる記事である。

土曜日にチェスター・キャッスルで開かれた小治安裁判で、トライプ加工業者のエベルハルト・レーフェルトが、リトルトンの敷地内の生活妨害となる不快物を除去しようとしないということで、チェスター地区参事会の衛生査察官、チャス・J・オーウェンによって召喚された。オーウェン氏は……苦情に応えて現場を訪れた。敷地全体、特に溝がひどい状態にあった……。溝の汚物が食物保存用の穴を汚染していた。保健医官のケニオン博士によれば、敷地内の小屋はきわめてひどい状態で、レンガもきちんと積み上げられていなかったという。小屋の近くに溝と小さな食物保存用の穴があり、いくつかの豚舎のまわりには肥料と汚物が山と積み重なっていた。その莫大な量の汚物と、地面の不潔な状態は耐えがたいほど不快なものだった。下水設備もなく、建物も壊れかけ、きちんとした給水設備もないとあっては、この場所で事業を行うことは不可能だ……。隣人たちは溝の状態について苦情を申し立てている。近所に住むサミユエル・ウィリアムズ氏は、汚物が自分の敷地の食物保存用の穴にしみ出てきたため、飼い馬がその水を飲まないよう、柵を立てねばならなかったという（ウィリアムズ氏とその家主の代理としてブラッシー氏が発言した）。ターヴィン・ロードでウィリアムズ氏の真向かいに住む弁護士のE・S・ガイルズ氏もまた、苦情の的となっている敷地を知っていて、もしそこで行われているのと同じやりかたによってトライプが都市部で加工されれば、即座に停止されると断言できる、と発言した。まったく不快なことだ……。そのにおいは耐えがたいと言うほかない。

トライプ加工業者の敷地の非衛生的な状況のほかにも、トライプは新聞記事のネタを提供した。一八九五年六月六日の『サウス・ウェールズ・デイリー・ニュース』に掲載された以下の記事を読めば、酔っぱらってトライプを食べるとよい結果にはならないらしいことがわかる。

「トライプをのどに詰まらせ、泥酔した女性が死亡」
火曜日の夜一二時少し前に、スーザン・ジョージという五三歳の女性がトライプをのどに詰まらせて死亡した。警察から得られた情報によると、故人は一一時すぎ、トライプを手にしたまま泥酔状態で寝室へと上がっていった。しばらくして息子が瀕死状態にある母を発見、ウォーカー医師を呼びにやったが、医師が現場に到着して診察したときには、すでに女性は息を引き取っていた。さらなる調査の結果、女性の気管がトライプでふさがっていたことがわかった。

トライプによる不運な事故はこれだけではない。『サウス・ウェールズ・エコー』によれば、一八八九年五月、「ブラッドフォードのロングランズ・ストリートに住むアン・マイルズ（六四歳）が、トライプをのどに詰まらせた」。一八九五年一〇月の『イヴニング・エクスプレス』は、サラ・コリャンという女性にまつわる「異常な事件」を報じている。コリャンは、「夕食にトライプを食べているとき、のどを詰まらせたようだった。口の中からトライプが取り出されたが、彼女は意識を失い、ベッドに寝かされた。子供たちが付き添って眠ったが、翌朝、子供の一人が母の死を確認した。コリャンののどにはトライプがさらに一片詰まっているのが発見された」。幸い、トライプを食べた人がみな命を落としたわけではないが、トライプ好きが高じて裁判沙汰に巻き込まれた男もいた。ブラックプール在住のフランシス・スミスは、一八九九年、泥酔騒ぎを起こした末、罰金刑を受けることになったが、記録によると、「フィッシュ・アンド・チップスのレストランに入ってトライプを一ポンド（約四五四グラム）買ったが、その後、四分の三ポンド分のトライプを計ってもらう手間をかけたあげく、ショーウィンドウからもう一ポンド分のトライプを手にし、酢を二瓶飲んで魚をポケットにつっこんだ」。酢とトライプを勝手に奪っただけでも奇行というしかないが、それでもまだ足りないとでもいうように、スミスは「それから三ペンス銀貨を取り出して店主に渡し、釣りを求めた」という。

トライプ加工業者や販売店は次第に行いを改め、トライプの下ごしらえ、保存、販売方法にも現代的な最新の手法を取り入れていった。非衛生的なトライプ販売者に関するおぞましい話が語られることは減っていき、トライプの商売は第一次世界大戦まで繁盛した。一九三〇年代には、不況によって店を閉じざるをえないトライプ販売店も出たが、トライプは健康によい安価な食品としてもてはやされたため、トライプ料理は大恐慌中も人気を博し続けた。

一九〇六年の『イヴニング・エクスプレス』の「女性のために――家庭のヒントとすてきな料理」という記事によれば、トライプを推す理由はまず安いことで、「安価なトライプのディナー」という項目には次のような助言が書かれている。

トライプの切り身や豚の小腸、カウヒールはとても安く買える。これらを四角にカットし、肉四ポンド（約一・八キログラム）につき八個のタマネギ、一〇個のジャガイモ（大）を用意し、皮をむく。ジャガイモの一部を鍋の底に入れ、塩コショウで味つけし、トライプ、タマネギ、そしてジャガイモを少しずつ加えていき、すべて鍋に入れる。それから四分の一ポンド（約一一三グラム）の小麦粉と三クォート（約三・四リットル）の水を入れ、約二時間弱火で茹でながらかき混ぜる。これで一二人の家族には十分だ。

安価で栄養が豊富であるため、トライプはイングランド中北部では一九七〇年代後半までとても人気のある食品であり続けた。だが、冷凍食品や缶詰食品をはじめとするより安価な代用品が販売され、持ち帰りできる食品の種類も増え、電子レンジや調理済み食品が登場するにおよんで、トライプは過去の遺物となった。時代遅れとなったトライプは軽蔑の目で見られ、興味をそそるものではなくなった。蒸気を立てる熱々の牛の胃袋を食べることに、どういうわけか人々は心を惹かれなくなったのである。

牛の乳房

牛の乳房は近年あまり見かけなくなった臓物である。かつてあらゆるものを食した国にふさわしく、イギリスでは牛の乳房も賞味されていた。茹でて冷ましたものが供されることもあれば、バターで炒めて夕食に出されることもあった。

一〇〇年前にはマンチェスターだけで二六〇軒以上のトライプ販売店が存在したが、そこではたいてい牛の乳房も売られていた。一般家庭でトライプや牛の乳房、その他の臓物を週二、三回食することがふつうだったのだ。

牛の乳房のサンドイッチもかつては喜ばれるごちそうだった。だが、薄切りにした牛の乳房を挟んで塩と酢でたっぷり味つけしたサンドイッチなど、今日の人々にとっては吐き気を催させるか、せいぜい好奇の目で見られるのが関の山だろう。牛の乳房はまた、黒コショウと薄切りトマト、ピクルス漬けのタマネギで飾りつけ、黒パンとともに食卓に出されることもあった。一九二〇年代から三〇年代、そして第二次世界大戦中にも人気のある料理だったが、一九五〇年代には若い世代の間で人気を失っていった。

『ノーザン・デイリー・テレグラフ』は、暑い季節に売れるはずのトライプの売り上げが一九五五年八月の猛暑には落ちたことを報じている。「ランカシャーで伝統的に好まれてきたこの料理に対する人々の最近の考え方」を扱ったこの記事によれば、「暑い中、祖母たちがお茶の時間に涼しさを感じさせる食欲増進の食品として頼ってきたのが、半ポンド（約二二七グラム）のトライプと豚足二本だった」が、臓物の人気は下がる一方だった。かつて、イギリスの夏料理の定番と言えば、トライプのサラダ、冷製の舌肉のサンドイッチ、冷製の牛の乳房、鹿肉のゼリー寄せだった。これまでは大きな売り上げを出していたアクリントンの店主も、一九五五年の猛暑には「ここ数週間はこの三倍トライプが売れてもおかしくなかったんだが」と語っている。

一九五〇年代には、臓物を好まない上品で裕福な若い世代が台頭し、カウヒールや豚足、牛の乳房やトライプは四〇歳以下の人間には食べられなくなった。一九五五年の『ノーザン・デイリー・テレグラフ』で、ランカシャーのバーンリーのトライプ業者は、「若い主婦たちは、トライプは洗練されていない時代遅れの食品で、自分たちにはふさわしくないものだと言ってばかにしているようだ。客に出そうなどとは夢にも思わないだろう」と語っている。一九六〇年代に入ってもしばらくメニューに残ってはいたが、すでに絶頂期は過ぎていた。臓物の消費の減少は、トライプ加工業者や臓物取引業者の減少にも反映されている。一九五一年には、ランカシャーのブラックバーンだけで三二のトライプ加工・販売業者が町の家庭に食品を提供していたが、一九六六年にはその数はわずか五軒にまで減ってしまった。一九九七年には、町の市場に立つトライプ店はわずか二軒だけになった。現在では一軒だけである。同じように、一九五三年には、卸売、小売合わせてバーンリーでトライプを商う業者は一〇あったが、一九九〇年代後半には町の市場にわずか一軒しか残っておらず、それも今は廃業している。

今日でもトライプ専門店は少数ながら存在しているが、中部やランカシャーに何百と軒を連ねていたことを考えれば隔世の感がある。かつては、ユナイテッド・キャトル・プロダクツが臓物専門の肉屋を北部でチェーン展開し、その肉屋の多くが一頭まるごとすべての肉を利用する安いレストランを併設していたものである。

調理済みの牛の乳房は、やわらかさを持ちながらも硬い歯ごたえがあり、その点で調理済みの肝臓に似ていなくもない。他の冷蔵肉といっしょに調理して薄切りにした状態で売られるか、家庭料理用にそのままの状態で売られることが多かった（後者の場合は、たいてい、茹でるか、ミルクでじっくり煮込むか、または詰め物にしてあぶり焼きした）。牛の乳房はクリーム色がかった黄色で、漂白処理をせずに売りに出された。新鮮なバターつきパンといっしょに賞味されることが多く、今日でいえばパテのような役割を果たした食品だった。

サミュエル・ピープスは、一六六〇年一〇月一一日木曜日の日記に、牛の乳房を食した記録を残している。「クリード氏と私はキング通りの『レッグ』へ食事に行き、そこへウィル氏も加わっておいしい牛の乳房を食べた」。ジェイムズ・ウッドフォード牧師もピープス同様、日記作者として有名だが、こちらはトライプにあまり感心しなかったようだ。一七六三年二月一七日の日記には、「礼拝堂付き牧師の家に呼ばれ、ピカリングとワリングと食事をともにし、舌肉と牛の乳房のローストを食べた。備考――しばらく舌肉と乳房のローストを食べることはないだろう」とある。

ウッドフォードの日記には舌肉はそれ以後も出てくるので、気に入らなかったのは乳房のほうだったのだろう。一七八六年には、地下室に貯蔵している舌肉を飼い犬が食べたことを記録している。「不運にも地下室の扉が開きっぱなしになっていたため、グレイハウンドのうち一匹（ジグという名前だ）が入り込み、冷蔵の舌肉などをすべて食べてしまった」

牛の乳房と舌肉はともに一八世紀に人気を博し、ハナー・グラスの『*The Art of Cookery Made Plain and Easy*（わかりやすく簡単な料理術）』をはじめとする多くの料理本で、二つセットで掲載されている。グラスは、舌肉と牛の乳房をいっしょに料理するようすすめている。マーガレット・ドッズの『*The Cook and Housewife's Manual*（料理人と主婦の手引き）』のレシピでは、牛の乳房は、茹でて薄切りにしてトマトソースかタマネギソースをかけて出すか、塩漬けにして舌肉とともに茹でるか、オイルと酢をかけて食卓に出すことになっている。牛の乳房は高貴な人々の間でもたいへん珍重され、一四七四年の王室規則では、牛肉とマトンの調達者は、業者特権として供給する牛の乳房と足を与えられることはなく、頭部と腸でがまんしなければならなかった。

ジャーヴェス・マーカムは、一六一五年出版の『イングランドの主婦』に牛の乳房のレシピを含めたが、砂糖とシナモンをまぶしたこの料理はとても手が込んでおり、一九六〇年代に臓物を低俗なものとばかにしていた人々でも作ってみたいと思うのではないだろうか。

牛の乳房の料理法

牛の乳房を用意し、まずよく茹でる。次に、クローヴをたっぷりまぶす。冷めたら串に刺し、火であぶりながら無塩バターをたっぷり塗る。小麦色に焼けたらパン粉をまぶし、火からおろし、酢とバターをかけ、コンロに炭火の入った卓上鍋に入れる。ふっくらするまで白パンのくずといっしょに茹でる。それから砂糖とシナモンをたっぷりかけ、きれいな皿に盛り、皿の周りに砂糖を飾りつけ、食卓に出す。

脳みそ

おれがこれまで生きてきたのは、肉屋の臓物みたいにかごにぎゅうぎゅう詰めにされて、テムズ川に放り込まれるためだったのか？　よし、もう一度こんな目にあわされたら、この脳みそをつかみ出してバターをつけて、お年玉代わりに犬にくれてやる。

シェイクスピア『ウィンザーの陽気な女房たち』第三幕第五場、四〜八行古代ローマの料理本『アピキウス』は、ソーセージの詰め物として脳みそを挙げ、バラ、ワイン、果物のフレーバーをつけた脳みそと卵入りのパイの特別料理も掲載している。だが、脳みそ入りのごちそうは古代に限られるわけではない。ヴィクトリア朝やエドワード朝でも脳みそは料理に使われたし、今日のレトロ料理本にもレシピが載っている。ビートン夫人の『*All About Cookery*（料理術のすべて）』（一八七一年）には子牛の脳みそのケーキが載っているが、そのレシピは脳みその下ごしらえから始まる。「流水で、または何度か水を替えながら脳みそを洗い、血のかたまりやたるんだ皮膚、繊維を取り除く。それから一時間以上水に浸け、二、三度水を替える」。脳みそはその後、薄切りのタマネギとセージ、塩、レモン汁または酢、そして香辛料といっしょに茹でられ、細切れにされたあと卵と混ぜ合わせられる。できあがった混合物を皿に移して伸ばし、冷ましたあと小さなかたまりに切り分け、パン粉をまぶして揚げることになる。

シャンパンで食欲を増進しようとしても、脳みそを食べるとなると人は二の足を踏むようだ。ハギス（羊などの臓物を刻み、オートミールや脂肪とともにその胃袋に詰めて煮るスコットランド料理）や腎臓、肝臓、そしてトライプですらスーパーマーケットで売られているのに、脳みそを目にすることはまずない。地元の肉屋でさえ扱っていないかもしれない。ただし、徹底的に探す気になれば、豚や羊、ヤギの脳みそは専門的な肉屋で手に入れることができる。イギリスでは脳みその需要はほとんどない。いかにも「臓器」という感じがして耐えられないのだろう。

脳の下ごしらえをするとなると、家庭で料理する人は吐き気を催すかもしれない。調理した脳みそはクリーム状で、固まりかかったカスタードのような質感を持ち、現代人には受け入れがたいだろう。だが、かつて脳みそがもてはやされたのは、この繊細でやわらかく、クリームのような質感ゆえであり、下ごしらえに手間暇がかかるためになおさら貴重なごちそうとみなされたのである。

肉を最小限の下ごしらえで調理するという贅沢を満喫している現代では、ゆがいた子牛の脳みそから血が凝固した部分を切り取り、バターのように薄切りにして揚げるなど、考えただけで身の毛がよだつだろう。だが、かつては気持ち悪いなどと贅沢なことは言っていられなかった。ヴィクトリア朝の貧民の食事は、トライプなどの安い臓物がせいいっぱいで、時には子牛の早産児や病んだ羊の肉など、「わけあり肉」も食べざるをえなかったのだ。

ヴィクトリア朝中期には、急成長する都市人口の需要に国内の肉の生産が追いつかず、「肉飢饉」が生じる事態となった。そのため、特に最下層の人々にとって、肉は得がたいものだった。一八八二年には、「イングランドの家畜と人口の割合は、羊が一人あたり一頭、去勢牛が五人に一頭であり、アメリカ合衆国から輸入しても供給が追いつかない」と報じられている。

保存方法と輸送技術の改善によって、イギリスは南北アメリカやオーストラリアで飼育、解体、加工された家畜の肉を食べることができるようになり、肉飢饉も改善に向かった。肉エキスが急速に店の在庫の定番となり、冷凍マトンやコーンビーフがより安価に入手できるようになった。このような革新によって一人あたりの肉消費量も増加し、一八五〇年代に一年あたり八七ポンド（約三九キログラム）だったものが一九一四年には一二七ポンド（約五八キログラム）に増加している。この間、イギリスの人口はほぼ倍増しているにもかかわらずである。

外国から肉が輸入されるとともに、大量消費が奨励され、メディアもこれらの新しい肉を好意的に報じたため、肉の値段は安くなった。一人あたり世界平均の二倍の肉を食べるというイギリスの労働者を養い、精力的な活動を可能にしてくれるということで、冷凍肉を称賛する声が高まっていった。

海外から冷凍されて持ち込まれる質の高い肉が人気を博していることがたびたび記事になった。以下の記事では、ロンドンに冷凍肉がはじめて持ち込まれ、みごとに配送されていく様子を熱狂的に報じている。

一八八一年、プロトス号がロンドンに入港したが、これによって冷凍肉の二つの積み荷がはじめてオーストラリアからロンドンに渡り、上陸することになった。これを皮切りとして、以後、同じような積み荷が何度もロンドンへ届けられた。先週、帆船のダニーデン号が、九九日にわたる航海の末、ニュージーランドから五〇〇〇頭分のマトンを載せて到着したが、すばらしい成果を上げ、肉は品質を落とすことなく申し分のない状態だった。しかし結果として、イングランドの畜産業の将来を憂える人々は不安にさいなまれることになった。彼らは、すでに崩壊しつつあるイングランドの畜産家がこの事業によってさらに打撃を受けるだろうと悲観論に陥っているのだ。

一方で、「ビーフティー」と呼ばれる牛肉のスープが、生命力を高める食品として喧伝された。イギリスで問題となっていたアルコール依存症やインフルエンザを予防する体力回復食品としてもてはやされたのだ。ある新聞は、「ビーフティーは最も重要な病人食の一つだ。すぐに体力を回復したいときに飲めば、体に刺激と栄養を与えてくれる」と記している。別の記事は、「万人のためのビーフティー」の登場を派手に書き立てている。「これまでビーフティーが手の届かない贅沢品だった家庭でも、ふつうに利用できるようになりそうだ。最近、錠剤型のビーフティーが一粒一ペニーという安値で発売されたのである」

ヴィクトリア朝でも、肉は最下層の人々にとって依然として贅沢品だったが、一九世紀も終わり

1900年ごろの瓶入り
アーマーズ・ヴィゴラル・ビーフティー

に近づき、イギリスの消費者が輸入牛肉やマトンに慣れてくると、中産階級だけでなく労働者階級の間にも、肉が主たる食材であるという考えが広まっていった。輸入肉、保存肉の質の安全性について議論が戦わされたが、世界から肉を供給してもらうことを望む声が非常に多かった。缶詰産業や冷蔵産業によって、イギリスの植民地やアメリカから、安全、安価で健康によい一定の品質の肉が供給されることをありがたく思う人が多かったのだ。輸入冷凍肉の品質のすばらしさを称賛する声が多かったとはいえ、はるか遠くの食肉処理場の安全性を疑問視する声もあった。以下の一八九七年の新聞記事は、そのような声があったことを示すものである。

冷凍肉は安全なのだろうか。『サイエンス・シフティングズ』誌を読めば、この問題については次のように答えて問題ないことがわかる。冷凍によって肉の味や栄養が損なわれるというのは、この国の農家や肉屋によって広められた俗悪な偏見にすぎない。オーストラリア、アメリカ、ニュージーランドの肉はすべてすばらしいものだ。それなのになぜ、強欲な中間業者が肉の値段を高いまま維持することで、イギリスの貧民を苦しめることが許されるのだろうか。安い肉の輸入に反対する正当な根拠は一つしかないはずだ——つまり、外国や植民地の食肉処理場ではいいかげんな検査体制が蔓延しており、冷凍肉を食べると病気に感染する危険性がある、ということである。必要な衛生対策がとられれば、わが国の貧民も安心して安い輸入肉で健康と体力を維持できるだろう。

輸入が始まったばかりのころは、イギリス産の肉のほうが上質ではるかに安全だと一般に考えられていた。しかし、輸入肉のほうが安価だったため、使えるお金が限られている人々にとって、「品質は劣るがより安価なマトン」は歓迎すべき食品だった。彼らは、日ごろから「わけあり」肉を口にし、「猫や犬の肉」を買ったり、肉屋が廃棄したくず肉をあさったりすることに慣れた人々だったのだ。

肉をえり好みできる人は、腐敗肉にまつわるスキャンダルやその出所に関する懸念から、安い輸入肉には手を出さなかったが、収入が限られ腹を空かせている人々は贅沢を言っている場合ではなかった。輸入肉の割合は増加し続け、外国の畜産農家が臓物や病気の動物の肉をひそかにイギリスに輸出しているのではないかというおそれや、新鮮さに関する不安、さらには茹でた人間の新生児がまぎれこんでいるのではないかという疑念でさえ、安い肉の需要に歯止めをかけることはできなかった。

イギリスの伝統的な畜産業を保護しようとする声が高まる一方で、動物権利運動家は、ますます激化する集約畜産のやりかたに懸念を示し、動物福祉についても気を配り始めた。肉の市場がますます成長し、集約的になるにつれ、解体作業が組み立てラインのような形で行われるようになっていたのだ。

このころ、イギリスでは、経済、健康、倫理の観点から、肉のない食事を推奨する菜食主義運動も始まり、その支援者が増えつつあった。一八八六年には、著名な動物権利運動家、ヘンリー・スティーヴンス・ソルトが、『*A Plea for Vegetarianism, and Other Essays*（菜食主義のための嘆願とその他のエッセイ）』で「肉を食べないということがそんなにばかげたことなのか、きちんと考えてみる必要があるだろう」と記している。ソルトはこのエッセイで菜食主義の利点を数え上げ、「肉は穀物や野菜よりはるかに値段が高く、金の無駄と言わざるをえない」と述べている。「より賢明な未来の世代は、肉食の習慣を、無知と野蛮の奇妙な遺物として振り返ることになるだろう」というのがソルトの結論である。

会員数の減少に苦しんでいたイギリスベジタリアン協会だったが、一八八〇年までにはその主義に共鳴する人が増え始めた。伝統的な畜産業では需要に応えることができなくなり、集約畜産が始まった時期のことである。貧困層にとっては、貧しい食生活、飢え、栄養失調という現実があり、輸入冷凍肉を食べることは多くの人に不安と嫌悪を引き起こしていた。イギリス人の食生活は変わりつつあり、臓物は最もひどい食品ではなくなっていた。

スラム街に住む最下層の都市部の貧民には、肉を手に入れる見込みなどほとんどなく、薄いスープとわずかな残飯で命をつないでいた。「貧乏人に贅沢を言う資格はない」という風潮が社会に行き渡り、貧民を助けようとする感受性が欠けていた。貧民の食事が栄養面で悪影響をおよぼしていることは明らかだった。ある研究によれば、スラム街出身の海軍の新兵は、中産・上流階級出身の王立陸軍士官学校の新兵より平均して八・六インチ（約二二センチ）身長が低かったという。

食料不足と飢えに苦しむ貧民層には、臓物を食することへの偏見がなかった。脳みそはすばらしい食事と考えられ、さまざまな料理としてイギリスの食卓を飾った。羊の内臓や軟骨、頭部は安く買うことができ、栄養ある骨スープの材料として重宝された。特に頭部は、脳みそ、眼球、舌肉などの珍味の材料になった。

脳みそは、ピクルス漬けにされ、炒められ、茹でられ、鍋料理に利用されたが、いずれの料理においても、タンパク質が豊富であるために重宝された。一九三〇年代に入ってもしばらくは人気を保ち、当時の節約料理本にもレシピが掲載されている。第二次世界大戦中には、本物の脳みそ料理の代用品としてにせ脳みそ料理が考案されたほどである。戦争が激しさを増す中、肉屋がソーセージ製造用に臓物を取り分けたため、残りの臓物の需要が非常に高まり、臓物でさえ入手が難しくなっていたのである。このにせの脳みそ料理は、残り物のかゆ、タマネギ、ハーブ、小麦粉、小さい卵を材料とし、これらを混ぜ合わせてパテにして炒めたものだった。動物の脳みそを用いた料理はクリーミーなスクランブル・エッグにたとえられることが多かったが、にせ脳みそ料理は、そのような本物の脳みそ料理のマイルドな味とやわらかい質感を再現しようとしたものである。

『*Away, Dull Cookery!*（さらば、退屈な料理！）』で、トマス・ウェルビーは、食材としての脳みその利点を数え上げたうえで、「私たちは脳みそを十分に活用しきっていない」と述べている。ウェルビーは「この繊細で、とても消化のよい、体力回復にも役立つ食品の価値は、いくら強調してもしすぎることはない」と続け、脳みそを利用することを熱烈にすすめている。

古代から現代まで、脳みそはさまざまな料理に利用されてきた。スコットランドではオートミール入りの羊の脳みそケーキが作られ、エリザベス・ラファルドの『イングランドの熟練した家政婦』に載っている「子牛の頭部のこま切れ肉料理」は、脳みそのケーキといっしょに供されるものである。羊や子牛、雄豚の頭部は何世紀にもわたって賞味され、そのこってりした味がもてはやされた。その中では子牛の脳みそをおいしいと思う人が多かったが、チャールズ・フェローズは、一九〇四年出版の『*The Culinary Handbook*（料理ハンドブック）』の中で、「味にはほとんど差がない」と書いている。羊の脳みそのピクルス漬けは万人受けする料理ではないだろうし、「頭部の皮を剝いで切り裂き、眼球から黒目の部分を取り出す」で始まる子牛の頭部の下ごしらえの指示は、今日、家庭で料理しようとする人にはおぞましく感じられるかもしれない（その後さらに脳みそのソースの下ごしらえをしなければならないのだ）。だが、それでも脳みそは、歴史を通じて喜んで食されてきた。にせウミガメのスープのような人気料理は、おそらく脳みそが使われているということが知られることなく食べられていた。一八世紀に考案されたこの料理は、子牛の頭部や内臓肉、足を使って、上流階級の間で人気を博していた上品で美味なウミガメスープを再現しようとしたものだ。人気に便乗して、ハインツやクロス・アンド・ブラックウェル、キャンベルといった会社がこの食品の缶詰版を生産した。ハインツは一九六〇年代まで大衆向けににせウミガメのスープの缶詰を生産し続けた。同時に腎臓スープも生産され、こちらは一九八〇年代まで作られ続けた。

動物の脳みそはパイや肉製品のレシピにも含まれていた。サビロイ（調味された乾製ソーセージ）はもともと豚の脳みそを使っていたし、牛海綿状脳症騒動の前には、イギリスのソーセージも脳みそや脊髄、その他の臓物を含んでいた。

一九八九年に、牛の内臓食用禁止令によって、骨つき肉や脳みそ、脊髄など危険性のある牛製品の販売が禁止されたとき、イギリスの食習慣は大きく変化し、最も熱狂的な臓物愛好家でさえ恐怖心を覚えたようである。

最近になって、脳みそを再びイギリスの食卓に上らせようとする動きが出ている。有名シェフや、心臓や肝臓、肺、さらにもっと珍奇な臓物を愛好するグルメたちが、あらゆる部位を食する「ノーズ・トゥ・テイル」を提唱し始めたのだ。食品廃棄物の削減にもつながるし、食料品店で買うお金も節約でき、栄養も最大限摂取できるというのである。近年、有名シェフによって臓物料理が再発見され、世界の多くの最高級レストランのメニューに載るようになった。二〇一〇年、イギリスの有名シェフ、ヘストン・ブルメンタールは、想像力あふれるメニューを考案した。ボウルに果物を盛っているように見えるが、その正体は胸腺や脳みそ、睾丸などの臓物の盛り合わせという料理だ。このときゲストとして食事をしたのは、エリザベス女王とエディンバラ公爵フィリップ王配で、二人はウィンザーで友人、家族、合わせて二六人と食事をともにした。二〇一六年には、世界一高額なハギスが世間を騒がせた。四〇〇〇ポンドで販売されたこのハギスを前にしては、愛好されてきたオーギュスト・エスコフィエの胸腺料理もかすんでしまった。オーダーメイドのこのハギスは、スコットランドのパースシャーの子飼いの家畜由来のハイランド和牛や、フランス産のホワイト・サマー・トリュフ、インドのテリチェリー産の黒コショウを材料とし、二四カラットの食べられる金で飾られていた。重量が四キログラムにもなるこの特製ハギスは贅を尽くしたもので、手作りの木製の大だるで供された。羊の胃袋に子羊の臓物（心臓、肺、肝臓）やくず肉、スエット、オートミールを詰め込んだ伝統的なハギスとはまったく異なる料理だ。さらに、一部の臓物は超高級料理の材料になり、二〇〇九年には、赤ワインソースをかけた牛の頬肉がファミレス・チェーン店「リトル・シェフ」のメニューに載った。とはいえ、脳みそなどの一部の臓物は、大半の現代人にとって食べるものではないと考えられているのが現実である。

舌肉、頭部

一九一〇年九月一七日の広告で、肉屋のリチャード・サイクスは、ウェールズのリルにある自らの「高級豚肉店」を「ごちそうの集まる場所」と誇っているが、そんな彼の店に並ぶのは次のような品である。「伝統的なイングランド産の雄豚の頭部、トライプ、イングランド産の雄牛の舌のプレスされた肉、オックスフォード産の豚肉によるヘッドチーズ、豚の舌肉、小腸、顎肉、足、眼球」。これらは一世紀前には大ごちそうと考えられ、他の店も、ピクルス漬けの舌肉や「ヘッドチーズ」などで独自の色を出しながらも、同じような食品を商っていた。

豚の小腸やヘッドチーズ、豚足、豚の頭部や舌肉は今なお新聞や料理本、家政ガイドなどで目にするが、バース・チャップ（豚の頬の下部の肉）のような地方の特産料理は近年姿を消しつつあるようだ。だが、たまたまスープ鍋用に豚の頭部を用意したら、ついでにバース・チャップを作ってみるのも一興だろう。「チャップ（chap）」は「チョップ（chop）」がなまったもので、一六世紀には動物の顎や頬を意味する言葉だった。バース・チャップのもともとのレシピは、顎の長い豚の頬の下部を塩水で最大三週間ピクルス漬けにし、二四時間真水に浸けたあと、三時間から四時間かけて茹で、冷ましてから皮を取り除いてパンくずをまぶすというものだった。脂の多い豚の顎を最大限利用した料理で、冷ましてピリッとくるマスタードをつけるか、夕食で卵といっしょに食べるのが伝統的な食事法だった。イングランド西部の伝統料理とされ、グロスターシャー・オールド・スポットという豚が使われることが多かった。長い顎がこの料理にぴったりだったのだ。世の常として、数世紀の間にレシピには変更が加えられ、一九世紀には下顎だけでなく上顎の肉も利用されるようになった。下顎は舌も含み、値段が上顎の二倍したため、より貴重な食材とされた。

古くから、牛や羊、子牛、豚の舌肉は、ピクルス漬けにしたり、プレスしたり、ローストにしたりしてごちそうとして供されてきた。今日では、夕食やピクニックに持参する食事を準備しようと思って、まず舌肉を思い浮かべることはないだろう。だが、ケネス・グレアムの『たのしい川べ』に描かれる川岸でのピクニック料理には、舌肉があふれている。作中のモグラくんは「大きな柳のお弁当用バスケット」を見つけて期待に胸をふくらませ、中身は何かと尋ねるが、ネズミさんの答えはこうだ。「冷製のチキン、冷製の舌肉、冷製のハム、冷製の牛肉、冷製のキュウリのピクルスサ

リビーズ・フード・プロダクツの広告(1900年ごろ)。
牛タンやランチ用舌肉、干し牛肉などさまざまな商品が宣伝されている

ラダ、フレンチロール、クレソンのサンドイッチ、瓶詰肉、ジンジャービア、レモネード、ソーダ水」。モグラくんはピクニック籠の中身に大喜びするが、舌肉の昼食に舌鼓《したつづみ》を打ったのはモグラくんばかりではない。ビートン夫人は、『家政読本』の「ピクニックのメニュー」の章で、二〇人が参加する夏のピクニックの昼食のメニューに舌肉を挙げている。

　冷蔵庫を開けてみて、大きい灰色のぐにゃぐにゃした舌肉が目に入ったらどう思うだろうか。乳頭突起で覆われ、脂肪が固まった舌肉は大半の人にとって恐怖でしかないだろう。だが、動物の舌肉はそのすてきな風味と質感で長い間重宝されてきた。ビートン夫人は『家政読本』でこう記している。

牛のものであれ人間のものであれ、舌は味覚が存在する場所だ。味覚は、動物に対して、有害な物質を飲み込まないよう警告してくれる。カーペンター博士によれば、下等動物は味覚関連の本能的な知覚が人間よりはるかに発達しているということだ。だから、雑食性のサルは、おいしくても有毒な果物にはめったに手を出さない。人間の本能は、牛の舌肉を馬の舌肉よりおいしいと判断しているが、不正直な業者は馬の舌肉を牛の舌肉と偽って売っている。馬の舌は根元がスプーンのように膨らんでいるので、牛の舌と区別しやすい。

ソースで蒸し煮にするにしろ、茹でたてのものを食べるにしろ、舌肉は高級料理にも出される珍味だった。ヴィクトリア女王は、離宮のオズボーン・ハウスで、年明けのディナーとして舌肉と雄豚の頭部、ヘッドチーズを食するのが習慣だった。茹でた舌肉に照りをつけてちょっとした飾りつけをするような簡素な料理が、美食家用のごちそうと考えられた時代があったのだ。『ビートン夫人の家政読本』にもそのようなレシピが掲載されている。

茹でた舌肉のレシピ

【材料】舌肉一枚、香辛野菜一束、水

舌肉を選ぶにあたっては、どのくらいの期間乾燥されていたか、またはピクルス漬けにされていたかを確認したうえで、皮がなめらかなものを選ぶこと。なめらかな皮は、若くてやわらかい肉であることのあかしである。乾燥して硬いものを選んだ場合は、料理前に一二時間以上水に浸けること。ピクルス漬けにされて新鮮な状態を保っているものであれば、二、三時間水に浸ければ十分だろう。シチュー鍋にたっぷり水を入れ、香辛野菜を一束入れる。舌肉を入れてゆっくりと沸騰させたあと、上澄みをきれいにすくい、弱火でやわらかくなるまでじっくり煮る。皮をむき、カリフラワーや芽キャベツで飾りつけて食卓に出す。茹でた舌肉の付け合わせにはハムではなく鶏肉が供されるのがふつうで、そちらを好む人のほうが多い。冷たい状態で出すのなら、皮をむき、舌肉の根元と先端をフォークで刺し通して板切れに固定し、伸ばしておく。冷たくなったら、照りをつけ、舌肉の根元に紙飾りを巻き、パセリで飾る。

お茶会で舌肉を出す気になれず、夕食は魚料理にしようと思うなら、魚の下ごしらえは入念にしたほうがいい。舌が大好物のウオノエが魚に寄生している可能性があるからだ。ウオノエは魚のえらから体内に入りこみ、舌に付着する。そして、その魚の舌を食べつくしてしまい、自らが新しい舌になって、魚の粘液や血液、その他魚が食べるあらゆるものを栄養として生き延びるのだ。宿主の器官（この場合は魚の舌）に完全になり代わってしまう寄生生物は、ウオノエだけである。スーパーマーケットや魚屋で買ってくる魚に付着していることも多く、魚料理の下ごしらえをしようとする人は思いがけず不愉快な目にあうことがある。とはいえ、ウオノエは人間にとって有害であるわけではなく、まだ生きているあいだにせいぜいちょっと噛みつくぐらいである。

ヘッドチーズもまた、かつては人気を博した料理だった。冷たい状態で、あるいは室温で供され、マスタードをつけて食べるのがふつうだった。香辛料をかけた豚の頭部の肉と豚骨を材料とし、茹でたあと型に入れて冷まし、こってりしたゼリー状のテリーヌにするのだ。家庭で調理した豚肉や缶詰から出したばかりの豚肉、ソーセージ、プディング、スクラップル（豚肉の細切れとトウモロコシ粉などをいっしょに煮て冷やし固め、薄切りにして揚げたもの）、ラードなど、豚を材料とする料理は日常の食事にさまざまな彩りを添えてくれる。

一八世紀の家事マニュアル『*Dictionarium Domesticum*（家政事典）』（一七三六年）は、豚の小腸、ヘッドチーズ、足、耳のレシピを載せている。ヘッドチーズを作る前に、まず豚の下ごしらえをしなければならないが、その助言もしっかり掲載されている。「ヘッドチーズ」の見出しのあと、「まず雄豚をしっかり選ぶこと。年がいった豚ほどヘッドチーズは硬くなってしまう」と続き、さらに、どうすればヘッドチーズにうってつけの豚を用意できるか、詳しい方法が述べられている。

> 豚にエンドウ豆をたっぷり食べさせ、スキムミルクを飲ませる。これを継続して行ううちに、豚が肉をまったく、あるいはほとんど食べなくなったら、エンドウ豆を食べさせるのを中止し、大麦の粗引き粉をペースト状にしたものを、雌鶏の大きな卵ほどのサイズに丸めて食べさせる。や

がて豚はこの食べ物をいやがるようになるが、そうなったらヘッドチーズ用に殺す時期が来たということだ。

豚のヘッドチーズを作るとなれば、やるべきことははっきりしている。「とにかく豚を大きく太らせろ」ということだ。地方によってレシピに違いはあるが、共通しているのは、豚の頭部をきれいにして、汚れや垢、剛毛を取り除いたあとで数時間茹で、ゼラチン状になった肉を型に流して厚板状に成型することだ。イングランド北東部では、赤く染めてより食欲をそそるような色をつけることも多かった。豚足など、他の部位や臓物を含めるレシピもある。

メイ・バイロンが一九一四年に出版した料理本に掲載されたレシピは、豚の頭部、舌肉、足を含むものである。

ヘッドチーズ（スタッフォードシャー）

豚の頭部と舌、二本の足を用意する。これらすべてに塩コショウをすりこみ、数日間、さらにこすり合わせたり上下をひっくり返したりする。それが終わったら、肉が骨から自然に剝がれるくらいまで弱火で茹でる。ソースパンから取り出してまな板に載せ、小さめに切り分け、塩コショウで味つけし、底に穴の開いた流し型かヘッドチーズ専用の缶に押し込んで肉汁を逃がし、重しを載せる。冷えたら取り出し、そのまま食卓に出す。

一方、ビートン夫人のレシピは、豚の頭部に頬肉と牛肉、香辛料を加えたものである。

【材料】
六ポンド（約二・七キログラム）の豚の頭部を使用する場合は、一・五ポンド（約六八〇グラム）の牛の赤身肉、大さじ二杯の塩、大さじ二杯のコショウ、赤唐辛子少々、六粒のクローヴをすりつぶしたもの。

【料理方法】
頭部が大きい場合は、頬肉を切り取って塩漬けにする。頭部が小さい場合は、そのまますべて利用してよいだろう。頭部を丁寧に洗ったあと、ひたひたの水の中に牛肉といっしょに入れ、上澄みをすくってから茹でる。六ポンドの頭部であれば、二、三時間茹でる必要がある。骨が自然に剝がれるくらいに煮えたら、温めた鍋に入れ、骨を取り除き、火の前で、鋭いナイフで牛肉といっしょに頭部の肉を切り分ける。脂肪が固まり始めないように、この作業はできるだけすばやく行う必要がある。あらかじめ混ぜておいた調味料をぱらぱらとまく。よくかき混ぜて、すぐにヘッドチーズ用の缶に入れる。専用の缶がない場合は、ケーキ用の缶や流し型でもよい。その場合は、重しで肉をしっかり押さえて、数時間そのままの状態にしておく必要がある。すっかり冷めたら、沸騰した湯に缶を一、二分浸ける。

これでできあがり、食用に出せる状態になる。
所要時間――二時間から一二時間
平均費用――豚の頭部一ポンド（約四五四グラム）あたり四ペンス半
旬の季節――九月から三月

眼球や脳みそ、鼻、皮を使うレシピもあれば、頭部以外の部位を使うレシピもある。味つけはもちろん個人の好み次第だ。頭部その他をハーブと根菜入りの煮出し汁で茹でるレシピもあれば、頭部のうちどの部位を入れるかを厳しく定めたレシピもある。だが、耳は入れないというのはだいたい共通しているようだ。耳はそれ自体単独でごちそうとして食べられたということもあるが、毛が生えていて蠟質であるということのほうが大きな理由だろう。

ヘッドチーズのレシピはさまざまだが、基本的な料理方法はアメリカでも共通している。一九二一年にアメリカのある畜産農家が出した会報では、イギリスのレシピより面倒な手順を指示している。頭部を四つに切り分けて一晩水に浸けたあとで、ようやく茹でる過程が始まる。

豚の頭部を四つに切り分ける。脳みそと耳、皮、鼻、眼球を取り除く。脂質の部分は切り分けてラード用に取っておく。赤身の部分と骨の多い部分を一晩水に浸け、血と汚れを抜く。頭部がきれいになったら、ひたひたの水に入れて火にかけ、肉が骨から自然に剝がれるくらいまで茹でる。火から取り出し、骨をすべて抜き取る。湯切りをするが、一部はあとで使うために残しておく。チョッピング・ナイフで肉をみじん切りにする。鍋に戻し、先程の汁をひたひたに入れる。一五分から三〇分くらいゆっくり茹でる。塩コショウで味つけして、火から取り出す。ローリエとすりつぶしたクローヴを少々、さらにオールスパイスを加えて、スープに入れてしばらく茹でる。

安いヘッドチーズは肉屋や食料品店で簡単に手に入った。サンドイッチに冷たい薄切りのヘッドチーズを挟んだり、サラダといっしょに皿に入れて出したりした――こう言われるとずいぶん平和な情景が思い浮かぶだろうが、ヘッドチーズもまた、死や食中毒、はては「新生児の足の指騒動」などでセンセーショナルな見出しを飾り、身に覚えのない悪名をとどろかせたのだ。

一九〇六年、「新生児の足の指」という簡潔な見出しの記事が『ウィークリー・メール』に載った。その記事によれば、バークシャーのニューベリーの検査員、S・J・L・ヴィンセント氏が、新生児の足の一部でできたヘッドチーズが売られているという疑惑を調査することになった。「一見、その食品は、新生児の五本の足の指、もしくはそれをじっくり茹でたもののように見えなくもなかった」。問題の食品はヘッドチーズの缶詰に入っていたもので、発見されてすぐに恐怖を引き起こしたにちがいない。だが、これは人騒がせな誤認にすぎなかった。ヴィンセント氏の結論はこうだ。「食品の正体が判明した。豚の硬口蓋の一部で、丸みを帯びた歯槽縁が五つの突起部を形成していたようだ。調理したあとでそれが足の指のように見え、そのためにあのような疑念を呼び起こしたのである」

残念ながら、新聞記事の見出しが杞憂に終わらないこともあった。ヘッドチーズを食べて死に至ったり、食中毒になったりする事件が繰り返し起こったのだ。一八七〇年には、通信社の電報でこう報じられている。

レスターのスティーヴンスという男性の家族、そして町の他の五家族が、着色ヘッドチーズを食べて、もう少しで中毒死するところだった。このヘッドチーズは腐敗肉でできていたようだ。昨日、治安判事の命により、問題のヘッドチーズを売った店が捜査され、さらなる措置が講じられる予定である。続報によれば、レスターでヘッドチーズを食べて食中毒になった一人は危険な状態にあるという……被害は、子供約二〇人を含む七家族に広がっている。

一八八六年九月四日には、「腐ったヘッドチーズを食べた」コープス一家の事件が報じられた。一家は「腐ったヘッドチーズを大量に食べ、もう少しで死に至るところだった」。ヘッドチーズは「近所の肉市場で買われたもので、家族全員が朝食で口にした。直後に全員が激しい胃痛に襲われ、腹部にさしこむような痛みを覚え、長時間にわたって激しく吐いた」。一八九三年にも、ウェールズのバリー・ポートで二名が死亡する事件などが起こり、豚のヘッドチーズの危険性が知れ渡ることになった。

肉屋や生産者の中に利鞘《りざや》をかせごうとしてあくどい商売をしている者がいたことを思えば、新聞記事が報道するような事態が起きたのも不思議ではない。一八八五年三月一一日には、レスターシャーのジェイムズ・セルヴィッジという肉屋が、「腐った肉を売りに出した」ために告発された。約一五二キログラムの腐った肉がピクルス漬けにされ、ヘッドチーズに利用されようとしているのが検査員によって発見されたのである。そのうえ、「腐敗した羊の死骸と、一〇〇片におよぶ腐った牛肉」も見つかった。このような例はセルヴィッジが最初ではなかったし、傷んだ腐敗肉を売る者はあとを絶たなかった。キャンバーウェルの食料品商人、ジョージ・ティレルもその一人だ。一九〇六年八月、ティレルは、人間が食べるのに適さない肉を一六〇トン売ったことで、二〇シリングの罰金と一〇ギニーの訴訟費用を科された。「その肉には、ドイツソーセージ、ボローニャソーセージ、サビロイ、ヘッドチーズが含まれており、ヘッドチーズには膿瘍腔が見つかった」。聴聞会での専門家の説明によれば、ヘッドチーズに膿瘍腔が見つかったということは、肉のもとになった動物が疫病にかかっていたとみてまちがいないということだった。一九一〇年には、ウェールズのカーナーヴォンで食料品店を営むジョン・エリアス・ジョーンズが、「ヘッドチーズの中に剛毛や桿菌《かんきん》、多量の保存料が含まれていた」ため、食品医薬品法違反で召喚された。検査・分析により、ジョーンズ氏のヘッドチーズは「きわめて不潔で、大量の剛毛と一グラムの桿菌、そして一ポンドにつき三〇・八グレーン（約二グラム）のホウ素系保存料を含んでいる」という結論が出され、「ヘッドチーズから見つかった桿菌が発酵と腐敗の原因で、桿菌を含む食品は人間が食べるのには適さない」と判断された。

家庭で作られたヘッドチーズも問題を引き起こした。一九〇八年に「死のヘッドチーズ」として報じられた事件がその好例だ。「驚くべき」と評されたこの事件は、ケンブリッジシャーのマローという村で、ヘッドチーズを食べた一七人が食中毒になったもので、そのうち二人がまず死亡した。「レンガ職人の妻、ボストン夫人は、ヘッドチーズを作るために村で大量の豚の骨と頭部を購入した」。家族と訪問客がヘッドチーズを食べたが、九歳のミュリエル・メイ・ラムジーと七四歳のターナー夫人が意識を失い、他の一五人も具合が悪くなった。死亡した二人の検死審問では、ヘッドチーズを食べたことによる刺激性の毒性効果が死因とされた。ボストン夫人は、最後の晩餐となってしまったこの豚料理を作ったことを悔やんでも悔やみきれなかっただろう。「ヘッドチーズを食べて死亡」と題された続報は、ボストン夫人の死を報じている。「ケンブリッジシャーのマローで二人の死の原因となったヘッドチーズを作ったボストン夫人は、順調な回復を見せていたものの、息を引き取った。今なお一〇名以上がヘッドチーズを食べた影響に苦しんでいる」

豚のヘッドチーズを食べる危険性が一般に認知されるようになっていったが、このような事件の原因は、プトマインが生じたヘッドチーズを食べた影響によるものとされた。他の缶詰食品同様、ヘッドチーズの缶詰を食べて健康を害する人が出ていたが、それによってヘッドチーズの缶詰への需要が減ることはなかった。ただし、ヘッドチーズを取引する人々が誠実に商売をしているかどうかには疑いの目が向けられただろう。

豚肉による食中毒のリスクが誰の目にも明らかになっても、多くの人が動物の頭部を利用したごちそうを食べ続けた。ハナー・グラスの「子牛の頭部のびっくり料理」のレシピは、「皮がついたままの子牛の頭部を用意し、鋭いナイフで、なるべく多く肉がついた状態で骨から皮を剝ぎ落とす。詰め物をしたときに、できるだけ解体する前の頭部そっくりに見えるようにするためだ」。骨から皮と肉をなるべく多く取ったあと、「頭部に牛肉のスエット、子牛の肉、ベーコン、ハーブを詰め」、オーブンに二時間半入れる。このレシピが面倒すぎるという人のために、グラスは他にもいくつかレシピを用意してくれている。詰め物をして茹でた子牛の頭部を三つに切り分け、皿に盛りつけてグレーヴィーソースをかける、といった簡単なものだ。

ジョージ王朝時代には、豚や子牛の頭部は、茹でる、焼く、細切れにするなどシンプルに料理されることが多かったが、グラスはとても凝ったレシピも考案している。眼球も含め、子牛の頭部全体を利用したパイである。

子牛の頭部のパイ

頭部をきれいに洗い、やわらかくなるまで茹で、できるだけ多くの肉を丁寧に剝ぎとり、眼球を取り出し、舌を薄切りにする。パフペーストの皮を作って皿に敷き、中に肉を入れる。その上に舌肉を載せ、二つに切った眼球を皿の左右の端にそれぞれ置く。塩コショウで味つけし、茹でるときに使った煮汁を半パイント（約二八四ミリリットル）かけ、薄い皮を一番上に載せ、オーブンで一時間焼く。その間に頭部の骨を二クォート（約二・三リットル）の煮汁で茹でる。メース（ナツメグの仮種皮を乾燥させたもの）二、三葉、コショウ八分の一オンス（約三・五グラム）、タマネギ（大）、香草一束も同時に入れる。一パイント（約五六八ミリリットル）ぐらいになるまで茹でたら湯を切り、ケチャップ大さじ二杯、赤ワイン大さじ三杯、クルミ大のバターをひとかけら小麦粉に練りこんだもの、トリュフとキノコ半オンス（約一四グラム）を加える。好みに応じて塩をかけて茹でる。脳みそを半分だけ、セージといっしょに茹で、みじん切りにした一二枚のセージの葉とともにかき混ぜる。すべてを混ぜ合わせて茹でる。脳みそのもう半分を取り出し、みじん切りにしたセージの一部やみじん切りにしたレモンの皮、ナツメグ（小）半個をすりつぶしたものといっしょにかき混ぜる。卵といっしょに泡立つまで攪拌し、小さなだんご状にしたものをこんがり小麦色になるまで揚げる。六つの卵を固ゆでにし、黄身だけを使う。オーブンからパイを取り出し、最上部の皮を取り、卵とだんご状のかたまりをその上に載せ、ソースを一面にかける。最上部の皮はつけないで、熱々のまま食卓に出す。好みでおいしい材料を好きなだけ入れていいが、これだけでも十分だろう。

豚の耳

「豚の耳から絹の財布は作れない」（素材の悪さは変えようがない）ということわざがあるが、その気になれば豚の耳から夕食を作ることはできる。

今日のイギリスでは、豚の耳が単独で料理されることはあまりない。カリカリする軟骨やゼラチン質の皮が食欲をそそらないということもあるし、下ごしらえに胸がむかむかするということもあるだろう。きれいに洗って毛を取り除き、蠟質をこそぎ落とすなど、耳の処理にはとても手間がかかるのだ。肉屋から下ごしらえ済みの耳を買ったとしても、さらにその耳をごしごしこすり、毛を焼き取るかむしり取るかし、洗い、ゆがき、あくをとってもう一度洗わなければならない。それがすんでようやく茹でることができる。茹でるのは耳だけでも、頭部の残りの部分といっしょでもよい。二、三時間茹でてから、酢をかけて供するか、パン粉をまぶして炒めて食卓に出す。ミルクかホワイトソースにハーブや香辛料を入れて調理し、薄切りにして豚足といっしょに供することもある。ビートン夫人のレシピには、下ごしらえした豚の耳と足を、タマネギ、メース、レモンの皮、塩コショウといっしょにぐつぐつ煮る料理もある。やわらかくなるまで煮たら、「豚足を細かく、耳を短冊状に切り、『熱々で』食卓に出す」

どのように調理するにせよ、この料理の真の問題は、それが耳であるという事実をいかんともしがたいということだ。

脚と足

カミソリと銃のチェックをして
護送馬車が来たら逮捕だよ
豚足にビールをちょうだい
送って行ってよ、どうだっていい
あたしが悪いのさ、どうだっていい
豚足にビールをちょうだい

「豚足（にビール）をちょうだい」ベッシー・スミス（一九三三年）

動物の足は無限の料理を提供してくれる。豚足はゼラチン質が豊富で、炒めて熱々の状態で酢をかけて食卓に出されることが多い。詰め物をしてできたて熱々の状態で供することもある。子牛の足は、ゼリー寄せの材料として、またスープのだしとして使われることが多い。子羊の足もさまざまな形で食卓に出され、サラダやソースに利用されたり、パン粉をまぶしてあぶり焼きにされたりする。

豚足は安くて栄養に富み、下ごしらえも簡単なので、かつてのイギリスでは人気料理だった。料理本にも豚足の簡単なレシピが満載だったが、安い切り身肉を低級なものとみなす風潮が支配的になり、その人気は衰えた。

豚足料理は見栄えのするものではない。調理をしない状態では、明らかに豚の足だということがわかるし、調理をしたらしたで、やわらかくぐにゃぐにゃしていて不気味だ。豚足は時間をかけてじっくり調理する必要があるので、ハーブや香辛料といっしょに茹でたり煮込んだりして、ひりひりするようなマスタードをつけて賞味されることが多い。次に挙げるのは、アメリカ由来のヴィクトリア朝時代のレシピで、豚足のシンプルな料理法の典型だ。

豚足のタマネギ炒め

【材料】茹でた豚足四本、タマネギ二個、マスタード小さじ一杯、バター二オンス（約五七グラム）、小麦粉小さじ一杯。

【料理法】豚足を半分に切る。卵とパン粉をまぶして焼く。耳を細長く切り、薄切りにしたタマネギ、バター、小麦粉といっしょに二重鍋に入れる。小麦色に焼けたら取り出し、マスタードを加え、温めた皿に載せる。豚足を一番上に載せ、食卓に出す。

ビートン夫人は『家政読本』で同じような豚足料理のレシピを載せているが、もっと凝った料理も提案している。こちらは上流階級の食卓に上ってもおかしくないような上品な料理である。

豚足と豚の耳のゼリー寄せ

【材料】豚足四本、豚の耳二つ、デザートスプーン一杯分のみじん切りにしたパセリ、デザートスプーン半分のみじん切りにした新鮮なセージ、塩、コショウ。

【料理法】豚足と豚の耳をきれいに洗い、水をひたひたに入れ、骨が簡単に剥がれるくらいになるまで弱火で煮る。肉を賽《さい》の目に切り、あらためて煮汁に入れ、パセリ、セージ、塩、コショウを入れて味つけする。一五分間弱火で煮て、流し型かボウルに入れ、冷えるまで寝かせておく。

ディンゲンズ・ブラザーズ社によって出されたレシピ本は豚足料理を三〇も紹介しているが、子牛の足の料理法に関する助言も掲載している。「子牛の頭部や足はたいてい安く売っているが、健康によく、栄養も豊富で、正しく料理すればおいしくできあがる。下ごしらえ前のものを買った場合は、松脂《まつやに》を少し加えて、頭部と足を熱湯に浸ける。毛を取り除き、しっかりこする。頭部をきれいにし終わったら、切り裂いて脳みそと眼球を取り出し、一晩水に浸け、レシピ通りに調理すること」。そのレシピの一つが、子牛の頭部を利用した、にせウミガメである。

イギリスでは、子牛の足は、テリーヌやスープ、シチューに利用されたが、特に人気だったのが子牛の足のゼリー寄せで、栄養がとても豊富ということで重宝され、甘味と風味を加えてプディングにするか、体力回復料理として衰弱した人に供された。

エリザベス・ギャスケルの小説を読むと、子牛の足のゼリー寄せが一九世紀にいかに人々の心のよりどころとなる料理だったかがわかる。『ラドロー卿の奥様』という小説には、「彼女は、食欲をそそるか、滋養のつく食べ物を取り寄せようと急いで出ていって私を慰めてくれた。一鉢の子牛の足のゼリー寄せは、彼女にとってあらゆる悲嘆を癒やしてくれる治療薬だったのだろう」と書かれている。

イギリスでは、子牛の足のゼリー寄せは薬局で病人食として売られ、その健康的な効用を喧伝する広告がよく出ていた。レシピは料理本に掲載されただけでなく、開業医が考案することもあった。

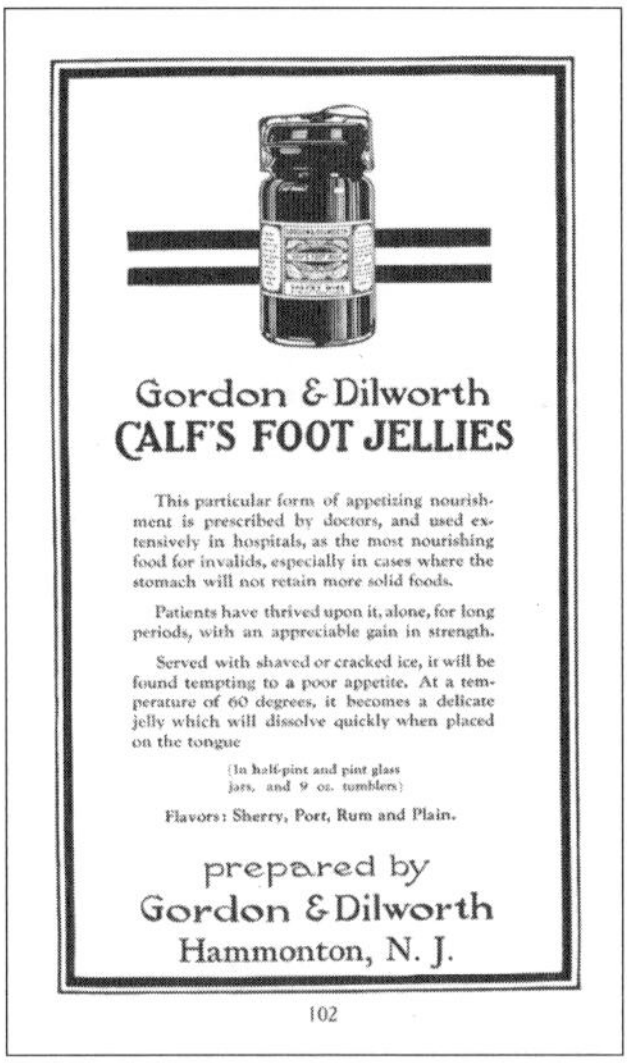

子牛の足のゼリー寄せの広告

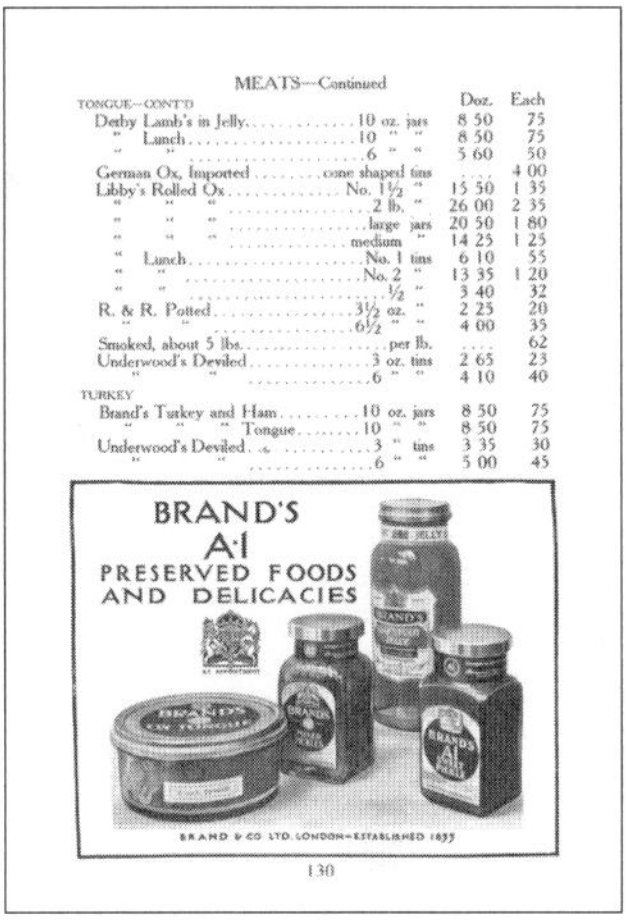

MEATS—Continued

		Doz.	Each
TONGUE—CONT'D			
Derby Lamb's in Jelly	10 oz. jars	8 50	75
" Lunch	10 " "	8 50	75
" "	6 " "	5 60	50
German Ox, Imported	cone shaped tins	....	4 00
Libby's Rolled Ox	No. 1½ "	15 50	1 35
" " "	2 lb. "	26 00	2 35
" " "	large jars	20 50	1 80
" " "	medium "	14 25	1 25
" Lunch	No. 1 tins	6 10	55
" "	No. 2 "	13 35	1 20
" "	½ "	3 40	32
R. & R. Potted	3½ oz. "	2 25	20
" "	6½ " "	4 00	35
Smoked, about 5 lbs.	per lb.	....	62
Underwood's Deviled	3 oz. tins	2 65	23
" "	6 " "	4 10	40
TURKEY			
Brand's Turkey and Ham	10 oz. jars	8 50	75
" " " Tongue	10 " "	8 50	75
Underwood's Deviled	3 " tins	3 35	30
" "	6 " "	5 00	45

Brand's A1の牛タンと子牛の足のゼリー寄せの広告

子牛の足のゼリー寄せの作り方

子牛の足かカウヒールを準備する。後者のほうがはるかに安く、栄養に富んでいる。毛のついたままの足を買うこと。下ごしらえ済みのものは、ゼリーを形成する成分がほとんど煮立てられてなくなってしまっているからだ。毛を取り除くため、沸騰した湯を入れたソースパンを用意し、お湯がちょうど毛にかぶるくらいの位置で子牛の足を指でつまむ。五分から一〇分茹でれば、毛はナイフで簡単に取れるようになる。足を五パイント（約二・八リットル）ほどの水に入れ、水が半分なくなるくらいまで茹でる。湯を切り、冷たくなったら脂を取り除く。ソースパンに入れ、好みに応じて砂糖、レモン汁、レモンの皮を加える。さしつかえなければワインを適量加えてもよい。ゼリーを透明にするためには、よく泡立てた卵五個分の白身と、砕いた卵の殻を加えること。それからゼリーを火にかけるが、温まり始めたらかき混ぜるのをやめる。煮立ったら、二〇分間沸騰させる。粗いフランネル製の円錐形の袋を用意する。円錐の底面にあたる口の大きいほうに二本のひもをつけ、二脚のいすの背もたれに結びつける。ただし、ゼリー濾《こ》し袋としては、目の粗いハッカバック織のタオルを鋲《びょう》で留め合わせ、その一つの角を頂点にしたもののほうがよいだろう。この袋を熱湯に浸け、しぼって乾かす。ボウルかゼリー型を袋の頂点の真下に置き、ソースパンの中身を慎重に注ぎ込めば、ゼリーはゆっくり容器に流れ込んでいく。袋を強く押すとゼリーがにごってしまうので、気をつけること。ただし、透明さは見た目をよくするためのもので、味に影響を与えるわけではないので、それほど重視する必要はない。子牛の足のゼリー寄せはワインなしでも作ることができる。

医師の娘であるアナベラ・プランプトリは、「食欲を甘やかすのではなく刺激する」ことをねらいとした革新的な料理本に、子牛の足のゼリー寄せのレシピを含めている。健康を促進するものとして、子牛の足のゼリー寄せ、グリーン・プディング、トライプの炒め物、ハーブのかゆ、舌肉、子牛の頭部を茹でたもの、牛の乳房、ウナギの蒲焼きにレモン汁をかけたものなどを推奨している。プランプトリは、パンの切れ端をお湯に浸けて作る「物乞いプディング」などのレシピを掲載し、便秘に苦しむ読者のためには、日が経ってすっぱくなったミルクを飲むというちょっと変わった健康法も紹介している。これは「ボニクラッパー」として知られる方法で、「ねっとりした成分が前胸部の管を開いて」くれるのだという。

子牛の足のゼリー寄せを一から自分で作るのは、気の小さい人間には向かない作業だった。一八九六年の「クラーニコ・テーブル・ゼリー」（子牛の足のゼラチン質の部位を材料とした料理）の広告記事を見れば、いかに手間暇のかかるものだったかがわかる。

子牛の足のゼリー寄せを作るのに大騒ぎした日々を覚えておられる方も多いだろう。まず、かなり前もって子牛の足を肉屋に注文しておかなければならなかった。毛がついた状態であることがほとんどだったし、そうでなくても湯通ししなければならなかった。六、七時間茹でたあと、一晩寝かせ、そこからようやく、汚れをとったり、味つけしたりといった本格的な作業が始まる。長い間、ゼリー濾し袋にまつわる手間暇はゼリー作りの最大の問題点とされてきたが、これがどれほど面倒なものかを思えばそうみなされるのも当然だ。

子牛の足のゼリー寄せは、ふつうの食卓でも、病人食としても重宝されたので、下ごしらえの済んだ商品が人気を集めたのも不思議はない。『*A Shilling Cookery for the People*（一般人のための節約料理）』に掲載されたクロス・アンド・ブラックウェルの食品の広告にはこうある。「子牛の足のゼリー寄せ――材料は、オレンジ、レモン、ノワヨー（ブランデーにモモやアンズの種の仁で味をつけたリキュール）、ポンチ、マデイラ、子牛の足です。手ごろな大きさの瓶に詰められた本商品を利用すれば、断然手間暇が省けます。ゼリー寄せの質と味がすべて均一に保たれていることを保証します。多くの家庭で毎日のように利用され、大好評です」

メアリー・ランドルフは、『*The Virginia Housewife*（ヴァージニアの主婦）』で子牛の足のゼリー寄せのレシピを詳しく紹介しているが、他の動物の足を利用することもできると述べている。「豚の足を使えばゼリー寄せの色がとても薄くなる。羊の足だと、調理後には美しい琥珀色になる」

羊の足も人気で、美しい色のゼリー寄せの材料となっただけでなく、熱々のごちそうとしても利用された。トライプと同じように調理され、より食欲をそそるよう、トライプ加工業者によって漂白されることが多かった。豚の足はもともと薄桃色なので、販売の際にこのような手間をかける必要はなかった。

『*A Plain Cookery Book for the Working Classes*（労働者階級のための気取らない料理の本）』で、チャールズ・エルミー・フランカテリはこう述べている。

羊の足は、あらゆるトライプ販売店で、下ごしらえの済んだ状態でとても安く売られている。ごちそうとして夕食に出そうというのなら、ニクォート（約二・三リットル）の水とミルクに羊の足を入れ、コショウの実と塩、タイム、ワイングラス一杯分の酢で味つけし、三時間以上弱火で茹でる。とてもやわらかくなったら、獣脂をすべてすくい取り、煮汁が一パイント（約五六八ミリリットル）になるまで茹でる。小麦粉を二オンス（約五七グラム）加え、一ジル（約一四二ミリリットル）のミルク、みじん切りのパセリ、一オンス（約二八グラム）のバターといっしょに混ぜ、すべてをかき混ぜながら一〇分間茹で、皿に盛りつける。

『*Good Things in England*（イングランドのおいしいもの）』に一八三〇年に考案されたものとして紹介されているレシピは、羊の足を「香草」といっしょに煮出し汁で茹で、レモン汁か酢をかけて供するものである。同書には、羊の足にまつわる次のようなエピソードも紹介されている。「ボルトンに住むある女性はこのように記している。『ボルトンでは羊の足を茹でて食するが、この料理は一種の儀式のようなものになっている。サッカーチームのワンダラーズ・フットボール・クラブが優勝して地元に凱旋すると、白と青のリボンで飾られた羊の足の料理で歓待されるのだ』」

羊の足はスープにも利用されたが、処理が簡単なので、労働者階級用の主食とみなされた。ただし、豚足同様、上流階級向けのもっと凝った料理に使われることもあった。『*The Cook's Own Book, And Housekeeper's Register*（料理人自身の本、家政婦の記録簿）』には、羊の足の炒め物のレシピや、クリームソースといっしょに供する羊の足の詰め物のレシピも掲載されている。

羊の足の詰め物

骨が簡単に剝がれるようになるまで羊の足を煮出し汁で煮て、骨があった場所に細かくすりつぶしたチキンの肉をたっぷり詰め込む。ラードに浸け、パン粉をよくまぶし、オーブンに入れて中火で焼く。詰め物は揚げパンのかけらでもよいが、その場合は羊の足をあらかじめ煮込んでおき、クリームソースといっしょに食卓に出す。

カウヒールも人気で、軽食として、あるいはパイの具用のものが、調理済みの状態で売られていた。ユナイテッド・キャトル・プロダクツの店は、「トライプとカウヒールの在庫、毎日新鮮なものがあります」という広告を出していた。カウヒールは、グレーヴィーソースを濃厚にしたり、シチューを作ったりするために使われたが、ゼラチン質が豊富だったため、テリーヌやヘッドチーズ、瓶詰肉の製造に不可欠なものとされた。ユナイテッド・キャトル・プロダクツの広告の言葉を借りれば、「トライプとカウヒールは熱々の状態で召し上がるとおいしい」うえに、「消化にやさしく、財布にもやさしい」ものだった。

カウヒールはおいしく安いというのでもてはやされ、ジョージ王朝時代の料理本にはたくさんのレシピが載っている。セイヨウワサビか辛いマスタードと供されることが多かったが、もっと手間をかけて作りたいという人は、マイケル・ケリーの「茹でたトライプ、子牛の頭部、子牛のヒール用のソース」とともに供することもできただろう。「ニンニク酢大さじ一杯、マスタード、赤砂糖、黒コショウそれぞれ小さじ一杯を、半パイント（約二八四ミリリットル）の溶かしバターに入れてかき混ぜる」。茹でたカウヒールがお気に召さないようなら、カウヒールのゼリー寄せや、切り分けたカウヒールを甘いスエット・プディングに加えるレシピもあった。

カウヒールの人気は近年まで続き、一九五七年にはまだ日常的によく食べられる食品で、一ポンド（約四五四グラム）が平均八ペンスで売られていた。カウヒール入りステーキパイのレシピは地方新聞で取り上げられたが、これはスエットのペストリーに牛のすね肉やカウヒール、タマネギ、調味料を練りこんだ料理だ。ユナイテッド・キャトル・プロダクツはこのステーキパイを「冬の体力回復料理」と名づけ、チェーン店やレストランで「今日はカウヒールのパイをいかが」の宣伝文句とともに販売した。

他の臓物の多くがそうであるように、イギリスでは動物の足を食べる習慣はすたれていった。今ではあまり食欲をそそるものとは考えられていないようだ。

小腸

小腸《チタリング》という言葉の意味は現代イギリスでは曖昧になっているようだ。チドリング、チトリング、チター、チタリルなどと呼ばれることもあるが、下ごしらえして調理した動物の小腸のことである。たいていは調理して冷蔵された状態で（時にはゼリー寄せにしたものが）売られているが、酢やマスタードといっしょに冷たいまま食べるか、ベーコンや子牛の肉といっしょに調理される。

近年では小腸《チタリング》と言えばたいてい豚のものを指すが、もともとはアヒルや羊の小腸についても使われる言葉だった。今日、肉屋に出かけて小腸を買う人はほとんどいないだろう。ファゴット（肝臓を刻んで味つけし、ボール状またはロール状にして焼いた料理）や脂汁、脳みそ、トライプ、カウヒールといったものがふつうに食べられていた時代の食品なのである。当時の肉屋は現在とは様子をまったく異にし、今とは比較にならないほど多様な肉を売っていた。どれがどれとも区別のつかない、内臓以外の肉ばかりが並んでいる今日の肉屋とは全く異なるものだったのだ。

ウェールズのカーディフ大学の教授、フレッド・スレーターは、自伝でイングランド中西部で育った幼年時代を懐かしんでいる。「ダーラストンでは、毎週金曜の午後に鍋やボウルを手にした人々がベイリー豚肉店の外で列をなし、桶に入った熱々の小腸《チタリング》が届くのを今か今かと待ちかまえていた

店の外に動物の死骸を展示する伝統的な肉屋

夫婦にクリスマス料理用のガチョウを差し出す
伝統的な肉屋のイラスト(1883年ごろ)

ウサギの肉を量る
獣肉取引業者

大量のウサギ肉――獣肉取引業者のエヴァンス氏が、ウルヴァーハンプトンのステイヴリー・ロードにあるアイヴァー・グッドール肉屋の外で在庫のウサギの肉を量る様子

ものだ。この食品は豚の小腸をきれいに洗って茹でたもので、イングランド産の本当に辛いマスタードをつけて食べるとおいしくてたまらなかった……一九四〇年代から五〇年代には牛の乳房や鶏の足、豚足がいつも店頭に並んでいたものだ」

ここ五〇年で肉屋の外観はすっかり変わってしまった。美観が何よりも優先される今日では、肉はスーパーマーケットでよく目にするように小さくまとまった状態できちんと包装することが求められ、大量の動物の死骸をこれ見よがしに展示していたヴィクトリア朝の肉屋とは似ても似つかない状況にあるのだ。かつての肉屋は、小規模な食肉処理場を自営するか、豚や牛の死骸を定期的に配送してもらって、家禽や猟獣といっしょにショーウィンドウや店の外に目立つように展示したものである。

数世紀にわたって続いたこのような肉屋の伝統は、徐々にすたれていった。人々はもはや、切られた頭部や死骸や解体された部位が展示されるのを見たくないのだ。自分が食べている肉が実際はどこから来たのかという現実を直視したくないのだろう。現実から切り離された人々は、ベーコンのサンドイッチやソーセージを食べても、豚肉とは何かということを考えることもなく、豚が生命を犠牲にして肉屋に並ぶソーセージになった事実に思いをはせることもない。死んだ動物を食べていると思うことが、おぞましいことのように考えられているのである。

かつては、毛抜きされた家禽や二つに切られた豚の死骸、フックに吊り下げられた牛などが肉屋の壁を飾っていたものだ。肉屋はそのような展示を可能にする自分の腕と商品に誇りを持っていた。[7]

祝祭シーズンには販売する切り身肉や臓物の種類も増え、顧客を惹きつけるために、魅力的で創意工夫に満ちた展示を考案することもあった。壮大な展示風景が地元の新聞記事になることもあり、肉のもとになった動物がどこ産であるか、賞をとったことがあるかといった情報も報じられた。ウェールズ北部の新聞では、クリスマス直前の時期の買い物客のにぎわいが取り上げられている。「商売に精を出す町の人々は、火曜日の夜と水曜日、クリスマス用の在庫品を美しく展示した。足元がぬかるむ悪天候ではあったが、たくさんの人々がショーを見に訪れ、火曜日の夜中じゅう、町は店のすばらしいイルミネーションと若者たちのにぎやかな笑い声に彩られていた。若者たちにとってはすばらしい夜になっただろう」。記事はさらに、クリスマスにどの店で買い物をすべきかを伝え、地元の肉屋と商品について解説してくれている。

デンビーのタンリュー・アンド・ドルイド・ビルのロバート・ロバーツ氏の店は品ぞろえが豊富で、グラスミアのキャドウォーラダ・ヒューズ氏が育てた去勢牛や、セグルウドのジョン・ジョーンズ氏が育てた一等賞の去勢牛、ピアス・ヒートン農場の参事会員ジョブ・A・ロバーツ氏が育てた一等賞のウェールズ産去勢羊などを置いている。自家製の去勢羊、子羊、若い雌ヤギ、そしてすばらしいガチョウも大量に備えている。ブリッジ・ストリートの肉屋、ロバーツ氏も多くの品をそろえ、ペンクル・フェリンのフォークス氏が育てた若い雌牛や、フォックスホールのR・ロバーツ氏が育てた去勢羊や子羊などを置いている……。ブリッジ・ストリートの肉屋、パリー夫人もまた、牛肉、マトン、豚肉などのすばらしい在庫をそろえている。これらは、クームのジョーンズ氏、マエスマイナンのデイヴィー氏、リシンのロイド・デントン氏など、地元の主要なブリーダーが育てたものである。自家製のパイやヘッドチーズ、プレスされた牛肉なども豊富にそろっている。マーケットホールのデイヴィッド・ロバーツ氏の売店もあらゆる種類の肉を用意しており、これらは、マエスマイナンのデイヴィー氏、クームのジョーンズ氏といったブリーダーが育てたものである。この店は客でにぎわっていた。ヴェイル・ストリートの肉屋、サミュエル・ロバーツ氏はいつもどおり明るいイルミネーションで店を飾り、クリスマス用の大きい特選肉も売っている。

肉の展示、販売のしかたは、私たちの食事の中身にも大きな影響を与えるものだ。スーパーマーケットが従来の肉屋に取って代わり始めて以来、消費者は、内臓以外のこぎれいで消毒された肉を好むようになった。サマセット州出身のバンド、ワーゼルズは、一九七一年に「小腸の唄《チタリングソング》」を発表してヒットさせたが、そのころにはすでに小腸のような臓物は人気を失いつつあった。

小腸《チタリング》、小腸、小腸
小腸だけで十分だ
小腸を腹いっぱい食わせてくれ

どれだけ金の節約になるか考えてもみろよ

ハナー・グラスは『わかりやすく簡単な料理術』に子牛の小腸のレシピを掲載し、エリザベス・ラファルドは『イングランドの熟練した家政婦』で多くの臓物料理を紹介したが、そのような伝統は消え去りつつあるというのが現実だ。一九二二年に出版されたジェイムズ・ジョイスの『ユリシーズ』のブルーム氏のごちそうも、現代人の目から見ればおぞけをふるうものだろう。「レオポルド・ブルーム氏は好んで獣や鳥の内臓を食べた。好物はこってりした臓物のスープ、こくのある砂嚢、詰め物をして焼いた心臓、パン粉をまぶして炒めた薄切りの肝臓、生たらこのソテー。なかでも大好物は羊の腎臓のグリルで、ほのかな尿のにおいが彼の味覚をかすかに刺激した」

口蓋

かつては口蓋もとても人気があり、古くから田舎料理や上流階級の料理に利用されてきた。『ラルース料理大事典』にもレシピが載っており、その中の一つ、一七六九年に考案された「アリュメット・ド・パレ・ド・ベフ」は、口蓋を薄く細切りにしてころもをつけて炒めたものである。ハナー・グラスも、一七四七年に出版した『わかりやすく簡単な料理術』に、牛の口蓋のシチューやラグー、フリカッセ、ロースト、ピクルス漬けなど、さまざまな口蓋料理のレシピを掲載している。ジョゼフ・クーパーは一六五四年に出版した『*The Art of Cookery: Refined and Augmented*（料理術――精選増補版）』で牛の口蓋のパイのレシピを紹介している。

ビートン夫人の時代には牛の口蓋の煮込みは高級料理と考えられたようだが、現在食卓に出されることはないだろう。それでも作ってみたいというのであれば、以下の一八七四年に考案されたすばらしいレシピを参考にしてほしい。

牛の口蓋

【材料】牛の口蓋、ブーケガルニ（香りを添えるためにシチューやスープに入れるパセリ、タイム、月桂樹の葉などの香草の束）、バター、タマネギ、ニンジン、だし汁。

牛の口蓋を一〇分間ゆがいて、水切りをし、脂肪分を取り除き、丁寧にこすってきれいにする。二つに分け、一パイント（約五六八ミリリットル）のだし汁、半オンス（約一四グラム）のバター、塩コショウ少々、ブーケガルニ、タマネギ（小）、ニンジン（小）といっしょに、口蓋を小型のシチュー鍋に入れる。三時間弱火で煮て、口蓋を布へ取り出し、脂肪分を取り除き、辛いソースとともに盛りつける。

生殖器

イギリスは睾丸を食用にする長い伝統を持ち、ハナー・グラスやビートン夫人をはじめ、多くの本に睾丸料理のレシピが載っている。一八世紀のエリザベス・ハモンドのレシピにある「ラムストーン・パイ」のストーンが睾丸を指していることがわからなくてもしかたないだろう。このレシピでは、睾丸はゆがいて薄切りにし、アーティチョークやパン粉と混ぜる。

睾丸料理に別の名称をつけるのは、イギリス人に限ったことではない。イタリア人はgioielli（宝石）あるいはanimelleと呼び、フランス人はles joyeuses（女性形で「幸せなやつ」の意味）、animellesまたはamourettes（「かわいいやつ」「いとしいやつ」）と呼ぶ。アメリカ人は「プレイリー・オイスター」または「マウンテン・オイスター」のほか、「モンタナ・テンダー・グロインズ」「カウボーイ・キャヴィア」「スウィンギング・ビーフ」「カーフ・フライズ」などと呼んでいる。

睾丸料理は炒めたり茹でたりするレシピが多いが、一九世紀の料理著作家、イライザ・アクトンは、カレーや子牛の頭部に風味を添加するために牛の睾丸を加えることをすすめている。睾丸を料理する際の一般的な注意点は、煮すぎて硬くゴムのようになってしまうのを避けることだ。

睾丸の料理法は国民の好みによりけりである。フランスでは炒めるより茹でるほうが好まれ、アイスランドでは雄羊の睾丸を発酵したホエーに入れて保存する。日本では珍味としてクジラの睾丸を茹で、しょうゆをかけて食べる。フランスでは雄鶏の睾丸が「ロニョン・ブラン」（白い肝臓）として賞味され、イギリスでは子牛や子羊の睾丸が好まれる。

どのタイプの睾丸を好むにしても、体裁をつくろう必要から、はっきり睾丸とわかるような言葉で語られることは少ない。『ワインと食事』の一九三九年春号で、アンブローズ・ヒースは、巧みに言葉をあやつり、煮込みに子羊の睾丸が使われていることに触れずにすませようとしている。「食卓に載せるのが適切でないと一般に考えられている動物の部位がたくさんあり、そういったものを好む人はなにか申し訳ない気持ちを抱きながら食べるものだ。……たとえば、子羊のしっぽからはたいへんおいしいパイができるし（ちょっとこってりしてはいるが）、他の部位からもとてもおいしい煮込みを作ることができるが、その部位がどういう性質のものであるかについては、口をつぐんでおいたほうがよいだろう。いずれにせよ、これらはすべて都会の人々にはあまり知られていない料理である」

睾丸を含む料理、あるいはその材料の正体については「口をつぐんでおいたほうがよい」とされたのなら、イギリスの料理本にペニスを使ったレシピがほとんど載っていないのも当然だ。BBCの料理番組「Two Fat Ladies（二人のでぶっちょレディ）」で知られたクラリッサ・ディクソン＝ライトとジェニファー・パターソンは、さすが常識はずれの二人にふさわしく、ペニス・シチューのレシピも紹介している。彼女たちによれば、そのペニス料理はマルセル・トーマルが考案したユダヤ料理で、ペニスや内臓はかつてユダヤ料理で大きな役割を果たしていたということだ。二人の紹介するレシピは、コリアンダーとニンニクで味つけし、ゆっくり調理するものである。

ペニス・シチュー

【材料】

羊か牛のペニス、一ポンド(約四五四グラム)

油、大さじ三杯

乱切りにしたタマネギ(大一個)

ニンニク(皮をむいて乱切りにしたもの)、二個

コリアンダー・シードをすりつぶしたもの、大さじ一杯

塩、大さじ一杯

挽きたての黒コショウ

【料理方法】

ペニスを熱湯に浸け、水気を切り、よごれをとる。ペニスをソースパンに入れ、水をひたひたに入れ、沸騰させる。あくを取り、一〇分間ぐつぐつ煮る。水気を切って、ペニスを薄切りにする。大きめのフライパンで油を熱し、タマネギ、ニンニク、コリアンダーを加え、タマネギが黄金色になるまで炒める。ペニスを加え、数分間、両面を炒める。コショウを加えて残りの材料を混ぜ合わせ、適量の水を加えて沸騰させる。火力を弱め、蓋をして約二時間、またはやわらかくなるまで弱火で煮る。必要であれば、焦げないように時々水を少しずつ加えること。

動物の性器は食用にできるものではあるが、性的なことを象徴的に連想させるため、現代西洋社会では一般に人間が食べるのにふさわしいものではないと考えられているようである。特にペニスはそうだ。だが、北京のペニス料理レストランは、逆にペニスの象徴性にあやかってさまざまな動物のペニスを提供し、その特質を最大限利用して良くも悪くも評判になった。

この一風変わったレストランは「鍋里壮」として知られ、ビジネスパーソンにも観光客にも人気を博した。ロバやヤク、牛、犬のペニスや睾丸を食べようと次々と客が訪れ、大枚をはたいていったのだ。動物の生殖器を摂取すると、男性であれば性的能力が高まり、女性であれば肌がきれいになると信じられているのである。ペニスは種類に応じてさまざまな効用を持つ。一部の料理は男性の性的能力を高めることを目的としたもので、そのために女性には向かないと考えられるし、一方で、ブロッコリーが盛りつけられた「八珍扒鹿胎」は女性の肌をきれいにすることを狙った料理である。「欲望の炎の竜」は、ヤクのペニスを蒸して炒め、フランベした料理で、その他、鹿の頭部と羊の胎児をブラウンガーリックソースで煮込んだ料理などもある。もっとシンプルな料理がお好みなら、牛のペニスをころもで揚げたものがおすすめだ。高級料理をご所望なら、ワサビじょうゆがしたたるカプリッチョ風の鹿のペニスや、唐辛子で調理した犬のペニスといった凝った料理がぴったりだろう。

ゼラチン質、軟骨質でなかなか嚙み切れないペニスには食欲をそそられない人にとっては、二〇一二年に杉山真央が主催したおぞましいディナー・パーティーは、身の毛がよだつとしか形容しようがないものだろう。

他者に対して性的感情を抱くことができない「アセクシャル」である杉山は、二〇一二年四月、性器を摘出する手術を受けたが、何を思ったか、切断されたペニスと陰嚢を病院から持ち帰り、不気味なディナー・パーティーを開いたのだ。招待された客たちは、一人一六〇ポンド（二万円）を支払い、切られた性器（マッシュルームとパセリが盛りつけられていた）をごちそうになったのである。

このショッキングな夕食を喧伝するため、杉山はツイッターを利用し、「男性性器（完全なペニスと睾丸陰嚢）を、一〇万円で食事として提供します。私は日本人です」と告知し、自分のペニスを料理することを知らせた。これには大きな反響があり、東京の杉並区で開かれたディナー・パーティーには約七〇人の客が出席した。杉山真央の性器に手をつけたのは五人で、他の人々は牛肉かワニの肉を食べた。

目玉料理を食べることを選んだ幸運な五人は、ホスト自身が調理した（ただし、プロのシェフが監修した）性器の肉を食べた。彼らは、実際に食事が始まる前、杉山の要望により、性器を食べたあと具合が悪くなっても、ホストは一切責任を負わない旨を記した証書に署名させられた。

杉山の不気味な料理を食べた五人はみな無事生き延びたようだ。このような経験をした以上、今後どんな料理が出されようとショックを受けることはないだろう。

肝臓

なにしろおれはハトの肝臓を持っているかのごとく意気地がなく
あいつの暴虐を憤る勇気にも欠けている。でなければ、とうの昔に
あの下衆野郎のはらわたを大空の鳶に食わせ、肥え太らせているはずだ。
血まみれの好色な悪党!
恩知らずの、色欲に憑かれた、人でなしの悪党!……
殺人そのものに口はないが
不思議な力のはたらきでひとりでに語り出すものだ。
シェイクスピア『ハムレット』第二幕第二場、五五四〜五五八行、五七〇行—五七一行

あらゆる内臓肉の中で、肝臓は今なお最も多くの人々に食べられているものと言ってよいだろう。だが、他の臓物同様、肝臓は好悪両方の反応を引き起こす。まるで絹やバターのような舌触りで、口の中で溶けるようだと感じる人もいれば、ざらざらしてゴムのような感触の肝臓料理を食べるなど罰ゲームのようなものだと感じ、想像しただけで恐怖におびえる人もいる。

肝臓は安価で調理しやすく、炒めることも、オーブンでじっくり焼くこともできる。ベーコンやタマネギ、マッシュポテトといっしょに炒めるのが定番だが、上質な肝臓であれば、バターつきパ

羊の肝臓の冷凍食品の
レトロ包装デザイン

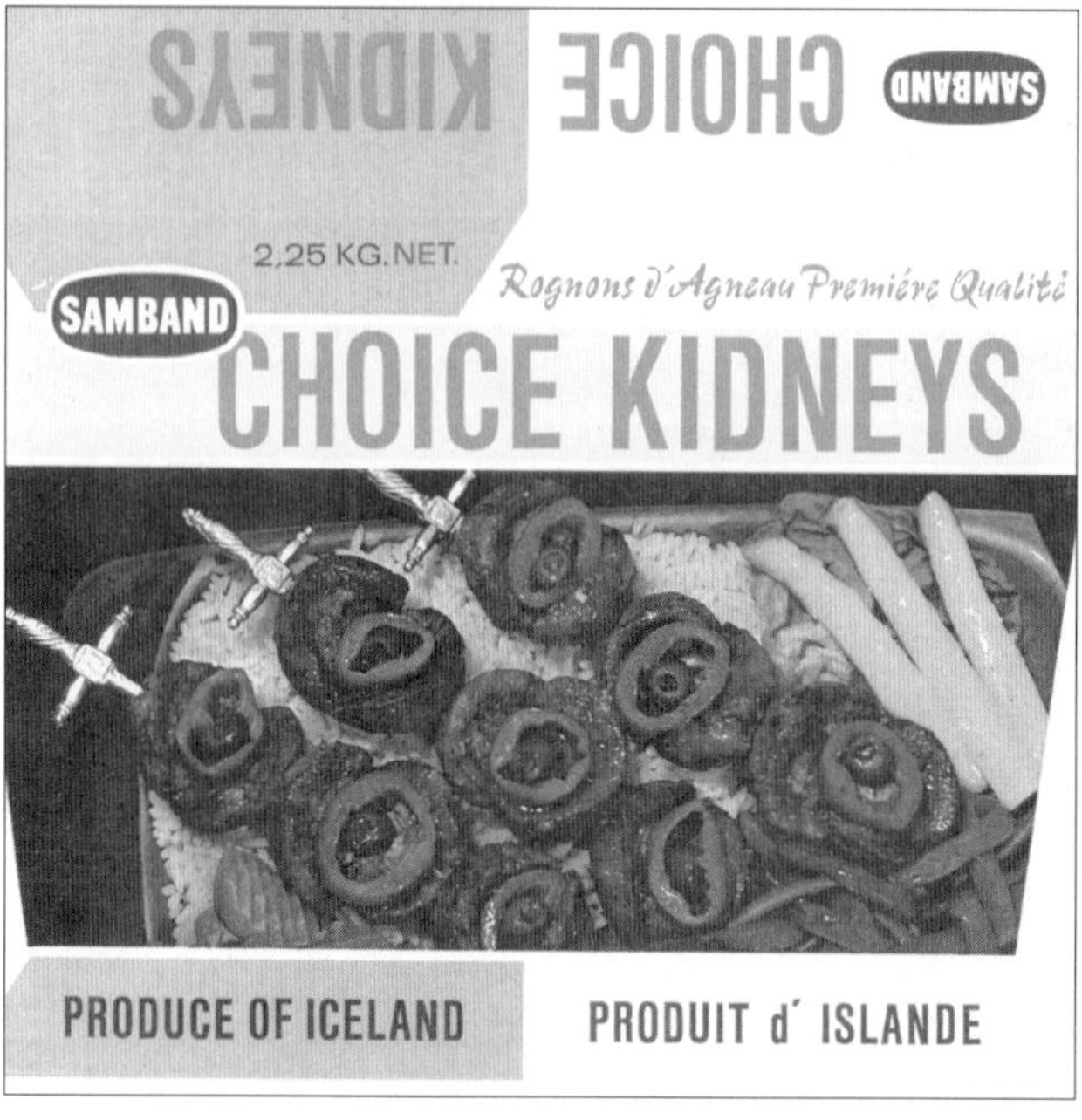

腎臓の冷凍食品のレトロ包装デザイン

ンといっしょに食卓に出すだけで十分だ。食用の肝臓というと、羊や豚、牛、子牛が頭に浮かぶが、あらゆる動物の肝臓がパテやテリーヌに利用されている（パテはもともとフランス語で、おおざっぱにペースト状のものを意味する）。これらの料理は、ひき肉や肝臓、脂身を混ぜ合わせ、アルコールやさまざまなハーブ、香辛料を加えたものである。高級レストランではパンやワインといっしょに前菜として賞味されるが、とても簡素な、レバー・ペーストの状態でガラス瓶に入ったものを搔

キャサリン・メリッシュの『*Cookery and Domestic Management*（料理と家政）』（1901年ロンドン刊）から、フォアグラクリームとマトンパイのリトグラフ

き出して利用することもある。なんともいいようのないこってりさを加えてくれ、そのマイルドな味わいは独特なものだ。

そのシンプルな形の対極に位置する贅沢な肝臓料理がフォアグラである。特別に太らせたアヒルやガチョウの肝臓を材料とし、高級料理とみなされている。レストランでも舌の肥えた人が愛好し、バターのように濃厚でこってりした味わいがもてはやされている。伝統的な肝臓のパテとは異なるその味は、強制給餌によって得られたものである。

この強制給餌は、残酷な拷問にたとえられることもある。長い管をとりつけたじょうごを使って、アヒルやガチョウが自然に飲み込める以上のえさを詰め込むのだ。炭水化物ばかりのえさで肥大した肝臓は、通常の一〇倍以上の大きさになり、脂肪肝と呼ばれる症状を呈する。これによってアヒルやガチョウは皮膚が裂け、のどの筋肉にも深刻なダメージを負い、首に傷を負ってウジ虫にたかられることもある。

肝臓が二〜三ポンド（約一〜一・五キログラム）になったとき、病んではいるが貴重なこの肝臓を目当てとして、鳥は殺されることになる。フォアグラはフランス料理として長い伝統がある。諸説あるが、フランス人シェフのジャン＝ジョセフ・クロースが一七七九年にこの料理を考案して広めたとも言われ、そのためにルイ一六世から二〇丁の拳銃を賜ったという。クロースは一七八四年にフォアグラの特許を得て、裕福な美食家にパテを食べさせる事業を始めた。ただし、水鳥が余分なカロリーを自然に蓄え、渡りの季節の前に肝臓の中や皮膚の下に脂肪として貯蔵する性質を利用したのは、クロースがはじめてではなかった。歴史上はじめてそれを実現したのは古代エジプト人である。鳥がイチジクを詰め込むように食べるのを目にして、ガチョウやアヒル、白鳥を使ってこの自然の過程を人工的に再現しようと思い立ち、これらの鳥ののどにえさを詰め込んだのだ。その様子は、紀元前二五〇〇年のエジプトの壁面レリーフにも描かれている。ただし、無理やりえさを食べさせたこれらの鳥の肝臓を、エジプト人が好んで食べていたかどうかはわからない。彼らがこのような行為におよんだのは、動物性脂肪を得るためだった。薬用から美顔用まで、古代エジプト人は動物性脂肪をあらゆることに利用していたのだ。強制給餌はエジプトからギリシャに広まったようで、紀元前八世紀頃に書かれたホメロスの『オデュッセイア』にも、太らせたガチョウに言及した箇所が見られる。紀元前四世紀には、肝臓が珍味として好まれているということがはじめて文献に登場する。

強制給餌の習慣はギリシャからさらにローマに伝わり、独自の発展を遂げた。ローマでは豚がガチョウと同じ目にあわされ、のどに無理やりえさを詰め込まれた。小さなヤマネも、真っ暗な場所に閉じ込められてナッツを大量に与えられた。冬眠間近の時期だと勘違いし、えさをたくさん食べるように仕向けられたのである。カタツムリまでもが被害にあった。古代ローマの料理本『アピキウス』は、生きたカタツムリから殻の蓋を取り除くよう料理人に指示している。そうすれば、殻に戻れないカタツムリが通常より大きく成長するからだ。

進取の気性に富むローマ人は、強制給餌においても無慈悲な方法を考案した。ガチョウや豚にイチジクなどの果物をたらふく食わせたあと、はちみつ入りのワインを飲ませたのだ。湿気とガスによって胃の中で乾燥果実が膨張し、ガチョウや豚は消化不良で命を失うことになった。これらの動物の肥大した肝臓はラテン語で iecur ficatum と呼ばれたが、iecur は「肝臓」、ficatum は「イチジクの」の意味である。

現代では、フォアグラは、動物に対してひどい虐待を加える野蛮なものだということで物議をかもしている。二一世紀になってもなお、苦しんだ鳥の病んだ肝臓が珍味と考えられているのは、奇妙なことだと言わざるをえない。世界中でフォアグラの販売を規制する動きが出ているのも当然だ。この「缶詰の拷問」の生産は野蛮きわまりないものとされ、イギリスでは違法となっている（ただし、生産は禁じられているものの、フォアグラ食品の輸入、販売、購買、消費は許可されている）。

動物に強制給餌を施すという残酷な慣習については、昔から懸念する声が上がっていた。紀元一世紀に、プルタルコスは「肉食について」という論文で肉食を告発し、はっきり反対の立場をとっている。「わずかな肉を得るために、人間は、動物が生まれながらに持ってしかるべき太陽や光、そして寿命を奪っている……。動物たちは慈悲を乞い、正義を求め、こう言っている。『どうしても必要なのであればあきらめます。でも、傲慢な考えは捨ててください！　食べるために殺すのはいいのです。でもおいしいからといって肉のために殺すことはやめてください！』」

ローマ帝国の衰亡ののち、フォアグラはヨーロッパの食卓から消えたも同然の状態になった。中世のキリスト教の影響により、暴飲暴食が大罪とされたからだ。だが、高価で珍しい料理は、歴史上、常に退廃と地位の象徴とされてきた。だから、フォアグラが一八世紀に復活したことは当然のなりゆきだったと言ってよいだろう。

ヴィクトリア朝にはフォアグラは大人気となり、強制給餌のスピードを上げて面倒な作業の手間を省くための機械が開発されたほどだ。だが、その時代から世論は変わり、今日では人々はフォアグラを嫌うようになった。今なおさまざまな形で世界中に輸出されているとはいえ、それは非人間的で野蛮な時代遅れの交易と考えられるようになっている。

フォアグラは有名シェフや世界中のグルメの間で人気を博してきた。依然として伝統的な生産方法が主流であるとはいえ、近年では倫理的に問題のないやりかたが試みられ、希望の光が見え始めている。肉食動物が存在する以上、食用に育てられる動物のほとんどが平穏に天寿をまっとうできないのはどうしようもないだろうが、培養肉（「クリーン・ミート」とも呼ばれる）の誕生により、状況は変わりつつある。クリーン・ミートは細胞農業の進歩によって生み出された。細胞農業とは、動物の細胞を使って実験室で肉を培養し、食品を作る方法だが、その製品は、見た目、調理具合、味が本物の肉そっくりで、生物学的には肉と言ってよいものである。当然のなりゆきとして、鳥を虐殺することなく生産できるフォアグラを作る試みも行われている。この試みが実験室から実際の食卓へと進出すれば、アヒルもガチョウも大喜びするにちがいない。

3章　血への欲望

血を食用にするというと、ベッドで眠る無垢《むく》なうら若き乙女の首筋に噛みつく吸血鬼のイメージがすぐに浮かんでくるかもしれないが、架空にせよ現実にせよ、血を好むのは吸血鬼に限らない。鉄分や必須アミノ酸を含む動物の血は古くから活力の源と考えられてきたし、今日でさえ、血を飲むという考えはそれほど珍しいことではない。豚の血とオートミールを主材料とするブラッド・ソーセージは、イギリスの朝食の基本的な料理である。

動物の血を料理に使うのは、世界中で見られる習慣である。ブラッド・ソーセージもヨーロッパ中で作られている。豚の血と脂肪を材料にするのが基本だが、地域によってその製造法はさまざまである。アイルランドの「ドリシーン」は羊の血を使うし、フランスでは、タマネギやクリの実、あるいは豚の頭部の肉を調理して角切りにしたものを加えることもある。スペインでは米を加え、アイスランドでは家畜を解体する時期である秋に作られることが多く、ホエー用の樽でピクルス漬けにされる。

動物の血の利用法もさまざまだ。イタリア料理のデザートのブラッド・ソーセージでは、豚の血はミルク、砂糖、果物、香辛料といっしょに調理される。フランスのノール＝パ・ド・カレー地方で作られるブーダン・ノワールは、一八世紀後半に考案されたと言われる料理で、豚の血が、タマネギ、塩、ショウガ、クローヴ、コショウ、砂糖、シナモンで味つけされ、最後にレーズンが加えられる。

鶏肉の赤ワイン煮、コック・オ・バンには、ソースを濃厚にするために鶏の血が使われるし、イギリスの定番料理、野ウサギのシチューでも血が同じように利用される。グレーヴィーソースやプディング、ケーキ、ソース、プレスされた肉、ゼリー、カスタードなどに血液を加えるレシピもある。古代ギリシャ人は血液を魔法の万能薬と考えていた。大プリニウス（紀元二三～七九年）は、倒れた剣闘士の血を飲もうと観客が競技場に殺到する様子を描いている。「癲癇《てんかん》を患う人々は、剣闘士の血をまるで生命の水であるかのように飲み干した」。それから一四〇〇年以上が経ち、マルシリオ・フィチーノ（一四三三～九九年）は、年配の人々が若い活力を取り戻すためには若者の血を飲むのがよいと述べている。血が癲癇に効くという考えは長年にわたって生き残った。中世には、癲癇患者が自らの病を癒やそうとして処刑された死体の新鮮な血を求め、それを死刑執行人が追い払うという場面も見られた。

血が若返りの万能薬と考えられる一方で、吸血鬼に対する恐怖も育まれていった。吸血鬼として恐れられた一人が、バートリ・エルジェーベトだ。「血の伯爵夫人」として知られるバートリは、教養あるハンガリー貴族だったが、女性の使用人や、支配下にある高貴な生まれの女性に残虐行為をはたらいたために告発された。チクチクするイラクサでむち打つとか、身体を噛んだり刺したり焼いたりするとか、指や唇を鉄の釘で刺し抜く、氷風呂に入れて死に至らしめるといった行為をはたらいたのだ。裸の若い女性にはちみつを塗り、屋外に放置してアリやハチ、ハエが食べるにまかせたという告発さえあった。このような残酷行為により、バートリは死を迎えるまで城に監禁されたが、彼女は実は吸血鬼だったというわさが広がり始めた。老化を防ぐために若い女性の血を飲んでいたのではないかと考えられ、失われた若さを取り戻すために若い乙女の血を浴びていたという話が繰り返し語られた。

これらの吸血鬼伝説の真偽はあやしいものだが、若者の血を飲むことで若さと不死が実現するという考えは、二一世紀に入っても根強く残っている。血を老化防止に使うことが人気を博し、何度も新聞記事になっているのだ。たとえば、「吸血鬼美顔術」と呼ばれる美顔術が、一五〇〇ドルという高額にもかかわらず大人気になっている。この技法は、自分自身の血液を利用するもので、遠心分離機にかけて血小板が多く含まれる血漿《けっしょう》を作り出し、皮膚に再注入するというものである。

二〇一八年九月一〇日の『サン』と『ニューヨーク・ポスト』の両紙は、「若者の血が長寿のカギになるかもしれない——ある研究」という見出しの記事を掲載した。その記事によれば、ある科学論文によって、医学的な血液飲用の分野において大きな一歩が踏み出されることになったという。「ある研究によれば、若者の血を飲めば長寿につながり、老化による病気を予防できる可能性があるとのことだ。若い動物から採られた血液因子は、年長の他の動物の健康を促進することが発見されたのである。『ネイチャー』に発表されたこの研究は、ユニヴァーシティ・カレッジ・ロンドンの研究者たちによって行われた。彼らは、これにより、加齢にともなう疾患が発現する可能性を減らすことができると言っている」。同じように血液の若返り効果を伝える記事が、二〇一七年の『サンデー・タイムズ』に「一〇代の若者から採られた血液、わずか六〇〇〇ポンドで売りに出される」の見出しで掲載されている。この記事によると、カリフォルニアのある企業が、「一〇代の若者の輸血用血液を、年長の患者にさまざまな効用があると主張して八〇〇〇ドル（六二〇〇ポンド）で売り出している」という。

二〇〇〇年代初めには、カリフォルニア州のスタンフォード大学の科学者たちが、一九五〇年代に行われていた「並体結合」というおぞましい実験を復活させた。若いネズミと年老いたネズミを生きたままくっつけ、皮膚を剝がしたあと、側部を縫い合わせ、二匹のネズミが一つの循環系を共有するようにしたのである。一カ月後、年老いたネズミの筋肉や肝臓に若返りの兆候が見られた。この発見は二〇〇五年に発表されたが、これをきっかけとして、科学者や起業家、一般の人々が、若者の血液を使って年長者を若返らせるという考えに興味を持つようになった。こういった風潮を背景として、二〇一六年には、スタンフォード大学出身の医師、ジェシー・カーマジンが「アンブロシア」という企業を立ち上げ、アメリカを拠点に、六〇歳前後の患者たちに若者の血漿を注入するという事業を始めた。カーマジンによれば、この療法は「体の内部で整形外科手術を行うようなもの」だという。同社のホームページによれば、一回試しただけで「アルツハイマー病や癌、炎症、幹細胞に関連する生体指標において、統計的に有意な改善」が見られるということである。だが、この治療はアメリカ食品医薬品局の非難を受けることになった。臨床的な効用が証明されておらず、安全性にも問題があるとされたのだ。それにもかかわらず、永遠の若さを得ようとする人々の気持ちを静めることはできず、アンブロシア社は発展し続けている。

現代でも若返るために新鮮な血を求める人々が多く存在するのだから、かつて青白い顔色の衰弱した結核患者が、解体されたばかりの牛から血を飲むというグロテスクな光景が展開されていたとしても、まったく驚くにはあたらない。結核は数千年にわたって人類に災いをもたらし、上流階級から下層階級まで、あらゆる階級の人々の命を奪ってきた。一六八〇年、イギリスの作家、ジョン・バニヤンは、結核を「死をもたらすあらゆる者たちを率いる船の長」と呼んだ。謎めいた雰囲気を漂わせる結核は、一八世紀、一九世紀にはほとんどカルト的な地位を占め、善行や純潔を象徴する病気とみなされた。

結核は一八〇〇年代にはイギリス人の主要な死因となり、一九世紀にはたいへん多くの人がこの病を患うことになった。英語では consumption と呼ばれたが、これは患者を consume（衰弱）させ、徐々に生命を奪っていくところから名づけられたものである。

一部の人々の間で、結核は美や芸術的才能、詩的な喪失といったものと結びつけられるようになった。若い女性が結核で亡くなったときには、その早逝は理想化され、はかない人生が美しいものであるかのように描写された。エドガー・アラン・ポーは、結核で瀕死の状態にある妻のヴァージニアについてこう記している。「彼女は突然動作を止め、のどを手で押さえた。深紅の血が胸に飛び散った」。このとき同席していた作家のメイン・リードは、ヴァージニアについて「天使のような容貌だったが、精神もそれに劣らぬほど美しかった……その優雅さ、美貌、物腰は控えめであるだけにいっそう際立つという類いのものだった」と述べている。ヴァージニアは病み衰えていっているのに、その姿を描く文章では、命を奪う病が際立たせる美しさにばかり焦点が当てられているのだ。「彼女の美しさについて言えば、その頬のバラのような赤みは、この世のものではない輝かしさ、純粋さを呈していることを私は承知していた。つまり、それは結核によって引き起こされる赤みだったのだ。若い人を墓場へといざなう、悲しくも美しいあの光だったのだ」

一九世紀には結核患者の外見が一種の流行のようなものになり、結核で命を奪われる若い女性の恐ろしいはずの風貌が、まるで気高く魅力的なものであるかのように描かれた。生気の減退、下痢、喀血といった現実より、患者のはかなさのほうが注目されたのだ。血の気のない肌、開いた瞳孔、赤みを増す頬といったものが、美しさのきわみとみなされたのである。痩せ衰える衰弱ぶりが美しいものとされて流行になり、結核患者のほっそりとした体形が優雅で慎み深いものとして美化された。そのはかなさがヴィクトリア朝の感受性にぴったりだったのだ。

生死の瀬戸際に立たされているにもかかわらず、結核の女性は究極の女性像として理想化された。結核患者の外見が望ましいものとされ、その控えめな物腰は上品で穏やかで慎ましいものともてはやされた。女性は結核患者のように行動し、服装もまねるべきだと考えられたのである。病人になることがかっこいいものとされ、当時の流行の先端を行く女性は、流行の病人ルックで誇らしげに街を闊歩《かっぽ》した。しかし、なぜ痩せ細って青白い顔をし、唇を深紅にしているかは口にされなかった。結核は芸術家の病、この世には生きられないほど高潔な人間の病になった。このような見方をすることで、先立たれた者たちは、愛する故人は天使のようにすばらしい人間だったのだと考えて自らを慰めていたのだろう。

結核は美徳と関連づけられる一方で、恐怖の対象でもあった。患者の顔が青白くなることから、「白い大厄災」や「白い死」と呼ばれることもあった。「若さの強奪者」「墓場の咳」などの名称もあり、こちらのほうがこの病気の本質を表しているかもしれない。結核は、年齢、性別、階級に関係なく、無差別に人々を襲うものとして知られていたからだ。

「白い厄災」として畏怖されたにもかかわらず、結核は芸術家や詩人といった創造的な人々にとっては退廃の美として魅力的に映った。繊細さや魅惑的な憂鬱を象徴するもののように思われたのである。墓場を背景として憂鬱な瞑想を繰り広げたいわゆる「墓場派」の詩人の作品は、あまり理解されていなかったこの病気に意味を持たせようとする試みだったのかもしれない。バイロンは友人のスライゴー卿に「結核で死にたいものだよ」と語ったが、その理由を尋ねられるとこう答えた。「そうすれば女性はみなこう言うだろうよ。『かわいそうなバイロン――死ぬときにはほんとにすてきに見えるわね』」

エミリー・ブロンテの『嵐が丘』では、結核を患ったヒロインは「瘦せぎみだったが、まだ若く、顔色も健康そうで、目はダイアモンドのように輝いていた」と描写されている。エミリーは結核で若くして亡くなったが、後を追うように妹のアンも同じ病で命を失った。ジョン・キーツが一八一九年に発表した「ナイチンゲールに寄す」には、「若者は青ざめ、亡霊のように瘦せ衰えて死んでいく」の一節がある。キーツは一八二一年に結核によって命を奪われ、白い厄災の多くの犠牲者の仲間入りをしたのだった。

結核は創造的な人々の作品を生み出すだけでなく、創造性の源泉とも考えられた。アレクサンドル・デュマの『椿姫』に触発され、ジョゼッペ・ヴェルディの『椿姫（ラ・トラヴィアータ）』が生まれた。結核を患ったヒロイン、ヴィオレッタは、不健康で罪深い生活を送っていたが、早世によって贖罪《しょくざい》を果たすことになるのだ。

とはいえ、結核は正しき者の病として描かれただけではなかった。大きな恐怖を引き起こし、吸血鬼の物語を生むことになったのだ。この無慈悲な病にかかって生気なくやつれ、青白い顔をした患者たちは、吸血鬼の被害者、あるいは吸血鬼自身であると考えられるようになった。一八〇〇年には、アメリカ合衆国のニューイングランドの死者の二五パーセントは結核によるものだったと記録されている。やがて、結核は吸血鬼が引き起こしているといううわさが広まり始めた。

愛する家族が結核にかかり、埋葬されたあとで、近くにいたほかの家族が結核の兆候を示し始めることもよくあった。そのため、故人が墓場から吸血鬼としてよみがえって家族の生命を奪おうとしており、故人が死ぬ前に示していた症状は実は吸血鬼のあかしだったのだという話がまことしやかに語られるようになったのだ。

結核は民間療法や文学作品を通して吸血鬼と結びつけられていった。有効な治療法がないため、人々は民間療法に頼り、極端な手段を求めるようになった。結核はもちろん、病気一般がどのように伝染するのかという知識もなかった時代のことである。友人や隣人、親族が結核で亡くなったあとで、突然同じような症状を呈して死亡する人々が出てくると、吸血鬼に襲われたのではないかと考えられるようになったのだ。

ブラム・ストーカーの『ドラキュラ』が出版されたのは一八九七年とかなり遅いが、死者の霊が生者にとりつき、ゆっくり生気を奪っていくという民間伝承は古くから存在していた。それを新しくよみがえらせたのが、一八一九年に発表されたジョン・ポリドリの短篇小説『吸血鬼』だとされている。ポリドリは、民間伝承の怪物を容姿端麗で礼儀正しい紳士に変貌させた。この紳士は、若くて美しい脆弱《ぜいじゃく》な犠牲者を求めて社交界に出入りするのだ。ここから、吸血鬼は生者の日常生活にまぎれこむことができるという考えが生まれた。

文学に描かれた吸血鬼と、現実の結核患者には明らかに関連がある。幽霊のように青白い顔、鋭い視線、血のついた口は強烈なイメージを与えた。結核患者は吸血鬼の完璧なモデルとなったのである。彼らは肺組織が破壊されているために口臭が強く、絶えず血を吐いた。夜に体温が上がるため、暗闇が支配する時間には落ち着きがなくなり、活動的になった。

　アメリカ合衆国では、吸血鬼の存在が本気で信じられ、かつての魔女狩りのような騒動を引き起こすことになった。特に有名なのが、一八九二年にロード・アイランド州のエクセターという小さな町で起きた事件である。ジョージ・ブラウンはすでに三人の家族を失っていたが、そこへさらに息子のエドウィンまで結核に倒れるという悲劇に見舞われた。悲しみに沈む隣人たちは、これは吸血鬼のしわざで、すでに亡くなった家族が若いエドウィンの生き血を吸っているのではないかと言った。埋葬された家族の死体が掘り返されたが、ジョージの娘のマーシーの死体は腐敗の兆候を示しておらず、しかも埋められたときから姿勢が変わっていた。心臓から新鮮な血が発見され、マーシーは吸血鬼ということになった。心臓が取り出され、焼いて灰にされた。その灰は水と混ぜられ

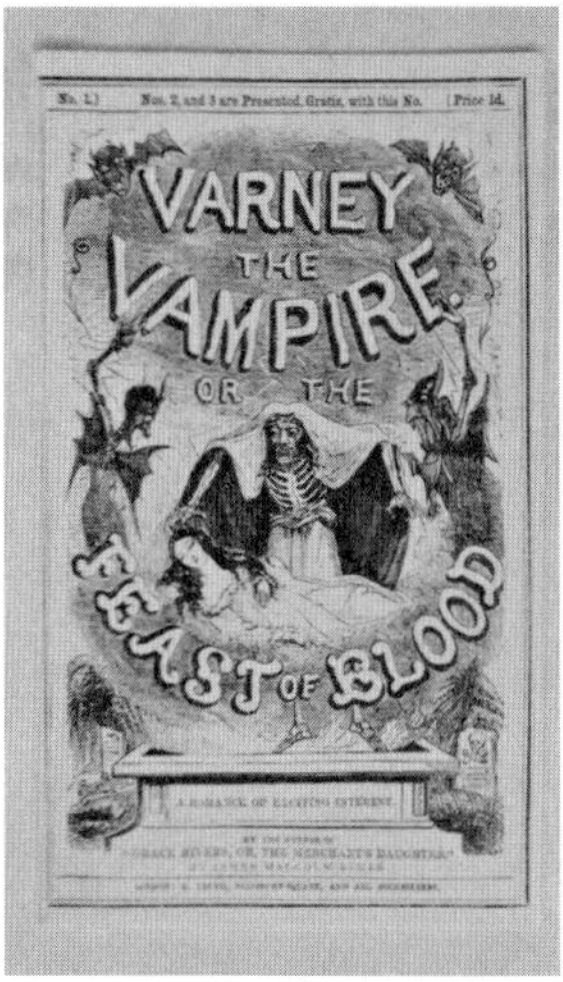

『*Varney the Vampire*（吸血鬼ヴァーニー）』の表紙デザイン。ジェイムズ・マルコム・ライマーによるペニー・ドレッドフル（イギリスで発行されていた安価な大衆小説シリーズ）として1845年から1847年に出版

たうえで、エドウィンに与えられた。「吸血鬼の心臓」を飲めば、この病んだ子を回復させることができると信じられていたのだ。しかし、エドウィンはまもなく息を引き取った。吸血鬼が死を引き起こしていると誰もが信じていたわけではないが、一部の人は、この生気を奪い取る病気は吸血鬼のしわざだと都合よく解釈したのである。

一九世紀を通じて、イギリスをはじめとする国々の結核患者はさまざまな治療法を試した。最も一般的だったのは、栄養のある食事をとり、暖かい気候の場所で新鮮な空気を吸うことだった。新聞にはさまざまな薬の広告が掲載されたが、それらは気休め以上のものではなかった。一八九九年の「ウィリアムズ医師による、青白い人のためのピンクの錠剤」の広告は、「結核が完治」と謳い、結核の原因は「血液が少なすぎる」ことだと説明している。この薬を「一錠飲むたびに新たな血液が生まれる」。このピンクの錠剤は、イギリスをはじめとするヨーロッパ諸国とアメリカ合衆国で広く利用されたが、その人気はさらに広がり、最終的には八二カ国で売られることになった。この「魔法の」薬は、結核からコレラまであらゆる病気に効くとされたが、一九〇九年に英国医師会向けに行われた薬の分析によって、硫酸鉄、炭酸カリウム、マグネシア、粉末状の甘草、砂糖を成分としていることが判明した。硫酸鉄の三分の一は酸化しており、錠剤の「処方はきわめて杜撰《ずさん》なものだった」という分析結果が出ている。

医学界やいんちき療法には期待ができず、迷信療法も信用できないという状況で、人々は意外なものに希望を託した。地元の食肉処理場である。解体されたばかりの動物の血を飲むという実験的

健康増進のために血を飲む様子（1874年）

な手段をとることにしたのだ。

一九世紀半ばから末にかけて、アメリカ中の結核患者が食肉処理場に赴き、治療のために動物の血を飲んだ。男女を問わず、子供も含めて、あらゆる階級の人々が血を飲んだのだ。そのためにお金を取られることはなかったし、子供を除いて、ほとんどの人が自分の意志で血を飲んだ。最初の一滴を飲むまで、多くの人は二、三回ためらったが、一度飲んでしまえば毎回グラス約二杯分を飲み干した。

結核患者が殺されたばかりの動物の血を飲むという話は、新聞記事でも報じられた。『ジョージア・ウィークリー・テレグラフ』は、C・H・スティックニーという男性のインタビュー記事を載せているが、彼は「タンブラー半分の血を一日に二回」飲んでいると記者に語っている。『セントルイス・グローブ・デモクラット』は、セントルイスでは、吸血鬼はフィクションに登場するばかりか現実のものになっているというショッキングなニュースを伝えている。「二〇〇人から三〇〇人が、解体された牛の静脈から、新鮮な血を毎日半パイントから一パイント（約二三七～四七三ミリリットル）飲んでいる」というのだ。

結核などの治療のため、あるいは活力をつけるために動物の血を飲んだのは、アメリカ合衆国に限った話ではない。イギリスの新聞でもショッキングなニュースが報じられている。一八七四年の『ブライズ・ニュース』の記事には、「食肉処理場で血を飲む」というタイトルの版画が掲載されているが、この版画では、人々が動物の血を飲んでいるところが描写され、「これは、パリではやっている結核の治療法で、迷信的な慣習の遺物と考えられる」と解説されている。

一八九〇年にフランスの雑誌『ル・モンド・イリュストレ』に掲載された「食肉処理場」という版画では、富裕階級に属すると思われる優雅な若い女性たちが食肉処理場の外に集まる様子が描かれている。この女性たちは、結核予防、そして健康全般の増進のために、解体された牛の新鮮な血を飲むところなのだ。

アメリカの雑誌『フランク・レスリーズ・イラストレイテッド・ニュースペーパー』にも、一八九四年に似たような版画が掲載されている。こちらは「牛の血を飲む――マサチューセッツ州ボストン、ブライトン食肉処理場の結核患者たち」と題されているが、床に横たわる解体された動物から血が抜かれてグラスにつがれ、そのうち二杯が二人の若い女性に手渡される場面がはっきりと描かれている。

人々は、動物の血を飲むことに嫌悪を感じたというより、この治療法を用いているのが若くて身分の高い女性であることにショックを受けたようだ。『ニューヨーク・ワールド』に掲載された「食肉処理場を定期的に訪れる上品な服装の女性たち」と題する記事では、「体が弱っている」ように見える女性が馬車で到着するが、その衣装から判断すると彼女は「裕福な上流階級の女性のようだ。そのガウンの絹を紡ぎ出すために、何百万匹のカイコが生命を犠牲にしたことだろう」。女性は御者に切り子細工のゴブレットを手渡し、食肉処理場から得られた新鮮な血を入れてもらう。新鮮な血を飲んで女性が体力を回復したことは明らかだ。「それまで青白かった頬に美しく赤みがさし、一瞬前まで輝きのなかった瞳はきらきらと活気を取り戻し、宝石をつけた手に手袋をはめ直すときの物腰は、確信と生命力に満ちていた」

新聞がこのようなセンセーショナルな記事を載せ、肉屋や食肉処理場が熱心にこの治療法を喧伝する中で、医学界の人々の態度はもっと冷静なものだった。医学雑誌には血液療法を具体的に扱う論文はほとんどなく、あったとしても短いものだった。この療法が医学界で全面的に受け入れられていないのは明らかで、医学的な助言は依然として「外に出て新鮮な空気をたっぷり吸う」というものだった。

一八七六年に出版されたウィリアム・H・バートの『*Therapeutics of Tuberculosis, or Pulmonary Consumption*（肺結核の治療学）』には、「衰弱が激しい場合は、生の肉を食べることがとても有効であることが多い。血液は、すぐに消化される点でも、たいへん有効な治療法であることはまちがいないが、この治療法に対しては嫌悪感が根強く残っており、実践している患者はほとんどいないだろう」と書かれている。

結核患者は食欲不振に悩まされることが多く、しっかりとした食事をとることが難しかったため、血液は、患者が体力を取り戻すために利用できる栄養素とみなされた。動物の血を飲むことに対して、医学界は懐疑的、あるいは慎重な態度を示していたが、一八八一年に出版されたド・レイシー・エヴァンスの『*Consumption: A Re-Investigation of its Causes*（結核——その病因の再検討）』はこの療法をすすめている。「動物の新鮮な血を飲むことで、多くの人々が恩恵を受けている。この療法、特に子羊の血を飲むことは、ヨーロッパ大陸諸国では広く実践されている。マーセット博士は、羊または雄牛の血塊とチョコレートを材料とするビスケットを考案している。しかし、この治療法が成功するには、血は新鮮なものでなければならない。新鮮な血は活力、時には興奮を与えてくれ、多くの人が『大幅な体力増進』を経験している」

イギリスでは、他のヨーロッパ諸国やアメリカ合衆国ではやっていた血液療法はいくぶん困惑をもって受け止められた。この療法がうさんくさく思われるのはもっともで、瓶詰の薬のほうが好まれたのだ。百万部以上を売り上げた『*Every Man Should Be His Own Doctor*（誰もが自分の医師になるべきだ）』の著者、ジョージ・ハンディサイドは、リウマチからアルコール依存症まで、あらゆる病気の治療法を考案したが、その中でも最も人気があった治療法の一つが結核用のものだった。この治療法は好評を博し、新聞広告でも大きく喧伝された。一八八九年の『ペイトリー・ブリッジ・アンド・ニダーデイル・ヘラルド』には「ハンディサイドの結核治療薬・血液浄化剤」の広告が掲載されている。「結核治療薬（二瓶六ペンス）は、郵便為替を受け取り次第、送料当方負担で発送いたします。血液浄化剤（一瓶二ペンス）もほぼ同じ効用がありますが、こちらは結核治療薬と比べると活力増加の効き目は劣ります」。「パウエルのバルサム」などの他の治療薬の宣伝文句は「咳止め、結核予防に効果あり」といったとてもシンプルなものだ。「パスコー医師の咳・結核予防濃縮混合薬」から「バリーのおいしい病人食」まで、きれいに包装された治療薬がたくさん売り出され、結核の治療・予防を願う人々の財布を狙って競合していたのである。

「血液を飲む」の見出しはイギリスの新聞にも散見される。一八七四年の『サウス・ロンドン・クロニクル』もその一例だ。この新聞では、かつて「肺結核と貧血の治療法として新鮮な血液を飲むことをすすめるド・パスカル博士の論文を掲載した」が、その論文が多くの雑誌に転載され、博士の助言は「アメリカで広く実践され、博士も満足にちがいない。マサチューセッツ州のブライトンでは、毎朝一〇〇人が新鮮な血を飲もうと食肉処理場で列をなしている」

一八七九年には、『デイリー・テレグラフ』が、フランスで「おいしいとはいえない」動物の血が飲まれる手順を事細かに報じている。

血を飲むのは吸血鬼だけではない。……一部の人は、肺病や体全体の衰弱などに動物の血が効くと信じている。それを飲むと、ほぼまちがいなく病気が治癒するというのだ。その真偽は別にして、パリのヴィレットの食肉処理場を訪ねてみれば、実際にこの考えが実践されているところを目の当たりにすることができる。ここでは、毎朝八時から九時の間に、男女問わず一〇〇人から一五〇人が動物の血を求めて姿を現す。効き目があるのだと自らに言い聞かせて、自然に湧き上がる嫌悪感を抑えて血を飲み干すのだ。大半が女性で、彼女たち（その中には上流階級のメイドや既婚女性も含まれている）の便宜を図るため、待合室が別に設置され、患者用、付添人用の座席がそれぞれ用意されている。おいしいとは言えない飲み物を志願者に渡す給仕役は、もう二〇年以上も深紅の液体を配り続けており、その手慣れた仕事ぶりによってチップもたくさんもらっている。どのような病気を患っているかによって、雌牛、羊、豚、去勢牛のどの血を飲むかが決まる。患者は誰もがナプキンとグラスを持参することになっている。全員がそろったところで給仕役はグラスを預かり、しばらくして、においを放つ飲み物で満たされたグラスをお盆に載せて戻ってくる。患者はすぐにグラスを飲み干さなければならない。その後、水の入った別のグラスが手渡され、患者はもちろん喜んで口をゆすぎ、新鮮な血の不快な味を口蓋から落とそうとする。患者は水を一滴も飲み込まないよう念を押される。血を飲んだ直後に水を飲むと危険だと言われているのだ。この注意を人々が守るよう、給仕役が監視を続け、規則を破ろうとする者がいればすぐに水の入ったグラスを取り上げる。動物の血はわずか六スーなので、この治療が実際に効こうが効くまいが、いずれにしても試してみて損はない。

現代から見れば、解体したばかりの動物の新鮮な血を飲もうとして人々が食肉処理場のまわりにたむろするなど奇妙に思われるかもしれないが、動物の血は世界中で長年にわたって飲まれている。血液は生きた動物の体重の三パーセントから五パーセントを占める。グラス一杯の新鮮な血が人気のカクテルになることはないだろうが、血液が今日でも食物の生産や料理に利用され、多くの人が賞味していることもまた事実なのである。

4章　妖精の腿《もも》のごちそう

マーク・トウェインの有名な言葉がある。「朝一番に生きたカエルを食べたまえ。その日一日それよりひどいことは起こらないだろう」

カエルの脚という両生類のごちそうは世界中で広く賞味されている。フランス人は毎年四〇〇〇トン分のカエルの脚を貪り食っているが、この数字も、アジアや南米、アメリカ合衆国で食べられる膨大な量に比べればかすんでしまう。一方で、カエルを食べることに偏見を持つ人も多く存在し、この池の主を食べて沼地の味を感じると思うだけでおぞけをふるう者もいる。だが、カエルの脚は世界中であぶり焼きにされ、カレーの具にされ、茹でられ、炒められ、シチューにされ、アスピックにされ、多くの人が大喜びで大量に食しているのだ。

カエルの脚のごちそうの歴史をひもとくとき、イギリスの一般家庭の人々には思い浮かばないだろう。繊細な味がどんなにすばらしいか力説したり、鶏肉のような味だとほめそやす人が現れても、大半のイギリス人はこの池の住民を食べることに嫌悪感を抱いているようだ。『ラルース料理大事典』に、カエルの脚は「イギリス人に嫌悪感を抱かせるのが常である」という記述があることも、この見解を裏づけてくれる。

だが、かつてのイギリス人はそんなことはなかった。多くの料理関係の記録を見れば、イギリス人が古くからカエルの肉を食べていたことは明らかである。一七世紀には、ロバート・メイが、『熟達の料理人』で生きたカエルを具に入れたパイのレシピを紹介している。このパイは「大受け」し、ご婦人方は「飛び上がって金切り声で叫んだ」という。

イザベラ・ビートンも一八六六年版の『家政読本』に「カエルの煮込み」のレシピを含めている。また、イングランドのカエル食について報じた一八九九年の新聞記事では、イギリスでカエルが食卓に上る可能性について論じられている。

フランス同様イギリスでもカエル食が普及するのではないかと言われている。アメリカ合衆国では大規模なカエル養殖が行われており、一八九五年、一八九六年の二年間、一つの養殖場だけで、皮を剝いだカエルの前脚五〇万ポンド（約二二七トン）と、生きたカエル七〇万匹（こちらは科学的な目的だが）をヨーロッパに供給した。カエルの肉を食する人々は、自分たちが食べようとしなければ養殖ガエルたちは生まれていなかったわけで、自分たちのおかげで無数のカエルが生命を授けられたのだ、と妙な理屈をこねて自らの行動を正当化している。こういった人々は、カエルをできるだけ多く食べることこそ正しい行動だと考えているから、まもなくこの国にもカエル養殖場が設けられることになるだろう。

『ラルース料理大事典』には、一九世紀に名声を博したシェフ、ジョルジュ・オーギュスト・エスコフィエについてのエピソードが語られている。一九〇八年、エスコフィエがカールトン・ホテルで働いているとき、エドワード皇太子を説得し、カエルの脚の料理を「夜明けの妖精の腿」と名づけて食卓に出すことに成功したというのだ。この料理は、香り高い煮出し汁で巧みに調理し、パプリカで色をつけたショーフロワソースを丁寧にかけたうえで、タラゴンの葉で飾りつけ、チキンゼリーで覆ったものである。この優雅な名の料理は大好評で、皇太子は唯一無二のすばらしい料理を作ったシェフを称えた。王族のお墨付きを得て、「妖精の腿」がそのシーズンの目玉料理になったのは当然だろう。この料理の「腿」とは輸入されたウシガエルの脚だったが、しゃれた名がつけられた香り高いエスコフィエの料理は逸品と考えられた。

しかしながら、イギリス人のカエル食の習慣はフランスから来たものではないようである。二〇一三年に行われた遺跡発掘により、イギリス人はフランス人より八〇〇〇年も早くカエルを食べていた可能性が出てきたのだ。ストーンヘンジ近くの中石器時代の遺跡、ブリック・ミードを発掘した考古学者たちは、焼け焦げたごちそうの残骸の中に調理済みのカエルの脚を発見したが、この残骸は紀元前七〇〇〇年ごろのものと考えられているのである。フランス人はカエルの脚の料理を好むことから、一八世紀には「フロッグ」というありがたくないあだ名をちょうだいすることになったが、カエル料理の発明者はフランス人ではないかもしれないのだ。

フランス人がこの両生類を食した最初の記録は一二世紀にさかのぼる。フランスの教会の記録に、カエルの脚が食べられたことが記されているのだ。中世には修道士の食べすぎと肥満が問題になっていた。多くの修道士が飽和脂肪酸たっぷりのこってりした食事を楽しんでいたため、あまり働かない修道士はぶくぶくと太ってしまったのである。過食が、五三〇年ごろに定められた聖ベネディクトの厳しい戒律に違反することは明らかだった。その戒律には、「過食によって修道士が消化不良に悩まされることなどあってはならない。過食ほどキリスト教徒にふさわしからぬ行いはない」とあったのだ。修道士が過食に陥らず、胴回りを太らせることのないよう、教会側では一年のうち何日かは肉を控えるように命じたという。だが、ずるがしこい修道士たちは、カエルを魚類に分類し（魚は肉とはみなされていなかった）、そのおかげでカエルの肉のごちそうを思う存分食べることができたのである。敬虔《けいけん》ではあるが腹をすかせていた農民たちも修道士の範に倣ったため、カエルはフランスの国民食になったのだという。

一七世紀までにフランスでカエルの肉が人気を博していたことはたしかである。アレクサンドル・デュマの『*Grand Dictionnaire de cuisine*（料理大事典）』（一八七三年に遺作として出版）には、一六〇〇年代の話として、シモンというオーヴェルニュ人のエピソードが載っている。シモンは「地元から取り寄せたカエルを太らせ、パリの超一流レストランに売りつけることで一財産を築き上げた。パリではカエルが大人気だったのだ」

カエル肉の人気の高まりを受けて、一八九四年にはアメリカの大規模カエル養殖場についての記事がイギリスでも出回った。『サウス・ウェールズ・エコー』は以下のように報じている。「『カッセルズ・サタデー・ジャーナル』によれば、アメリカ最大のカエル養殖場はエリー湖畔にあるということだ。この産業が成長したのは近年のことであるにもかかわらず、この地域だけで、毎年金額にして二万ポンドから三万ポンド分のカエルが産出され、この一風変わった食材に費やされた総額は二五万ポンド近くにものぼるという」。一九〇〇年の記事は、「アメリカ合衆国のカエル業者たち」は「カエル養殖は各地で最も利益率の高い産業の一つに成長するだろうし、すでに多くの人がこの産業にたずさわっている」と確信していた、と報じている。

ヴィクトリア朝時代には、ヨーロッパでもアメリカでもカエルの消費量は増加し、この需要に応えるためにカエルの養殖が発展したようである。そのため、カエルの養殖をすれば金が儲かると誰もが信じるようになった。一九〇二年の『イヴニング・エクスプレス』の記事は、儲けの多いこの新興産業についてこう報じている。「オンタリオではある新産業が急成長している――ほかでもない、カエルの養殖である。特定の種類の食用ガエルがフランス市場向けに養殖されている。……昨年、一つのカエル養殖場だけで、五〇〇〇ポンド（約二・三トン）分の加工済みのカエルの脚が生産された。……この事業はたいへん儲けが出るという評判で、オンタリオ政府はカエル養殖用の土地の賃貸に応募する人々への対応に追われている。植民地で職を得られないわれらがイギリスの若者たちがこの新事業に乗り出す日も遠くないだろう」

カエルの養殖で大儲けできる可能性があるという情報が広まり、成功物語が新聞紙面をにぎわすようになると、この産業に興味を持つ人が増え始めた。ミス・モナ・セルドンもその一人だ。視力の低下のために教職を辞めざるをえなかったモナは、「カエルの養殖に本格的に取り組んだ」。記事はモナの成功を詳しく伝える。「昨年は三二〇ポンドの純利益が得られた。彼女は今や二〇エーカーの『カエル沼』から毎年五〇〇ポンドの安定的な収入を得ているのだ」

このようにメディアで注目されることにより、当然ながら、カエル養殖場をイングランドに持ち込む計画は楽観的にとらえられるようになった。一八八八年の『サウス・ウェールズ・エコー』の記事を紹介しよう。

アメリカの雑誌の報道が信じられるとすれば、ロンドン郊外にカエル養殖場を設立する計画が進行中とのことである。ロンドンから美味なるカエルが世界各地に発送されることになるというのだ。食用ガエルの価値を知らない人も、この新たな計画に警戒心を抱く必要はない（と『グラスゴー・ヘラルド』のロンドン特派員は語っている）。イングランドのカエル養殖場計画では、たくさんの植物が植えられた池がいくつも並び、ここでオーストリアやフランスから持ち込まれた卵からカエルが養殖されることになる。冬には、カエルは直径三〜四フィート（約〇・九〜一・二メートル）、深さ五〜六フィート（約一・五〜一・八メートル）の大きな穴に入れられる。これはウィーンのやりかたに倣ったもので、かの地では、毎年何十万匹ものカエルがこのような状態で保存され、厳寒の季節には藁《わら》で覆われるのである。この保存場所から、カエルは需要に応じて採取されることになる。ヨーロッパ大陸諸国では、たいへん多くの人々がカエル養殖に従事して利益を出している。この事業はアメリカ全土で急速に発展し、ニューヨーク市のカエルの肉の消費量は、現在年間約一〇万ポンド（約四五トン）におよんでいる。

しかし、イギリス人はカエル養殖に興味を抱きはしたものの、一攫《いっかく》千金の計画に飛びつこうとはしなかった。

カエル料理と「一攫千金」の事業とは連携し合っていたようである。一九三〇年代、大恐慌の影響が日々の生活に垂れ込める中、アメリカ・カエル缶詰会社が、生計に苦労している人々への宣伝文句を携えて登場したのだ。この会社は、すばらしい市場と安定的な収入源が生まれることを約束した。新聞に広告が出され、雑誌では「すばらしい収益――ライバルはいない」といった文句が躍った。「巨大ガエルを育てましょう――私たちが買い取ります」というおおげさな見出しを見れば、裏庭にカエル養殖場を作りさえすれば簡単に儲かる事業が始められると思われてもしかたがない。一九三六年五月の『プラクティカル・メカニクス』をはじめ、さまざまな雑誌に掲載された広告を見れば、この事業の立ち上げには、「裏庭に、土手となる部分が少しと、二〇×二五フィート（約六×七・六メートル）の小さな池」以外ほとんど何も準備しなくてよいと思われるだろう。おまけに、買い取ってくれる市場まで約束されているのだ。アメリカ・カエル缶詰会社の言い分を信じれば、カ

アメリカ・カエル缶詰会社の広告

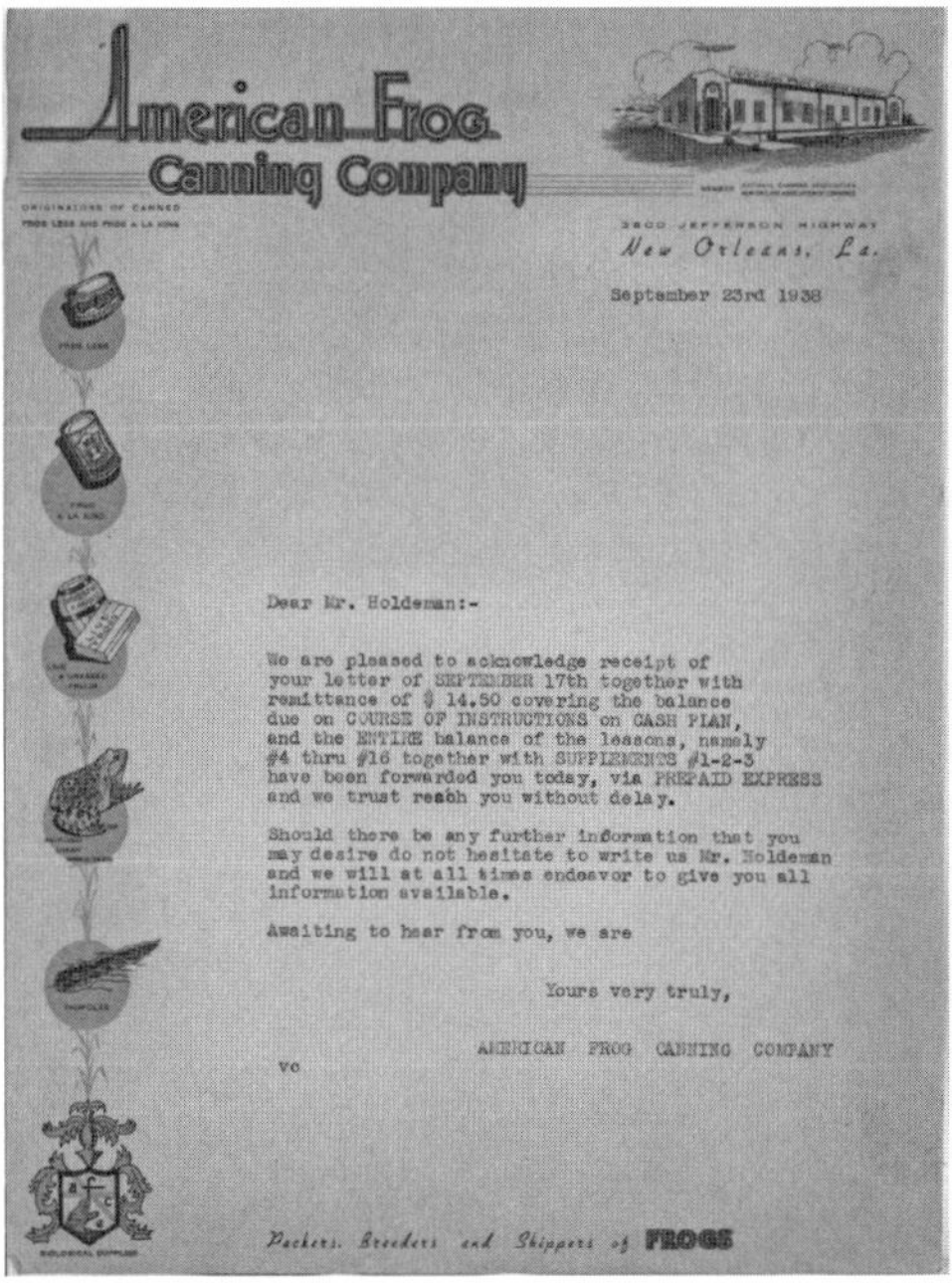

American Frog Canning Company

ORIGINATORS OF CANNED

3800 JEFFERSON HIGHWAY
New Orleans, La.

September 23rd 1938

Dear Mr. Holdeman:-

We are pleased to acknowledge receipt of your letter of SEPTEMBER 17th together with remittance of $ 14.50 covering the balance due on COURSE OF INSTRUCTIONS on CASH PLAN, and the ENTIRE balance of the lessons, namely #4 thru #16 together with SUPPLEMENTS #1-2-3 have been forwarded you today, via PREPAID EXPRESS and we trust reach you without delay.

Should there be any further information that you may desire do not hesitate to write us Mr. Holdeman and we will at all times endeavor to give you all information available.

Awaiting to hear from you, we are

Yours very truly,

AMERICAN FROG CANNING COMPANY

vc

Packers, Breeders and Shippers of FROGS

アメリカ・カエル缶詰会社から、事業立ち上げを承認する手紙（1938年9月23日付）

エル養殖場が簡単に始められる事業だという印象を受けるのも当然だ。広告にある通り、「どれだけ利益が得られるか考えてみよう」というわけである。

アメリカ・カエル缶詰会社の創設者、アルバート・ブロエルは、養殖ガエルの肉を通して経済的安定を得る夢を売った。ブロエルのビジネスモデルはとてもシンプルなものだった。カエルの肉には高い需要があるし、一つがいの養殖ガエルから何千匹もの子孫が生まれるから、すぐに大量のカエルを手にすることができる。一ダース五ドルのカエルは、すぐに一財産の価値に変貌するのだ。人々はこのチャンスにとびつき、何千という人々がカエル養殖のハンドブックを求めてブロエルのもとを訪れた。カエル養殖講座に金を払い、自分の養殖場を始めるための養殖ガエルを注文したのである。

ブロエルは、自分のやりかたがどのようにしてうまくいったかをはっきり示し、知識を共有することができた。自然薬品の分野で失敗したあと、オハイオ州の一〇〇エーカーの養殖場で大規模にカエルを育て始め、カエルの肉の缶詰製造にも取り組んだ。この事業は利益を生み、一九三三年、ブロエルは儲けた金を手に、カエル養殖にもっと適した土地で事業を拡大するため、家族ともどもルイジアナ州に引っ越した。カエル養殖を「おそらくアメリカで最も必要とされているにもかかわらず、最も発展が遅れている産業」と考えたブロエルは、カエル販売運動を起こして大成功を収め、一九三〇年代のカエルラッシュの立役者となった。

ブロエルの事業には二つの柱があった。一方では、「特別な缶詰製造過程によって密封された美味なる新鮮なカエルの脚」を謳い文句にカエルの脚を販売し、カエル缶詰事業を成功させた。「女王風カエル」なる食品も売り出したが、これは「マッシュルームなどの特選材料を混ぜた純正カエル肉で、そのまま食卓に出せるもの」だった。もう一つの柱は、この缶詰事業に肉を供給するカエル養殖だった。必要な量のカエルを養殖することができなかったため、ブロエルは、自社の缶詰事業の需要を満たせるだけのカエル肉を安定的に入手できるよう、他の人々にもカエルを育てるよう呼びかけたのである。

アメリカ、そして世界各地の新聞が、カエル養殖に関するさらなる情報を求める手紙を受け取り、その詳しい内容を掲載した。新聞で共有されたカエル事業の成功談は、テネシー州の「上流婦人」から、ロサンゼルス在住の日本人の養殖家まで多岐にわたった。フロリダ州では、「サザン・インダストリー社」として知られるカエル養殖ベンチャー企業が設立されたが、タンパ北部に位置するこのカエル養殖場は、おそらくルイジアナのブロエルの会社に次ぐ規模を誇るものだった。

そうはいっても、ブロエルほどの成功を収めたカエル養殖家はほかになかった。セントラル・プレス社はブロエルを「アメリカ最大のカエルの脚の生産者」と呼んだ。ブロエルは、カエルの養殖やその売り込み、そしてカエルの脚についての執筆活動にたずさわっていないときは、レシピを考案していた。「巨大ガエルオクラ料理」「巨大アメリカウシガエルパイ」「巨大ウシガエルのバーベキュー焼きサンドイッチ」「巨大ウシガエル・オムレツ」「巨大ウシガエル・パイナップル・サラダ」、さらに「巨大ガエル・フォンデュ（小さく切った肉や果物を熱いソースに浸して食べる料理）」などというものまで考え出した。カエル

年	生産量（ポンド）	生産額（ドル）
1926	44,457	6,668.00
1927	837,735	125,661.00
1928	715,540	107,331.00
1929	984,971	147,746.00
1930	1,044.036	261,009.00
1931	1,856.354	464,089.00
1932	1,206.355	301,589.00
1933	1,817.450	276,618.00

出典：ルイジアナ州自然保護局発行の公報（ルイジアナ州自然保護局、1933年）

肉に対するアメリカ人の食欲は飽くことを知らなかったようだ。「巨大ガエルを食卓に出す著名な方法」（一九三四年）の中で、ブロエルは「カエルの脚はこれまでずっと、珍味中の珍味とみなされてきた」と記している。

アメリカ合衆国農務省が一九五二年に発行した「フロリダにおけるウシガエルの養殖とカエルの捕獲」と題された公報によれば、「食品としてのウシガエルの価値は今やアメリカ全土で完全に認められるに至り、ここ数年のこの産業の成長は、巨大ウシガエルの需要の高さを証明するものである――これほど求められている食品はほかにない」。サザン・インダストリー社の社長、F・B・クレーマーは、彼のカエル養殖場の主要輸出品は「カエルの脚である。脚つきのカエルを求める市場が二つある――カンザス・シティとセントルイスだ」と説明している。クレーマーはさらに続ける。「この時季に生産するカエルはすべて、ルイジアナの缶詰工場に売ることができる。ルイジアナの缶詰工場は、カエルの脚と肉の缶詰製造に特化している」。アメリカ・カエル缶詰会社は飢えた獣であり、その製品に対する需要が高いということはつまり、会社がさらなるカエルの肉を絶えず求めているということだった。

カエル養殖産業は急速に成長していった。アメリカのカエル産業の記録は一九〇〇年から残っているが、その成長率が特に伸びたのは、一九三〇年以降のようである。右ページの表は、一九二六年以降のルイジアナ州のカエルの肉の生産量と生産額である。

生きたウシガエルは、ルイジアナから、日本、中国、カナダなど世界各国に輸出された。前述の広報「フロリダにおけるウシガエルの養殖とカエルの捕獲」には、「現在、何百万匹ものルイジアナ産のカエルが、日本で鳴き声をあげている。カエルの脚は日本のあらゆる一流レストランで供され、東洋ではカエル養殖が人気産業になりつつある」と記されている。カエルの需要は世界中で高まっていたが、カエルに対する熱狂が激しいものになるにつれ、カエル事業に対する懐疑の目も厳しいものになっていった。

『ロサンゼルス・タイムズ』は、カエル養殖など「すぐに消え去るだろう」と述べたが、一方で、ある中西部の新聞は、カエル養殖をウサギの養殖になぞらえている。ウサギもまた、繁殖力の強さを利用して一攫千金の繁殖事業が展開されていたのである。だが、現実には、カエル養殖は「一攫千金」と呼べるほどすぐに成果の出る事業ではなかった。カエルが売り物になる大きさに成長するには数年を要するうえ、えさや保護にかかる金や手間もたいへんなものだったからだ。適切なサイズになる前にカエルが死んでしまう養殖業者も多く、何千という新興業者の中で成功したものはわずか数社にすぎなかった。

ブロエルの缶詰カエル肉は大成功を収め、ブロエル自身のルイジアナのカエル養殖場がどれだけ量産しても、高まるカエル肉の需要を満たすことはできなかった。ブロエルは「カエル買います!」の新聞広告を出し、本社の外にも同様の文句を謳った大きな看板を掲げた。実は、ブロエルが販売していたカエルの缶詰の多くは、彼が呼びかけていた養殖場から供給されたものではなかった。ルイジアナの沼に入り込んで何百匹もの野生のカエルを捕獲していた人々から得られたものだったのだ。

カエルが大量に捕獲されたため、ルイジアナ州のカエルの数は激減した。ブロエルは、自らの著書で、野生のカエルが減っているからこそ、カエル養殖にはチャンスがある、と述べたが、実際は、チャンスどころか、野生のカエルの減少によって彼の缶詰事業は破綻に追い込まれることになった。一九三〇年代末、ルイジアナ州では、四月と五月のかき入れ時にカエルの捕獲を禁止する法律が制定されたが、養殖はその不足分を補うことができなかった。ブロエルは缶詰会社を閉鎖するしかなかった。需要が供給を上回りすぎたのである。

カエル養殖は実際には自然との闘いであり、ブロエルの広告や他の宣伝が謳うような夢物語とはまったく異なるものだった。ブロエルの宣伝が現実とあまりに異なるため、一九三〇年代半ば、彼はアメリカ合衆国郵政省から郵便詐欺の罪で訴えられた。ある新聞は、「カエル繁殖業者、現金とともに高飛び」と愉快な見出しをつけて報じている。他の記事によれば、ブロエルたちは、事業促進の小冊子を作る資金のために一万五〇〇〇ドル分の小切手を現金化したのち、「ニューオーリンズへと飛んでいった」のだった。

最も現実離れした宣伝文句の一つでは、一三年あればカエルの養殖業者一社で三六〇〇億ドル儲けることができる、と謳われていた。ブロエルは「そのような発言をしたことがないのはいまさら言うまでもない」とオハイオの新聞に語り、その内容を否定した。そのような金額をはじきだしたのは他の人間であり、誤った幻想を擁護するつもりはないと述べたうえで、次のように記している。「私はカエル養殖にたずさわる人々にとって有益なことを発表してきたが、問題の記事もそのような意図で発表されたものだ。あの記述はあまりに現実離れしているから、カエル養殖にたずさわるかどうか熟慮している人がまがりなりにも影響を受けるなどということは考えられない。皆さんもそう思われるだろう」

人々はカエル養殖の誇大広告に理性を失ってしまったが、そのカエルブームも終焉を迎えつつあった。カエル養殖業者として第二位の規模を誇ったサザン・インダストリー社もまた、巨額の配当金を約束した投資家たちから訴訟を起こされた。投資家たちは、一年経っても配当金を受け取れなかったため、「カエルへの投資の配当金をいまだに受け取れないのはどうしてなのか」知りたいと要求したのである。この会社では、「使いものにならない動物の内臓や他の部位を……オタマジャクシにえさとして与えるなどして経費削減を図った」が、それでも利益を上げることができず、「カエルの皮をなめして、すでに大きな需要が生まれていた女性用の靴やベルト、ハンドバッグなどの革製品を製造する」など業務の多様化を図ったが、それも効果はなかった。

カエル養殖のアメリカン・ドリームは深い眠りにつくことになった。ブロエルは、生きたカエルを輸送したり、穴で殺したり、月光が降り注ぐ中カエルを捕獲したりといったカエル養殖にまつわるおぞましい詳細を執筆し続けてカエル養殖ラッシュの残照を感じさせたが、ブロエル自身がこの事業から退くことになったのである。

一方、一九一〇年には、デトロイトは六〇〇万ものカエルの鞍下肉（カエルの一組の脚）を生産、輸送、消費したと報じられている。

デトロイトはカエルの肉の愛好家が多いことで知られ、カエルにとってはうろつきたくない場所だっただろう。ここでは素人も専門家もカエル狩りを行い、カエルは槍で突かれ、竿で叩かれ、赤いフランネルの布をおとりに「釣り上げ」られてリールで引き寄せられた。棒で叩きつぶされ、叉《また》の分かれた鋤《すき》で突き刺されることもあった。犠牲となったカエルは、その脚を食用にされるためだけに、長時間苦悶を味わった末に死を迎えることになった。

カエルの肉を愛する地域では、家族がレジャーとしてカエル狩りを楽しんだ。『*French Cooking in Old Detroit Since 1701*（一七〇一年以降の古きデトロイトのフランス料理）』という料理本で、ルーシー・コルベットは、一九二〇年代の子供時代に経験したカエル狩りについてこう記している。「しっかり蓋をした手桶に、切って短くした二本のほうきの柄（古い水まき用ホースの先端をくっつけてある）で武装し、田んぼを歩いて回った。カエルが跳んでくると……バシッと打ちつけるのだ――

ゲロッ！」。その描写は、生きた動物を捕まえて殺すというより、まるでゲームの説明でもしているかのようだ。コルベットはさらに、皮を剝ぐ作業についてもおぞましいほど詳しく語っている。「カエルのズボンを脱がせる」ために「大バサミ」を使ったというのだ。

カエル狩りの専門家ともなると、一日に約二〇〇〇匹のカエルを捕まえていたと推定されている。だが、そのような乱獲がいつまでも続けられるはずがない。早くも一九〇二年には、カエルの数が減っているという不満の声がカエル捕獲者の間で聞かれるようになった。一九〇八年には、需要が供給を上回り、カエルの脚はあらゆる場所から持ち込まれ始めた。

カエルの激減があまりにひどかったので、一九一三年、デトロイト州代議士のジョージ・パーマーが「ミシガン州法案四〇四」を提出した。この法律は議会を通過し、カエルのかき入れ時にあたる一一月から六月まで、カエルの商業的な捕獲、販売、保存が禁じられ、この期間中は、ホテルやレストラン、公共の飲食店で食用ガエルを供することも許されなかった。

アメリカ人のカエル好きはフランスでも話題になった。一九〇九年、マルセイユのアメリカ領事は、フランスでのカエルの養殖と販売について報告するよう求められたが、記事によれば、「カエルが食品として広く一般的に利用されてはいないことを彼は発見した」。領事はフランス当局発行のパンフレットを引用しているが、当局は「ニューヨークの市場では供給をまかないきれず、アメリカ合衆国ではフランスのカエルに対する需要が高まっている」事実に注意を呼びかけている。

今日でもカエルの肉は広く食べられている。専門誌『コンサヴェーション・バイオロジー』に発表された研究によると、世界中でカエルの脚が求められているため、養殖、野生を合わせて毎年二億から一〇億匹以上のカエルが殺されているという。

野生のカエルは世界的に減少傾向にあり、絶滅危惧種を保護するために規制がかけられてはいるが、どの種が売買されているかを追跡することはとても難しい。最も広く売買されているのはアメリカウシガエルやカニクイガエル、ジャワジャイアントガエルといった大型のカエルである。

カエルの脚をぐにゃぐにゃして水っぽい味のしない肉片と思うか、究極の珍味と思うかはともかくとして、一つたしかなことがある。食用ガエルはさまざまな方法で殺され、残虐な行為の被害者となり、数が減ってきたという事実である。カエルがいかにひどい方法で殺されたかは、歴史を通して繰り返し語られてきたが、そのような行為は今なお見られるものだ。生きたまま皮を剝がされたり、鼻や後ろ脚を切り取られたあげく、血を流している他のカエルの山の中に放り投げられ、ゆっくりと苦悶に満ちた死を待つというカエルのグロテスクな運命は、食欲をそそるものではないだろう。

カエル肉に対する人々の飢えは飽くことを知らないようで、カエルが豊富に分布するインドやバングラデシュが輸入国として台頭し、カエル肉の世界貿易を支配するようになった。食用ガエルの脚に対する西洋の需要を満たすため、インドのトラフガエルが乱獲され、一九八〇年代半ばにはその減少が問題視されることになった。生態学者は、カエル狩りによって環境のバランスが失われることにも懸念を表した。野生のカエルが減少すると、カエルによって抑制されていた昆虫が爆発的に増加し、殺虫剤の使用も増加することになったからだ。

北米とヨーロッパのレストランが自国のカエルを貪欲に消費し尽くすと、カエルの脚の世界的な貿易量が激増した。ボンベイ自然史協会のフマーユーン・アブドゥラリによれば、一九六三年に一五〇〇トンだったカエルの捕獲は、一九八三年には一万トン以上に増加したという。南アジアにはもともとカエルが多かったということもあるが、それ以上に、その地域のカエルはより大型だったため、食用にするには都合がよかったのである。

だが、インドの動物福祉は十分なものではなかった。捕獲されたカエルは、生きたまま解体部屋に送られ、殺菌のために食塩と塩素を含む溶液に浸けられ、切り刻まれるのである。このおぞましい工程は、アブドゥラリによって次のように説明されている。「カエルの前半身は、血を流している腹を支えに、前脚でかろうじて姿勢を保ち、周囲の世界を絶望に満ちた目で見つめていた。身の毛がよだつ光景としか言いようがない」

インドのカエル肉の取引のピークは一九八一年で、この年には四三六八トンのカエルの脚が海外に送られ、現在の貨幣価値にしておよそ二〇五〇万ポンドの売り上げとなった。一九八七年、乱獲が生態系に影響をおよぼしていることが認められ、動物福祉の面からの懸念もあいまって、カエル貿易は禁止された。だが、インドがカエルの輸出をやめたからといってカエルの肉への需要がなくなるはずもなく、カエルは密猟され続けた。

カエルの減少が懸念される中、フランスでも商業的なカエルの捕獲が禁じられたが、個人的な利用ということでカエルを捕獲する人はあとを絶たなかった。捕獲を規制する動きにもかかわらず、カエルの脚は依然として消費され続け、需要も高まるばかりだった。結局、供給源が変わっただけなのだ。当初、アメリカとフランスの市場は自国のカエルによって供給されていたが、今では生きたカエルもしくは冷凍状態の脚を外国から輸入することで需要を満たしているのである。その輸入元は、中国、メキシコ、台湾、エクアドル、ドミニカ共和国、ブラジル、ベトナムといった国々であり、中でもインドネシアは世界最大のカエル輸出国で、毎年五〇〇〇トン以上輸出している。これらの輸出用のカエルには養殖されたものもあるが、ほとんどが野生のカエルの捕獲による肉である。

カエルの脚は根強い人気を保っており、依然としてフランスが最大の輸入国で、僅差でアメリカ合衆国が続く。ベルギーやルクセンブルクも食用ガエルを好む国として知られている。カエルは今なお世界中で貪り食われているのだ。

5章　虫を召し上がれ

軽く煮たハチの幼虫や、保存されたアリの卵、パリパリのコオロギ——これで食欲がわくだろうか？　西洋社会では、昆虫食というと鼻であしらう人が多いが、これは世界中でふつうに見られる習慣であり、約二〇億の人々が日常的に昆虫を食事として摂っている。食用にできる昆虫は一九〇〇種もあるというから、食事のバラエティにはことかかない。最もよく食べられているのは、甲虫、イモムシ、ハチ、アリである。

　私たちは毎日昆虫を目にし、住居をともにしている。私たちが行くあらゆる場所で、昆虫は周囲をブーンと飛び回り、這い回る。それにもかかわらず、大半の西洋人にとって、昆虫を食卓に載せるというのはとんでもなく不快なことと考えられているのだ。

　昆虫食を支持する人々は、昆虫は栄養価が高く、脂肪、タンパク質、ビタミン、繊維、ミネラルが豊富で、魚や家畜の肉に匹敵する、と力説する。たとえば、イエコオロギは一キログラムあたり平均二〇五グラムのタンパク質を含むが、牛肉は一キログラムあたり二五六グラムで、大差はない。

スプーンに載せた食用昆虫

シロアリもまた驚くほどタンパク質が豊富で、ベネズエラで発見されたある種は、六四パーセントがタンパク質でできている。体重の八〇パーセントがタンパク質という昆虫も存在する。昆虫はタンパク質だけでなく、必須アミノ酸やオメガ3脂肪酸も豊富だ。ミールワーム（チャイロコメノゴミムシダマシの幼虫）は、オメガ3などの不飽和脂肪酸を魚と同じくらい含んでおり、その値は牛肉や豚肉より高い。鉄分が驚くほど豊富な昆虫もいる。イナゴは一〇〇グラムあたり最大二〇ミリグラム、モパネワーム（ヤママユガ科のガの幼虫）はなんと三一ミリグラムの鉄分を含む。これに対して、牛肉の鉄分は、一〇〇グラムあたりわずか六ミリグラムにすぎない。

　このような栄養価の高さを考えれば、肉に代えて昆虫を日常的に食べようと思う人々が増えるのも当然だろう。二〇一七年五月、スイスの食品安全法が改正され、コオロギ、バッタ、ミールワームの三種の昆虫を含む食品の販売が認められることになった。これにより、スイスは、ヨーロッパではじめて、昆虫を材料とした食品を人間の食用に販売することを認めた国となった。二〇一七年八月、スイスで二番目に大きいスーパーマーケット・チェーン企業であるコープが、昆虫バーガーやミールワーム・ボールを人間の食用に販売し始めた。

現代では食べ物に対する好みがうるさくなり、特定の動物の特選肉しか受けつけないという人も増えてきた。そのため、一般に昆虫は不快なものとされることが多い。昆虫食は持続可能な社会に多大な貢献をし、安価で倫理的にも正しく、おまけに栄養に富んでいるということがわかっているのに、なぜ大半の人が「オエッ！」という反応を示すのだろうか。

まず、イメージの問題があるだろう。昆虫は、腐敗や砕屑物《さいせつぶつ》などと結びつけられ、不潔なものと考えられている。食用にするという観点からは、昆虫はおいしいごちそうではなく、健康に害をおよぼすものとみなされているのだ。実際、ピクニックに行っても昆虫が食物に寄ってきて悩まされるし、日常の食事で歓迎すべき存在でないのはたしかである。『アバーディーン・プレス・アンド・ジャーナル』に掲載された「『昆虫を食べる』患者たち」という記事の内容がその好例だ。この記事は「リヴァプールの病院について告発された状況」について報じたものだが、この病院では「病院はおろか、スラム街でも恥ずべきと考えられるほどの無数のアリ、巨大ゴキブリ、甲虫、コオロギなど」がはびこっているのが発見されたという。リヴァプール市議会のキャロライン・ホワイトリー夫人はこう語っている。「ゼリーは、食卓に運ばれるまでプレートでカバーしていたのに……昆虫で覆われ、肉のサンドイッチは昆虫サンドイッチになってしまいました。昆虫が肉を食いつくしてしまったのです」

私たちは、台所に昆虫が入ってこないように、調理中の食品に近寄らないように気をつける。それを考えれば、多くの人が昆虫を食べようなどと思わないのは当然と言ってよいだろう。準備中の食事にゴキブリが入ってしまったら、それがたとえ一瞬のことであっても、その食品を食べようとは思わないだろう。だが、昆虫自体が不快な食品であるわけではない。推定で三〇〇〇の民族、世界の八〇パーセントの国々が、なんらかの形で昆虫を食べている。西洋で昆虫食に関心が抱かれ始めたのは最近のことで、数少ないセレブが売名行為で行っているものだという程度の認識しかないかもしれないが、昆虫食は決して新しいものではないのだ。一九五二年のイギリスの新聞には、「クモは『おいしい料理』――『焼けばすてきな味だ』と医師が語る」という見出しが躍っている。記事の内容はこうだ。「博物学者で化学の専門家でもあるW・S・ブリストー博士は、シャム（タイ）で焼いたクモを食べ、とてもおいしい食事であることを確認した。ロンドンの栄養学会のメンバーにこの件に関して語る予定だという」。ロンドンの栄養学会で開かれた会合の目的は「人間が消費する珍しい食品」について議論することだった。

昆虫食を扱った記事の大半が、この話題のタブー面について語ったものだが、中には、お茶の時間にイモムシを食べたりすることへの偏見を改めるべきだ、と主張するものもある。『インディペンデント』は、二〇一八年の記事で、昆虫食の考えを擁護し、「自分で昆虫を探したり、養殖でもやってみたり」したらどうだろうか、と提案している。「どの国にも、安全に採取して食べることのできる土着の昆虫が何種類かいるものだ。ただし、そういった昆虫の採取や試食は、専門家がそばにいるときしか行ってはいけない。専門家とは、以前にその昆虫を食べたことがあり、無事生き残ってその話ができる人々のことである」。執筆者はさらに続ける。「人類は何千年もの間、食事の一部を昆虫に頼ってきた。私たちは昆虫を食べる種として進化してきたのだ」。つまり、「昆虫は脂肪分の少ないタンパク質が豊富」で、大型の捕食動物より容易に集めることができたので、人類の食事のかなりの部分を占め、「実際、人類の知力の増大の一因となっているかもしれない」のだ。

トンボの幼虫の炒め物やコオロギの粉末でできたチョコレートケーキは万人の口に合うものではないだろうが、昔から賞味されてきた食品だ。一九九七年の『サンデー・ミラー』は、「アジアや南米の多くの部族が、イモムシのあぶり焼きや巨大グモのバーベキューを食べて」いるのだから、「毛虫パンや甲虫バー」を試食するのも悪くないだろう、と記している。とはいえ、実は西洋人も、食品や飲料、菓子類の形で昆虫のごちそうをよく飲食しているのである。しかも、嫌悪感も抱かず、大騒ぎもせずにだ——もっとも、それと知らずにではあるが。

二〇一二年、アメリカ合衆国のスターバックスのあるバリスタが、自社のストロベリー・クリーム・フラペチーノの材料にコチニールが含まれていることに気づいた。コチニールというのは、コチニール・カイガラムシから採れる色素である。これはカイガラムシの一種で、鮮やかな赤色の液体を自然につくりだす。バリスタは成分表の写真を撮り、ヴィーガンである友人の人気食べ物ブロガーにシェアした。インターネットでこの情報が拡散した結果、大炎上することになった。昆虫を食べるということに対する嫌悪が西洋でいかに根強いかを反映する出来事だ。コチニールは昔から料理で使われており、このような拒否反応はごく最近生まれたもののようである。

アメリカ先住民は何世紀も前からコチニールを織物の染色に使ってきた。アステカ帝国でも、一五一九年にコルテスが侵攻してくるはるか以前に、コチニール・カイガラムシを育てて染色に用いる技術を完成させていた。コルテスがコチニールの染色の美しさに感銘を受けてスペインに持ち帰った結果、この染色技術が繊維工業に広まったという話も伝わっている。コチニールの発見により、コチニール・カイガラムシを養殖して赤い染料を生産する産業が発展することになった。コチニールは繊維を染めるだけでなく、食用色素、化粧品、医薬品としても長きにわたって使われてきた。

コチニールの鮮やかな赤色は、カルミン酸として知られる有機化合物に由来するもので、ゼリーや糖衣、焼き菓子で特に重宝されている。バッテンバーグケーキ（市松模様が特徴のスポンジケーキ）やココナッツアイス（砂糖、乾燥ココナッツなどで作るピンクまたは白の菓子）のレシピでもよく使われたし、深紅のような激しい色や、ピンクのような繊細な色合いを必要とするレシピには必ずコチニールが入っていたものである。このようにコチニ

ヴィンテージもののコチニール食用色素

ールが愛用されていたということは、コチニールが何からできているか知られていなかったということだろうか。原料は一種の虫であるかもしれないという説を立てた人はいるが、一六世紀や一七世紀のヨーロッパの大半の人々はその正体を正確には知らなかったと思われる。

一六八五年、顕微鏡の開発で知られるオランダ人、アントニ・ファン・レーウェンフックが、コチニールが実は虫の一種であるということを実証したが、レーウェンフックも一般の人々も、それでコチニールの使用をやめることはなかった。一七〇〇年代末には、コチニールが虫の一種であるということはヨーロッパのほとんどの知識人の知るところとなったが、それでも使用され続けた。コチニールはそれほど愛好されていたのだ。嫌悪感を抱かせるどころか、料理でのコチニールの使用は増え続け、コチニールで色をつけたアルケルメスというリキュールは、「奇跡の薬」という評判をとった。

二〇世紀に入ってもしばらくはコチニールに対する嫌悪はなかったようで、広く料理に使われ続けた。液体染料か粉末の状態で売られることが多かったが、そのままの状態で売られたとしても、その見た目は虫というよりコショウの実のようだった。毎日の料理に使うものではなく高価な贅沢品で、料理を美しく彩りたいときに使われた。コチニールを手に入れられるほど裕福な人は、食事に虫が入っているからといって文句を言う種類の人々ではなかった。コチニールが料理に垂らされているることなど、小麦粉にミールワームが入っているとか、香辛料に虫の死骸の一部が混じっているとか、肉屋や魚屋の商品にハエが入っていることに比べれば何ということもなかっただろう。虫は今日よりずっと身近な存在で、日常生活の一部だったのだ。

話は戻って一八〇〇年代、公衆衛生の基準は改善されたが、だからといってコチニールの需要が減少することはなかった。虫由来の染料、人体に害をおよぼすかもしれない人工着色料、鉛丹などの混和物のいずれを選ぶかとなれば、コチニールが最善の選択だろう。

コチニールの人気は最終的には衰えたが、その理由は値段だった。二〇世紀はじめ、コチニールの生産量は減少し、赤色の人工着色料が市場を席巻した。しかし、これが健康に害をおよぼすのではないかと疑われ、自然の食用色素に対する需要が高まった。二〇〇〇年を迎えるころには、食品メーカーはさまざまな食品の着色のためにコチニールを購買するようになったのだ。

今日、コチニールはさまざまな名称で食品や化粧品のラベルに記されている。コチニール、カルミン、カルミン酸、ナチュラル・レッド4、E120などである。ソーセージやカニカマ、ペストリーやケーキにピンクの色合いを加えるために添加されているし、チーズやスイーツ、砂糖衣にも使われている。ヨーグルトやジュース、錠剤のコーティング剤、口紅、頬紅にもコチニールが含まれている。

コチニールは、熱や光、酸性の環境にさらされても変化しないという点で理想的な食用色素と考えられていた。食品棚に長期間保存することができ、健康への安全性が問題になることもなく、食品に混ぜるのも簡単だった。なかでも重要だったのは、赤、ピンク、紫、オレンジといった幅広い色合いを実現できたことだ。

消費者の好みは再び変わりつつある。自然由来の食品着色剤への需要は高いものの、植物性のものが好まれ始めているようだ。虫が原料となった食品は不快なものと考えられ、また、野菜中心の食生活を実践する人はそういうものは除外するのである。

食品や化粧品に使われている虫由来の原料は、コチニールだけではない。製菓店で使われるグレーズやセラックは、ラックカイガラムシのメスの分泌物がもとになっている。セラックは家具の塗装剤や砂糖菓子のつや出し、錠剤のコーティング、一部の化粧品にも利用されている。

食品に虫が入っていることは望ましくないこととされ、小麦粉に虫が挽き砕かれていたりタコスに虫が入ったりすることには拒否反応が示されるにもかかわらず、私たちはそれと知らずにさまざまな食品を通して虫を口にしている可能性がある。コーヒーやシリアル、穀物、チョコレートなど、多くの食品に虫がひそんでいるかもしれないのだ。どれだけの量の虫を口にしているかは、どの国で食べているかで大きく変わってくる。食料供給チェーンは長く複雑になり、食品メーカーが虫を完全に取り除くことは難しくなっているのである。

アメリカ合衆国では、食品ごとに許容できる「虫の破片」の量を食品医薬品局が定めている。その量は、小麦粉やコーヒー、ピーナッツバター、チョコレート、パスタなど、食品の種類によって決められている。アメリカの食品の一〇パーセントが、混ぜ物によって質を落とされている可能性がある。つまり、一部の食品には、公表されている成分一覧には載っていない虫が入っているかもしれないのだ。たとえば、三・五オンス（約一〇〇グラム）のマッシュルームの缶詰に、ウジ虫が一九匹、ダニが七四匹入っていたとしても、それは食品医薬品局の基準を満たしている。また、パスタ二二五グラムにつき、最大二二五個の虫の破片が含まれていてもいいのだ。食品医薬品局は「健康に害を与えない程度であれば、人間が食べる食品に虫が入っているのは、自然で不可避である」とみなしているのである。

イギリスでは、どの程度までなら食品中の異物が許されるということはなく、許容範囲がはっきり公表されていないので、事態はより厳格であると言ってよいだろう。だからといって、虫が食品に入っていないということではない。果物や野菜にハチやミバエが見つかるのは珍しいことではない。田畑や果樹園に棲息している虫が果物や野菜にくっついたまま収穫され、食品メーカーがそれらを取り除く処理を施しても、その網をすりぬけるものがいるということだろう。缶詰野菜、特にトマトやスイートコーンには、小さな地虫がよく見つかる。これらの地虫は、クリーム色、あるいは緑色がかった茶色をしており、薄暗い色の細長い筋が入っているものが多いが、色や模様は虫それぞれで、体長もかなり個体差がある(最大で四センチになるものもある)。ウジ虫やふつうのイモムシとまちがえる人が多いが、これらの地虫は食品の内部に棲みついているガの幼虫で、食品加工中に見つけることは難しい。これらは缶詰にする過程で消毒、殺菌されるので、健康上の問題はないと考えられている。

虫が見つかるのは果物や野菜だけではない。タラやコダラといった白身魚には、茶色がかった黄色の丸くて小さい虫がついている可能性がある。「コッドワーム」として知られるこの虫は、調理や冷凍の過程で殺され、無害だと考えられている。虫が棲みついていた部分はたいてい切り捨てられるが、生の場合には見逃され、生きた状態で発見されることもある。魚に寄生する生物にはウオジラミもいる。ウオジラミとは、海洋環境に棲息する魚に寄生しているのがよく見られるカイアシ類のことで、鮭やトゲウオ、ニシン、ニジマスなどに棲みつくことが多い。収穫時や加工時に取り除かれるのがふつうだが、それをくぐり抜けたものが、夕食用の食材が入った私たちの買い物袋にもぐりこむのである。

虫はこのように調理済みの食品や食材に入り込むことがあるが、調理場に棲みつくこともある。一九七二年の『ベルファスト・テレグラフ』は、喫茶店や食料品店で働く多くの人々が「害虫に対して『非暴力の哲学』を実践することで健康を危険にさらしている」と書いている。「食料のある場所に虫がいても、おもしろいねとでもいうように肩をすくめるだけですませる人が多すぎる」。記事はさらに続ける。「公衆衛生協会ロンドンセンターの検査員たちの話によれば、店員はネズミやハエ、ゴキブリと喜んで共生しており、そのつもりはなくても、こういった生物が繁殖するのに理想的な状況をつくりだしてしまっているのだ」

一九九八年には、『アイリッシュ・インディペンデント』が、あるパン屋の出来事を記事にしている。「地元の店で女性がスライスされた食パンを買ったが、スジコナマダラメイガの幼虫で真っ黒になっていた」。パンを売った「モダン・ベイカリー」の裁判での発言によれば、以前からこのガの幼虫に悩まされていたのだという。「衛生官の報告書によると、そのパンは『ガの幼虫が棲みついた』

小麦粉を焼いて作られたもので、体長一一ミリメートルの幼虫も混ざっていた」

虫が大量に混ざっていた場合、報道によってダメージを受け、罰金を払わされ、事業所の閉鎖に追い込まれることが多いが、そう単純な話ではすまない場合もある。アメリカ合衆国では、食品医薬品局の規定により、コーヒー豆は一ポンド（約四五四グラム）あたり平均一〇ミリグラムの動物の排泄物の混入が許されており、コーヒー豆の四〜六パーセントに虫がついていたり、カビが生えたりしていることも許容されている。しかし、コーヒーを好む人々が増えつつあるイギリスでは、コーヒーをうじゃうじゃ這い回る虫と共有したいと思っている人はほとんどいないだろう。イングランド中西部、オックスフォードシャーのヘンリー・オン・テムズの夫婦が、コーヒーマシンにひそむ不気味な秘密を発見したとき、それが新聞記事になって騒がれたのも当然だ。二〇一八年の『ガーディアン』の記事によれば、高価なコーヒーマシンにコーヒー豆を詰めかえようとしたとき、エイドリアン・ターナーは不愉快な発見をした。「虫がうじゃうじゃ出てくるのを見て、彼はその場にくぎづけになった。エイドリアンと妻のエマはどちらもこの黒い虫の正体がわからなかったが、あとになってそれがゴキブリの幼虫だったと知ってぞっとした。この気味の悪い虫は、湿気のあるニューヨークの台所ではおなじみのありがたくない住民なのかもしれないが、緑豊かなヘンリー・オン・テムズではほとんどお目にかかることのない生物なのだ」

イギリスでは高価なコーヒーマシンを持つ家庭が今後ますます増えるだろうが、それと同時にターナー家で起きたようなゴキブリ事件も全国で繰り返されるにちがいない。あるコーヒーマシン製造業者は、業界の秘密を暴露している。「コーヒーマシンの内部にゴキブリが棲みつくというのは、実際に起こっていることです。不愉快に思われるかもしれませんが、それが現実です。ゴキブリはどうしてそんなにコーヒーマシンが大好きなのでしょうか。ゴキブリが生来好むものが三つあります。暗闇、湿気、栄養物です。このうちコーヒーマシンにあるものはどれでしょうか。三つすべてです。コーヒーマシンがゴキブリの天国だというのも当然なんですよ。コーヒーマシンには『固定性』のもの、つまり動かない部品を持つものもありますが、その場合、ゴキブリの幼虫を根絶するためにすべてを分解して洗い、燻蒸消毒することができないこともあるのです」。このような記事を読むと、コオロギの混じった小麦粉でさえおいしいものに感じられてくる。

小麦粉や砂糖、粉ミルク、セモリナ（硬質小麦の胚乳部から作る粒状デンプン）、豆類などの乾製品でも、長期間保存していればゾウムシなどの甲虫が棲みつくこともある。これらの虫は病気を媒介するわけではないが、温暖で湿気の多い環境では繁殖がはやく、食品中に広がっていく。ディナーにシロアリのローストを好む人間は少数派だろうが、レタスに入り込んだ緑のアブラムシであれ、セモリナの中のチャタテムシであれ、小麦粉や砂糖、粉ミルクなどの乾製品に棲みつくゾウムシなどの甲虫であれ、好むと好まざるとにかかわらず、虫が私たちの日常の食生活の一部であることは否定しがたい事実なのだ。

6章　酒池肉林

ある人には退廃的に思われるが、別の人には魅力的に思えるレシピというのが世界中にある。富裕層のためのごちそうから、貧しさから苦しまぎれに生まれた食事、さらには、ショッキングな料理、考えられないような料理、そして単なる奇食まで、歴史上のグルメたちは、奇妙な料理、驚くべき料理に舌鼓を打ってきた。

「蓼食う虫も好き好き」とはよく言ったもので、ある人にとって食欲をそそるものが、他の人には嫌悪感や吐き気を催させるということがある。ヤマネからドードーまで、人間はありとあらゆる動物を殺して食べてきた。いつも腹を空かせている人間たちは、胎児や獣などあらゆる材料をさまざまに調理して酒池肉林の騒ぎを繰り広げてきた。

退廃の美に憑かれた者たちは、背徳的な暴食を人生の目的にしていた。カリギュラとして知られるローマ皇帝、ガイウス・カエサル・ゲルマニクス（在位紀元三七～四一年）にまつわる逸話はあまりに現実離れしていて、フィクションもかなり含まれていると考えられている。残酷で猥褻《わいせつ》な皇帝の奇行を露骨に描いて世界に衝撃を与えた問題作、一九七九年の伝記映画『カリギュラ』で取り上げられた挿話についても同様だ。今日にいたるまで、この物議をかもした映画は、カナダやアイスランドでは上映が禁止されている。

一つたしかなのは、カリギュラが暴飲暴食で悪名をはせた最初の皇帝だったということだ。カリギュラといっしょに食卓につくのは、臆病な人間にはつとまらない作業だっただろう。退廃を楽しむのが当時の風潮ではあったが、それは死と隣り合わせの体験でもあった。

カリギュラはその残酷さ、気まぐれ、悪行で有名だが、彼にまつわる逸話は時とともに誇張され、姉妹と近親相姦の関係にあったとか、妊娠中の妹を殺してその胎児を食べたという話が知られている。妹の同性愛の相手の幼女に売春させたとか、結婚式で花嫁を奪ったとか、犯罪者たちを野生の動物に食べさせたとか、咳がうるさいという理由で子供を殺したとか、王宮を娼館に変え、自分の楽しみのために数々の残酷な行為を行ったとかいう話も伝わっている。何世紀にもわたって新たな伝説が次々と生まれたが、今日よく知られる話の多くは、真実ではないか、誇張されたものである。とはいえ、カリギュラの下劣な評判には一片の真実が含まれている。

カリギュラに関する最も影響力のあった古代の情報源は、古代ローマの著作家、ガイウス・スエトニウス・トランクィッルス（紀元六九年ごろ～一二二年以後）による伝記である。スエトニウスはトラヤヌス皇帝とハドリアヌス皇帝に秘書として仕えたが、この伝記を書いたのは紀元一二一年ごろ、カリギュラの死から約八〇年後のことである。だから、スエトニウスが書いた内容はせいぜい伝聞がいいところで、信頼できない情報を含むことで知られているのだ。彼には、カリギュラも含め自分が嫌いな皇帝について、みだらなうわさ話を何でもかんでも語りたがる傾向があった。その伝記はゴシップコラムのようなもので、スエトニウスもスキャンダル記事の書き手と言ったほうが正確かもしれない。

そういうわけで、カリギュラのディナー・パーティーにまつわる話は眉唾ものなのだが、そのパーティーがとんでもないもので、招待客がくつろげるようなものではなかったことはまちがいない。カリギュラは、突然、理由もなく大声で笑い出し、ごちそうを楽しんでいる執政官たちを驚かせることがあった。なぜ笑ったのか尋ねられると、いつでも執政官たちを処刑できると思うとおかしくてしかたなかったのだと答えたという。事実、食事中にも目の前で囚人たちが処刑されるのを見て楽しんだのである。

豪華なものやびっくりさせてくれるもの、贅沢を愛好するのはローマ皇帝全般に共通して見られる傾向で、カリギュラだけが特別だったわけではない。古代ローマ時代には、食事は最も重視された楽しみで、富裕層の食事はたいてい贅を尽くしたものだった。見た目にも味覚的にも豪華なごちそうが用意されたのだ。情欲や残虐行為、暴力、性行為がローマの富裕貴族の日常生活を彩っていた。想像のおもむくままに料理が考案され、贅沢な室内で、銀、金、水晶、瑪瑙《めのう》、琥珀《こはく》、縞瑪瑙の盃などの豪華な容器に入れられて食卓に出された。その壮麗さは際限がなく、プリニウスによれば、皇帝ネロはワイン用の盃一つのために一〇〇万セステルティウス（古代ローマの貨幣単位）支払ったという。

ワインがつがれ、客たちが香辛料や甘辛ソースのかかった異国の料理をがつがつと食べる間、侍者や芸人は気まぐれな注文に応じて客たちを楽しませた。軽業師たちがとんぼ返りや跳躍を披露し、異国の動物たちが油断なく見つめる中で裸の若い女性の集団が踊り、音楽が奏でられた。セックスと情欲、猥褻が入り乱れ、夜がどれほどみだらなものになるかは予測がつかなかった。恐ろしいほど贅沢な料理が何時間も続く。修辞学者のクインティリアヌスは、そのようなごちそうが終わったときの様子について、「床は汚れ、こぼれたワインでぬるぬるし、花飾りが一面に散らばっている」と書いている。

このような暴飲暴食が繰り広げられたということは、海や田畑、空から収穫された膨大な食物が宴会の食卓に並び、美食家にとっての夢をつくりだしたということだ。客たちは思う存分食べ、飲んだ。ギリシャの大食漢、フィロクセノスは、もっと長い時間食事が楽しめるよう、ツルかハゲワシのように長いのどがほしいと願った。

ローマ帝国の退廃期末の皇帝、ヘリオガバルスは恥知らずなほど贅沢な宴会を開くことに全力を尽くした。彼の食欲から逃れられる生物はなかった。ウツボの内臓、フラミンゴの脳みそ、オウムの頭部、クジャクやキジといった豊富なメニューを宮廷にそろえるべく、あらゆる生物を捕獲するよう指示を出し、ラクダの足や、生きた鳥から切り取ったとさかを食べた。食事のテーマの色が決められたこともあったし、一〇日連続で野生の雌豚の乳房と子宮を食べたこともあった。放縦さへの情熱は飽くことを知らず、料理とともに準宝石や真珠も供され、富が俗悪に誇示された。

これらの宴会はあらゆるものを飲み込み、資源を食い尽くし、食物の値上げの原因となった。実際、食物は、イナゴの大群が襲来したかのように奪われていった。一九世紀の百科事典には次のような記述がある。「皇帝クロディウス・アルビヌスは、一度の食事でブッシェルます（約三六リットル入る容器）からあふれるほどのリンゴを貪り食った。朝食にイチジク五〇〇個、モモ一〇〇個、メロン一〇個、ブドウ二〇ポンド（約九キログラム）、タシギ一〇〇羽、牡蠣四〇〇個を食べた。『彼に呪いあれ！（とリプシウスは言っている）神よ、このようなおぞましいものを二度と地球に近づけないでください』」

こういったごちそうは、生理的な飢えを満たすためというより、評判や地位に対する渇望を満たすためのものだった。豪華なごちそうは、主人が莫大な富と権力を持っていることのあかしであり、そのために他国からの異国風の食べ物が強く望まれたのだ。

外国産の食材や動物が誇示される一方で、ローマ国内で育てられたり捕獲されたりした動物は太らされ、より贅沢な食材へと変貌させられた。カタツムリやヤマネを太らせるためにミルクが使われ、飛べない状態にしたハトには咀嚼《そしゃく》してやわらかくしたパンが与えられた。甘味料や香辛料を詰められた鳥や、死んだ動物に生きた鳥を詰めたもの、そしてありとあらゆる魚、ありとあらゆる生物のありとあらゆる部位が大量に提供された。

古代ローマ時代の唯一現存する料理本は『料理法について』だが、これはマルクス・ガウィウス・アピキウスなる人物が著したとされ、そのため『アピキウス』の名で広く知られている。掲載されているレシピにはさまざまな香辛料が使われており、この本を読むと、当時はあらゆる生物が食用にできると考えられ、殺されたことがわかる。大プリニウスは『博物誌』でこう記している。「あらゆる浪費家の中で最も大食漢だったアピキウスは、どんな食物にも惜しげもなく金を浪費し、フラミンゴの舌は特に繊細な味が楽しめる料理だという考えを広めた。美食家の中の美食家であるアピキウスは、オオフラミンゴの舌が最も妙なる味だったと言っている」

アピキウスについての大プリニウスの言葉は真実を語ったものだと言ってよいだろう。事実、アピキウスは、ヤマネ、フラミンゴ、ツル、甲殻類、サギ、魚類を大量に食し、食卓に並べられるものなら何でも食べた。食事にお金を投じすぎて財産を使い果たしたときには、もう退廃的な暴食を楽しめないと知り、適度な食事をして生きていくよりも自らの命を絶つことを選んだのである。

贅沢な食事ができるということは、特権的な地位にいるということだった。エリート層のごちそうは、政治的、社会的にも重要な機能を果たした。だが、ごちそうといっても陽気に楽しめるものばかりではなかった。皇帝ドミティアヌスは、葬式をテーマとした悪の祝宴を開いた。客たちは、黒い背景幕が設置されたこの不気味な宴会に単独で招待され、付き添うのは奴隷だけという状況で、葬儀用の灯りに照らされながら食事をした。このおぞましい宴会で出されたのは、通常であれば生贄《いけにえ》となる人に向けた食事で、しかもその料理は、ペインティングを施した幽霊に扮した裸の奴隷たちによって黒く染められていた。口をきくのはドミティアヌスだけで、その話題も死、腐敗、虐殺、そして生ける者は皆死ぬ、といったことだった。さぞかし不安をかきたてる食事だったにちがいなく、客たちの頭にはこれが最後の晩餐になるのではないかという疑いが浮かんだかもしれない。この食事は、ローマ帝国の属州、ダキアの戦闘で命を落とした者を悼むためのものだったとも考えられるし、あるいはただ単にショックを与えて驚かせようとして、不気味なテーマを用意したのかもしれない。

葬儀のような宴会を大々的に開いたのは、ドミティアヌスだけはない。一七八三年、グリモ・ド・ラ・レニエールは葬儀を装った伝説的な宴会を開いた。料理の豪華さもさることながら、この宴会の主眼は芝居がかった舞台のしかけにあった。レニエールは一八世紀を中心に活躍した著名な美食家、料理評論家で、『*Almanach des Gourmands*（美食家年鑑）』の編集者でもあった。一七八三年二月一日、彼は葬式をテーマにしたこの食事会を催したが、「饗宴の野辺送り」に人々を招待したばかりか、「死の舞踏」を想起させる陰気なごちそうの見物のために、三〇〇人におよぶ観客を招待した。レニエールは食べる者と食べられる者というコンセプトのもと、壮麗な霊廟で美食とゴシックを統合したのだ。このイベントは黒一色で統一され、石棺を中央に配して、たくらみに満ちた不気味な式が敢行されたのである。

これらは葬式をテーマとした宴会の例だが、出される食物自体に死と腐敗というメッセージが込められ、人生のサイクルを想起させる宴会もある。今日でもなお食べられている料理にも、考えようによっては気味悪く、嫌悪感を催させるようなものがある。だが、美食という冒険を楽しみたい人々は、そういったレシピを珍味としてもてはやし続けているのである。

腐敗した料理はたいてい食欲をそそるものではないが、世界中で、古くから、さまざまな腐敗段階にある食物が食べられてきた。

中世に香辛料が使われたのは、腐った肉の味をごまかすためだったという俗説があるが、そんなものを信じてはいけない。根強く残るこの誤解には、論理的な根拠がない。大人数が同居する中世の豪邸の料理人が、傷んだ肉を使いながら、そのような質の低い料理に高価な香辛料を加えるという矛盾した行動をとるはずがない。お金に余裕のない人々は傷んだ肉を買うしかなかっただろうが、そういう人は、味をごまかすために香辛料で飾りつける余裕などなかっただろう。そもそも、香辛料を買うお金があるなら、よい肉を買っていたはずなのだ。イギリスの作家、アリソン・ウィアーが、中世フランス王国の貴族、アリエノール・ダキテーヌの伝記を書いているが、そこにはこのような記述がある。「多くの場合、かびで緑色になった肉の悪臭と味をごまかすため、詰め物やマリネード、ニンニクの風味のついた濃厚なソースが使われた」。悪臭をごまかすためという箇所は誤解にもとづくかもしれないが、私たちがにおい出した肉を食べごろのものとして好んでいたことは事実で、これは興味深い問題だ。

鳥を撃ち止めたあと、熟成するまで内臓がついたまま吊り下げていた時代があった。『美味礼讃』で知られるジャン・アンテルム・ブリア＝サヴァランは、こう記している。「猟鳥の中でも特においしいのがキジだ。だが、この料理についても、最高の調理法を知っている人間はほとんどいない。死んで一週間以内のキジには若鶏程度の価値しかない。キジが本当においしくなるのは、においを放ち出して風味を増していってからである」。当時は熟成した猟鳥の肉の風味が好まれていたのだ。冷凍保存ができなかったためにしかたなくという面もあったかもしれないが、胸の肉が緑色になるまで熟した猟鳥が好んで食されたことは事実である。この傾向は現在では変わってしまい、人々はもう「におい出した」食品を望んでいない。このようなにおいは腐敗を連想させるため、現代人には受け入れられないのだろう。

においを放つほど腐敗した肉など現代人は食欲をそそられないかもしれないが、実は、私たちが買って食べている肉のほとんどは腐敗しかけたものである。腐敗の過程を「熟成」という言葉で言いつくろっているにすぎないのだ。こくとやわらかさを増すために、肉は熟成される。こう言うと不快に思われる方もいるかもしれないが、熟成の過程というのは、実質上、慎重に管理された腐敗

猟鳥は伝統的に「においを放ち始めたもの」が食べごろとされた

にすぎないのである。解体したての牛肉は硬いが、熟成の過程を通してやわらかさを増し、細菌のはたらきや酵素による分解、酸化によって味も変わっていく。

近年、「プライマル・ダイエット」なるものがはやっている。『タイムズ』は、二〇〇九年の記事で、「これまで登場した中で最も愚かな食事」と評したが、プライマル・ダイエットとは、腐敗し始めた生肉や卵、乳製品といったものから成る食事のことである。「ハリウッドの食事の流行はとんでもないものだ」と記事は続ける。記者のジュリア・ルウェリン・スミスがプライマル・ダイエットの信奉者にインタビューを試みているが、ロンドン出身のジョンという三六歳の男性は、「生の野ウサギの肉に目がないんですよ。生のマガモもおいしいですね。生の舌肉や内臓肉もいいですよ。理想を言えば、三、四週間寝かせて、ほんとうに熟したのがいいんです。どろどろになったのがいいって言う人もいますが、私はフォークで刺せるぐらいの硬さを保っているものが好みです」。記事によれば、この食事の効果には、減量、活力増進、肌の色の改善などがあるとのことだが、一方で、具合が悪くなったり失禁するといった症状を呈する人もいるという。ただし、熱狂的な信奉者にしてみれば、これらの副作用は「解毒作用」ということになる。

旧石器時代の昔であれ、もっと最近のことであれ、発酵食品や腐敗食品がさまざまな民族にとって重要な意味を持っているのにはいくつか理由がある。消費される前に肉や魚が発酵し、腐敗していたとしても、その過程は、発酵していない食品が人の口を通って消化されたときに経るものと同じなのだ。発酵というのは、生物の死後、タンパク質がポリペプチドとアミノ酸へと自然に分解され、食物が消化されやすくなる過程のことである。肉や魚はこの過程を経ることでやわらかさを増す。同時に脂肪も分解され、栄養価の高い遊離脂肪酸が多量に発散されることにもなるのだ。

発酵や、分解がさらに進行した腐敗は、熱を加えることなく調理と同じ効果を得ることを可能にする。発酵は肉をやわらかくし、消化する前に構成タンパク質や脂肪を分解してくれる。北半球では昔から高タンパク食品が多いが、発酵や腐敗を利用できたおかげで、調理の手間をかけずに、消化がよくて嚙みやすい状態の食品が手に入ったのかもしれない。

さらに、発酵に大きな役割を果たす乳酸菌は、さまざまな酵素や毒素、代謝産物を生産し、ボツリヌス中毒の原因となるボツリヌス菌をはじめとする不要な病原体などの侵入を防いでくれる。食物を乾燥させても思うような効果が得られない地域や、燃料が不足して調理のために日常的に火が利用できない地域では、発酵は理想的な食料保存法だった。数週間から数カ月、地中の穴や、アザラシの皮で特別に作った「小袋」に食物を入れておくだけということもあったし、沼や川、浅い池に沈めて保存することもあった。食物が埋められた穴が自然の食料貯蔵庫となり、必要なときに発酵した食品が取り出され、健康への害もなく消費されたのである。

今日でも、年配のイヌイットの人々にとって、発酵した魚の頭部は珍味と考えられている。魚の頭部を地中に埋めて数週間発酵させたあとで、掘り返してそのまま食べるのだ。とてもやわらかくどろどろの状態になっているため、目玉や肉は骨から吸い取って食べることができる。イヌイットはセイウチやクジラ、アザラシなども捕獲し、同じように地中に埋めて、夏から翌春にかけて発酵させている。イヌイットの冬の伝統料理、キビヤックは、ウミスズメをまるごとアザラシの皮に包んで三カ月発酵させる料理だ。発酵後、ウミスズメの肉は何の調理も施さずにそのまま食される。グリーンランドのイヌイットたちは、この料理を祝祭向けのものと考えており、お祝いの行事で出されることが多い。

サメの肉を発酵させたハカールもまた、今日なお賞味されている食品だ。ハカールに利用されるニシオンデンザメは生で食べると健康に害をおよぼすが、発酵させると問題なく食べることができる。サメの肉は切り分けられて数週間地中に埋められ、その後掘り返され、熟成させるために吊される。ニシオンデンザメに含まれる尿酸がアンモニア臭を放つため、できあがった肉は鼻につんとくる。白身のサメの肉から作られるハカールはチーズのような質感だと言われるが、一方で腹部の赤身の肉はもっとこしが強い。味は魚、もしくは鼻につんとくるチーズにたとえられるが、ほとんどの人が、その後味は尿のようだとしか形容できないと語っている。この後味を、アルコール度数四〇度近い蒸留酒、ブレニヴィンで流し込んでしまうのだ。この飲み物は、愛情をこめて「黒死」と呼ばれている。

スウェーデンの発酵料理と言えばシュールストレミングだ。気付け剤よりはるかににおいが強く、あまりの悪臭のため、たいていは野外で食される。このよくも悪くも有名な珍味は、バルト海でとれるニシンを発酵させた食品で、熱狂的な愛好家がいる。その料理の手順は次のとおりだ。まず、春に、産卵期にあるニシンをスウェーデンとフィンランドの間の海で捕獲し、頭部を切り取る。残りの胴体をブライン液に浸けて保存する。二カ月ほど経ったら、部分的に保存したこのニシンを密封缶に移し、最大でさらに一年発酵させる。

バルト海でとれたこのすっぱいニシンは、国王令により、八月の第三木曜日以前には売ってはいけないことになっていた。二〇世紀中ごろに定められたこの規則は、ニシンをしっかり完全に発酵させることを目的としたものだった。この規則はすでに廃止されているが、それでも八月の第三木曜日は今なおこの珍味の解禁日として祝われている。そのにおいは何日も空気中にとどまり、あらゆるものにこびりつく。食べた人間の嗅覚も例外ではなく、鼻にこびりついたにおいはなかなかとれない。

これらの発酵料理はほとんどが北半球の例だが、南半球にも記録が残っている。一七世紀のオランダの植民者たちの目撃情報によれば、ナミビアや南アフリカの海岸沿いのコイサン族の狩猟採集民は、打ち上げられたクジラの肉と膀胱をあさり、あとで利用できるよう、海岸の穴に保存していたという。同じような慣習がニュージーランドのマオリ族の間でも観察されている。腐敗肉を食べる習慣も、南半球でわずかながら報告されている。人類学者のフランク・マーロウによれば、タンザニアのハヅァ族は腐敗肉の利用をいとわないという。「ハヅァ族は、肉食動物をあさり、一週間経って腐敗しきった肉をよく食べている」。人類は狩猟採集民であり、見た目がよくないからといって肉を見過ごすわけにはいかないのだ。

乳酸菌はその保存効果により、脂肪が悪臭を放つのを防いでくれる。これは、高脂肪の動物性食物を主食とする北極や亜北極地域に住む人々にとっては信じられないくらい重要なことだった。こういった食物を乾燥によって保存しようとすると、どうしても、脂質、特に長鎖多価不飽和脂肪酸が腐って悪臭を放ってしまう。このように腐敗が進むと、味が落ちて好ましくないばかりか、健康に害を与える可能性も出てくる。発酵はこれらの問題を解決してくれる。酸敗臭につながる「自動酸化」を防ぐ効果的な手段を提供してくれるのだ。ただし、自然に任せていれば発酵過程が始まってうまく保存されるわけではない。工夫して保存方法を考案する必要があるのだ。ノルウェーのクリスマス料理、ルーテフィスクがその好例である。灰汁に数日間漬けた棒鱈《ボウダラ》を煮て作るこの料理は、青白く透明で、ゼラチンのような質感を持ち、強いにおいを放つ。

繰り返すようだが、蓼食う虫も好き好きで、食べ物に対する好みは人によって大きく異なる。からすみもそれをよく示してくれる料理だ。ボラやマグロの卵巣を塩漬けにして乾燥させたこの料理が大好物という人もいれば、鼻であしらう人もいる。同様に、ベルーガ・キャヴィアは高価でもそれだけの価値があると思う人もいれば、マグロなどの精巣を取り出した白子のほうが貴重な珍味で、金を投じる価値があると考える人もいる。

もちろん、パンとチーズといったシンプルな食事が好きな人もいるだろう。ジョージ・オーウェルは、一九四五年に発表した「イギリス料理の弁護」で、イギリス料理がおいしくないという国際的な評価に反論している。オーウェルはイギリス料理の美点を数え上げ、海外を旅してどれほどイギリス料理を恋しく思ったか語っている。「キッパー、ヨークシャー・プディング、デヴォンシャー・クリーム、マフィン、クランペット」、そしてイギリス産のチーズだ。「イギリス産チーズは種類はそれほど多くないが、スティルトン・チーズは、この種のものでは世界一だろう。ウェンズリーデール・チーズもそうひけはとらない」。イギリス人にとってチーズと言えばスティルトン・チーズで、アメリカ人コラムニストのロバート・ベンチリーが言っているように、「イギリスではすべてが失われたように見えるが、まだスティルトンが残っている。ディナーの後でイギリス人はいつも誇らしげにこのチーズについて語るものだ」

すばらしいスティルトン・チーズと一杯のポートワインからウジ虫を思い浮かべる人は少ないだ

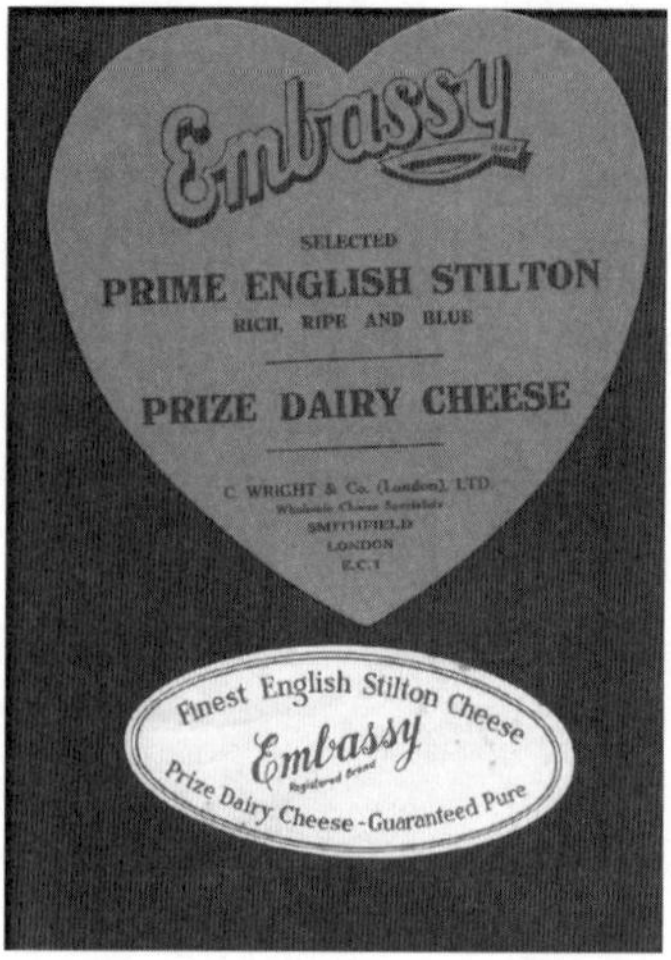

エンバシー・スティルトン・チーズのヴィンテージ広告

ろうが、歴史的に見ればウジ虫はこの料理につきものだった。文献にスティルトン・チーズがはじめて登場するのは、ウィリアム・ステュークリが一七二二年に『*Itinerarium Curiosum*（好奇心を誘う旅）』で言及したときだが、一七二四年には、ダニエル・デフォーがスティルトン村を訪れたときにこう記している。「私たちはチーズで有名な町、スティルトンを通り過ぎた。このチーズはイギリスのパルメザンと呼ばれるが、まわりにウジ虫がびっしりついた状態で食卓に出され、これらをすくって食べられるよう、スプーンが用意されるのだ」

一七二五年にもスティルトン・チーズへの言及が見られるが、それは、カスバート・エリソンの「ノーサンバーランド州ベンウェル村のとても愉快な描写」という陽気な長詩の中である。その第一巻の二六三連は次のとおりだ。「若い雌鶏や牛の舌肉には不自由しないさ。ガチョウのひなとスティルトン・チーズもたっぷりあって、舌鼓を打つばかり」。この長詩の締めくくりはショッキングなものだが、ウジ虫チーズのほうがよっぽどショッキングだと思う人も多いだろう。「あなたはこうして、高名な詩人が語る陽気な笑劇を聞き終わったわけだ。もしおもしろくなかったら、または気が休まらなかったというなら、こっちへきておれの○○にでもキスしてみやがれ」

今日では、スティルトン・チーズにウジ虫がついていることはまずない。だから、今読んだことは胸のうちにしまっておくこともできる。しかし、ジュリエット・ハーバット監修の『世界チーズ大図鑑』（清宮真理・平林祥訳、柴田書店、二〇一一年）によれば、「スティルトン・チーズの上部をくりぬいてポートワインを注ぐという食べ方があるが、これはもともと、チーズ内の微生物を殺すのが目

カース・マルツゥ、または「ウジ虫チーズ」として知られる珍味

的だった」という。

スティルトン・チーズからはウジ虫がいなくなったかもしれないが、サルデーニャ島のカース・マルツゥというチーズはそうではない。「ウジ虫チーズ」と呼ばれることもあるこのチーズは、今では法律で販売が禁止されているが、需要は衰えを見せず、ブラックマーケットでは高値で取引されている。カース・マルツゥは、サルデーニャ島原産の羊の乳を材料とするペコリーノ・サルドをもとにして作られる。ペコリーノ・サルドを型に入れて棚に置いて寝かせておくと表面が固まってくるので、その固まった部分を取り除く。すると、チーズバエが寄ってくる。チーズバエはチーズをはじめとする乳製品に引き寄せられ、卵を産む。チーズは暗い小屋に二、三カ月放置されるが、その間にハエの卵が孵《かえ》り、すぐにウジ虫がくさりかけているチーズを食べ始める。ウジ虫の体を通って

出てくる排泄物はチーズにとって不可欠なもので、これによってチーズは独特のやわらかい質感と濃厚な風味を獲得する。その味は熟しきったゴルゴンゾーラ・チーズにたとえられるが、ゴルゴンゾーラ・チーズにもまた、昔はウジ虫がたかっていたのだ。

現在では、この珍味を手に入れるのは一苦労だ。イタリアの法律では、カース・マルツゥはチーズバエが繁殖しているために市場で販売できない。おまけに、このチーズはEUの規則のいくつかの条項にも抵触している。ただし、商用販売が禁じられているだけで、自宅で作ったり食べたりすることは許されている。そのため、過去の遺物というわけではなく、サルデーニャ自治区では今なお、伝統食品のリストに挙げられている。

何らかの方法でカース・マルツゥを手に入れることができたとしたら、重要なのはウジ虫が生きているかどうか確認することだ。ウジ虫が生きていることこそ、チーズが「健康によい」状態にあり、食べても問題ないことのあかしなのである。ウジ虫の数が多いほどチーズはおいしいのだ。ウジ虫は最大六インチ（約一五センチ）跳ぶこともあるので、じっと見つめないようにすることも大事である。もう一つ心に留めておくべきなのが、しっかり噛むことである。飲み込む前にこの腐ったチーズをしっかり噛んでウジ虫を殺し、ウジ虫が腸に潜り込む危険性を減らさなければならない。チーズを食べたあとも生き残ってしまうと、ウジ虫が胃酸にさらされ、腸ハエウジ病を発症する可能性があるのだ。この疾患は、腹痛、発熱、吐き気、胃の裂傷、かゆみ、血便といった症状を引き起こす。チーズにはほかにも危険がひそんでいる。ハエは乳製品に引き寄せられるだけでなく、死体などにもたかるため、有害な細菌を感染させる危険性があるのだ。また、ウジ虫はチーズの中でカダベリンやプトレッシンといったプトマインを生産するが、これらの化合物は体内に多量に摂りこむと害をおよぼす可能性があり、アレルギー反応を引き起こすこともある。こういった危険があるにもかかわらず、チーズは強力な媚薬ともみなされている。

カース・マルツゥはこくのあるワインといっしょに楽しむと最高だという。そのワインは「ネズミ酒」でもよい。この飲み物は万能薬とも言われる強壮剤なので、胃弱に苦しんでいる人はこちらのほうがよいかもしれない。ネズミ酒とは、中国や韓国で、酒に生後三日以内のネズミを入れて作られる飲み物で、ネズミを瓶に入れて一年間発酵させればできあがりだ。この飲み物は、喘息や肝疾患、その他あらゆる病気に効く強壮剤とされている。

生まれたばかりのネズミが入った酒は万人向けではないだろうが、ネズミに限らず、動物の新生児を食べることについては、賛否両論がある。子牛や子豚、子羊やひな鶏といった動物の新生児はふつうに食用にされているが、これに反対したり嫌悪感を表明したりする人もいる。二〇一八年、ランカスター大学のジャレド・ピアザ博士とニール・マクラチー博士、ユニヴァーシティ・カレッジ・ロンドンのツェツィーリエ・オルセンという三人の心理学者がある研究を行った。男性と女性に、子牛、カンガルーの子供、子豚、子羊の画像を見せ、肉を食べたいという気持ちに影響があるかどうかを調査したのである。その結果、女性のほうが動物をいとしく思う気持ちに強く反応することがわかった。「男女とも、家畜動物の新生児をかわいく脆弱なものだと思い、動物たちに対して

ネズミの新生児を利用した
ネズミ酒のラベル

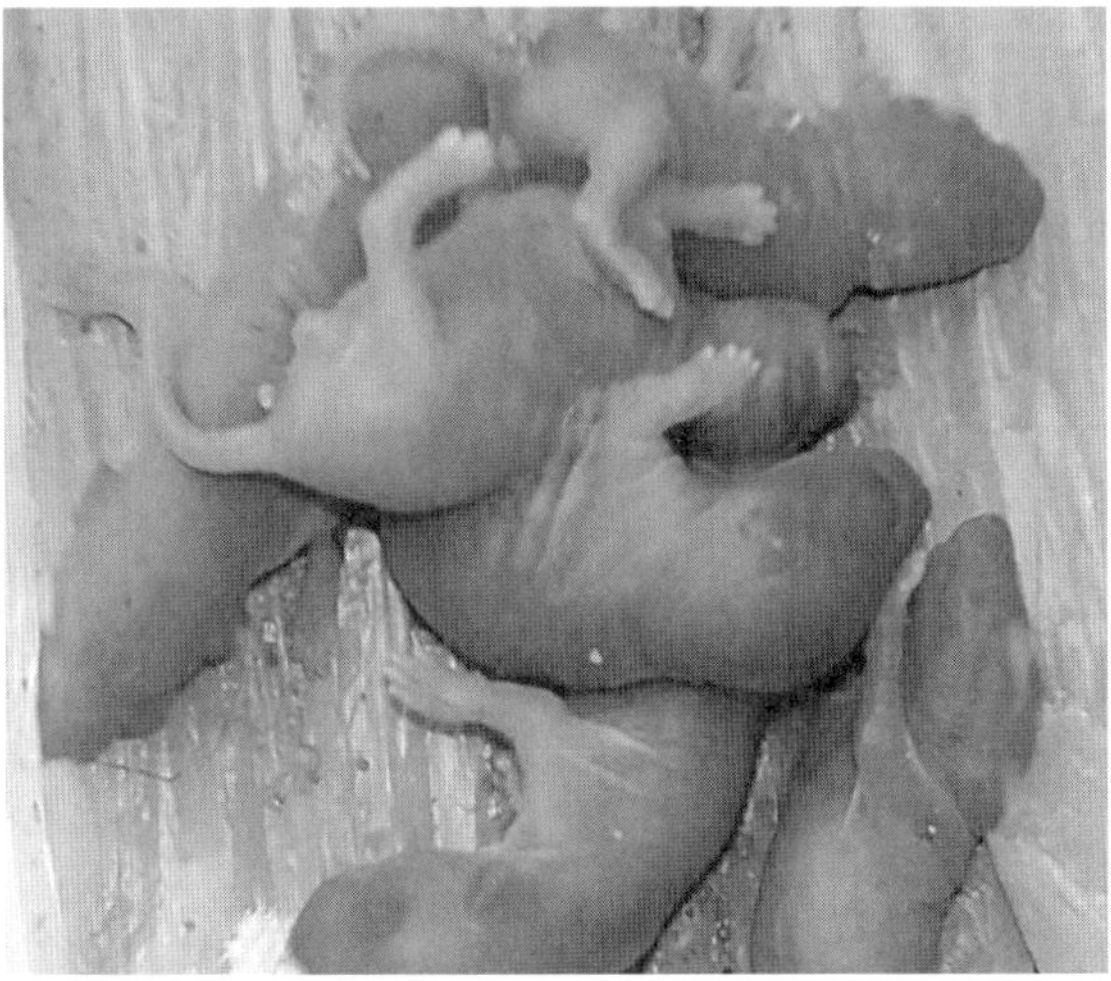

ネズミ酒にされる
ネズミの新生児

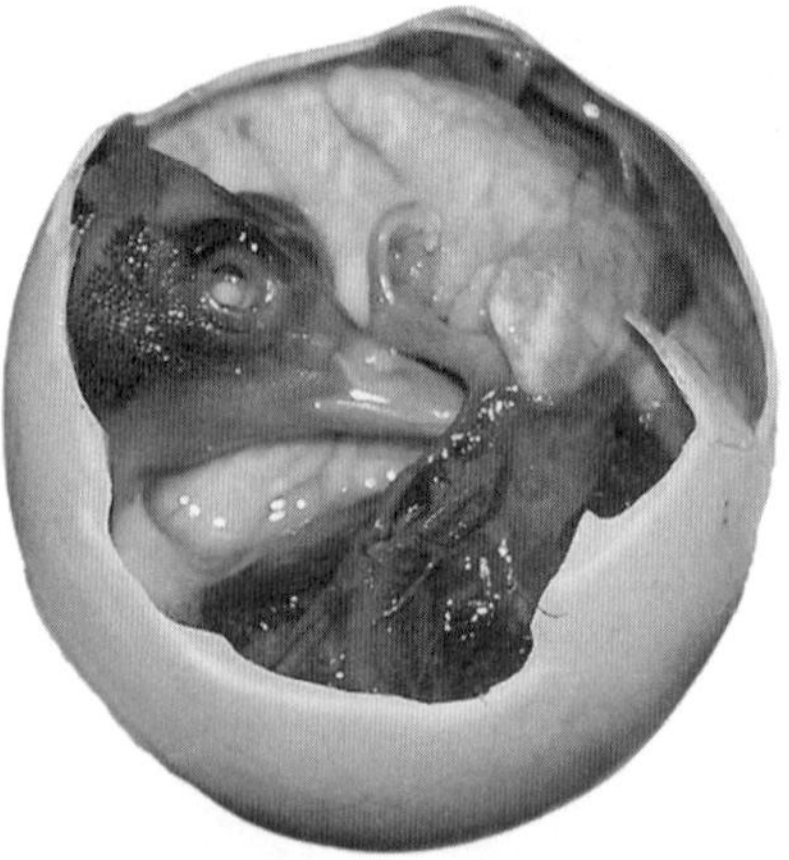

バロットとして知られる特別料理——孵化直前のアヒルの半熟卵

優しさと温かい気持ちを感じることがわかった……動物の新生児に優しさを感じると食欲が減退する人が多いようだが、その傾向は特に女性に顕著である」。動物の新生児の画像は母性本能をくすぐって優しさを引き出し、食欲を減退させてしまったのだ。おそらく、動物の新生児のかわいらしい姿を見ると人間の幼児を連想するからだろう。動物行動学者、コンラート・ローレンツのいわゆる「ベビースキーマ」である。

子羊が牧場を跳ね回る姿を見れば、サンデーロースト（イギリスの家庭で伝統的に日曜日の昼食に食べるローストビーフ、ステーキなど）を食べるのを控えようと思う人もいるだろうが、一方で、それでもミントソースに手を伸ばし、おいしく賞味しようとする人もいるだろう。しかし、まだ生まれていない胎児となると、物議をかもすことはまちがいない。アングロ・インド料理のクーティー・パイは、動物の胎児の肉を材料とする料理である。大変な珍味と考える人がいる一方、食用にすることが正しいかどうかで議論の的にもなっている。販売が禁止されているわけではないものの、一種のタブーとされているため、一般の肉屋では手に入りにくく、食肉処理場で売られることが多い。オーダーメイドも行っていないので入手が非常に困難で、手に入るかどうかは運次第だ。需要も高いので、入手のチャンスはなおさら少ない。調理済みの肉はとてもクリーミーでやわらかいと言われ、レバーの質感にたとえる人もいる。

羊やヤギ、牛の胎児を利用したスープもある。胎児を洗って切り刻んだあと、煮出し汁に入れ、肉スープにするのだ。ヴィクトリア朝には、胎児や、早産、死産した牛の新生児の肉を利用した料理も賞味された。ファッション業界では、牛や羊の胎児の皮がバッグや手袋などに利用されている。

卵はほとんどの文化で食べられており、半熟卵にトーストという「エッグ・アンド・ソルジャーズ」はいまだにイギリスの子供の朝食の定番である。フィリピンやベトナムでは、バロットという卵料理が広く食されている。孵化直前のアヒルの卵を加熱した半熟卵で、塩か酢で味つけし、ビールやブランデーと賞味されることが多い。滋養強壮剤的な効果のために「フィリピンのバイアグラ」と呼ばれることもあり、一見何のへんてつもない半熟卵だが、殻をむくと、アヒルの胎児の小さい体が出てくる。かよわい骨や羽、くちばしもはっきり見てとれる状態だ。このぬるぬるした中身を、味つけした殻から吸って食べるということだ。

動物を食べるときに議論の的になるのは、胎児を食べるかどうかだけではない。食べる動物の種類も問題になる。ナミビアでイボイノシシの肛門を食する習慣については、悪趣味といって片づけられるかもしれないが、愛犬のフリカッセを食べるとなると、その反感の理由はまったく異なるものだろう。犬の肉に対する態度は文化によって大きく異なるが、食べることをタブーとしているところがほとんどである。

人間に最も愛されてきたペットである動物を食べるというのは、大半の西洋人にとっておぞましいことのように思われるだろうが、ベトナムや中国、タイ、韓国といった国では、犬の肉は今なお人気のある食品だ。ただし、犬がペットとして飼われる習慣が広まるにつれ、犬を食べる習慣は衰退しつつあるようだ。動物福祉を求める声や、動物虐待への懸念が高まる中、台湾が先陣を切ってこの習慣を禁じる法律を制定した。

犬を食する習慣のある国では、肉の下ごしらえや調理法は、他の動物の肉同様さまざまである。茹でたり、皮を剝いだり、時には一度に毛を取り除くために閃光熱傷を負わせることさえある。犬の肉は、煮込むか、ソースといっしょに供されることが多いが、缶詰肉やソーセージにされることもあるし、足のローストやペニスが軽食として出されることも珍しくない。犬食は、単なる食習慣ではなく、犬の肉を食べると恩恵が得られるという古くからの文化的信条にもとづくものだ。古くから伝わる民間伝承では、犬の肉を食べることを幸運や健康と結びつけており、病気の予防や、精力、性的能力の増進にすばらしい効果があると信じている人もいる。

犬の肉の消費人口が最も多いとされるのが中国で、何十年にもわたって非難されているにもかかわらず、この習慣にまつわるおぞましい話が報道され続けている。中国南部の玉林市では、毎年六月に犬の肉を食べる祝祭が開かれている。『インディペンデント』の報道によれば、「『犬肉祭』は毎年一〇日間かけて行われるイベントで、一万匹以上の犬が食用にされる。期間中には、猫の肉やライチの実、蒸留酒も供される」。この犬肉祭は二〇〇九年に始まった比較的新しいイベントだが、古くからの伝統に根ざしたもので、その歴史は「少なくとも四〇〇年前までさかのぼることができる」という。

玉林の犬肉祭はごうごうたる非難を巻き起こしたが、ヒューメイン・ソサイエティー・インターナショナルのコンサルタント、ピーター・リー博士は、このひどい見世物は「大多数の中国人の気持ちや食習慣を反映したものではない」と言っている。動物愛護団体「動物の倫理的扱いを求める人々の会」によれば、「バリ島の犬肉産業では、玉林の犬肉祭の七倍の犬が殺されて」おり、犬の肉が鶏肉として流通しているという。

西洋では犬と猫は人間の仲間だと考えられているため、チキンスープがおいしいと思われる一方で、プードルのスープはおぞましい以外のなにものでもない。人間と同種だと考えられているために食卓に載せられないですむ動物種がいることを確認したあとで、ロブスターの苦難に思いを馳せることは意義深いだろう。フランスの詩人、ジェラール・ド・ネルヴァルはロブスターを愛していた――少なくとも、ティボーというペットのロブスターはこよなく愛していた。ラ・ロシェルの沿岸部の町で数日過ごしたあと、ネルヴァルは子供時代からの友人であるローラ・ルボーに手紙を書いている。「町の広場に戻ってきたとき、町長さんに呼び止められて、捕獲網からロブスターを盗ん

ロブスター捕獲用の罠かごを修理する漁師の映写用スライド（1920年ごろ）

だことを謝れと言われたんだ。詳細は省くけど、紆余曲折を経て、ティボーは今僕といっしょにここにいる」。ロブスターを解放し、熱湯に入れて食べられる運命から救い出したネルヴァルは、このペットに青いリボンを結んで散歩道やパレ・ロワイヤルの庭を歩き、その姿が人々に目撃された。この奇行が知れ渡ると、ネルヴァルはどうしてそんなことをするのかと問い質《ただ》された。ネルヴァルの答えはこうだ。「犬や猫、ガゼルやライオンを連れ歩くなんてばかげたことだよ。僕が好きなのはロブスターなんだ。もの静かでまじめで、海の秘密を知っているからね」（このエピソードは、一九一一年にギョーム・アポリネールが逸話集に掲載している）。残念ながら、ネルヴァルは精神を病み、貧窮のうちに自ら命を絶った。飼い主の死後のティボーの運命についてはつまびらかにしないが、食卓に上って誰かに食べられたのではないだろうか。

パリ占領時の肉市場の様子を描いたイラスト（1870年）

普仏戦争でパリが占領された時期（一八七〇年九月〜一八七一年一月）、パリの人々が犬を食べていたという興味深い記録が残っている。プロイセン軍はフランスの首都を包囲し、食物の輸送の大部分をせきとめた。その結果、パリでは、ラクダからネズミ、犬、象にいたるまで、ほとんどすべての動物が食べられることになったのだ。アメリカ人医師のロバート・ローリー・シベットは、プロイセン軍の包囲中にパリに閉じ込められ、彼自身の言葉を借りれば「偉大な都の囚人」になってしまった。当時の思い出は、五八〇ページにおよぶ『*The Siege of Paris by an American Eye-Witness*（アメリカ人が目撃したパリ占領）』としてまとめられ、一八九二年に出版された。この本の記述によれば、食用にされるために馬が突如として一網打尽に捕らえられて食肉処理場に送られ、「目隠しされたうえで大ハンマーで額を強打され、大きなナイフで流血させられた。血はボウルで受け

« Il existe depuis deux jours chez un marchand de comestibles un étalage de viandes insolites. (Voir page

パリで売りに出されるネズミ、猫、犬の肉

止められ、「プディングの材料に使われた」

フランスは古くから馬の肉を食用に供してきた。その歴史は、ユリウス・カエサルがこの地をローマ領とするはるか以前、ガリア人がこの地を支配していたときにさかのぼる。実のところ、のちにフランスとなるこの地域では、紀元七三二年にローマ教皇グレゴリウス三世が異端の習慣として廃止するまで、心おきなく馬を食べていたのだ。この禁令は、宗教的な理由もあったが、主として戦争のために馬を保存したいという気持ちに突き動かされてのものと考えられている。フランスでは馬を食べることは一八六六年まで違法だったが、実際には禁令の廃止前にすでに馬の肉が食べられていたことはまちがいない。特に、年老いて使いものにならなくなった農作業用の馬は食用にされることが多かった。シベットは馬の大量虐殺に驚きを禁じえなかったようだが、馬はパリ占領時に最も重宝された食材だったとみてまちがいない。

パリで肉の配給を待つ人々(1870年ごろ)

一八七〇年一一月中旬には配給制が実施され、パリ市民に与えられる新鮮な肉は一日一〇〇グラムと定められた。当局のいう「肉」とは、牛肉、馬肉、魚の塩漬けのことだったが、飢えにかられた人々はさまざまな肉を食べようと工夫を凝らし、一一月一二日にはロシュシュアール通りに露店が立った。シベットは記している。「露店の右側にはこぎれいに下ごしらえされた大きな犬が何匹か並べられていた……その隣には大きな猫が、これまたきちんと下ごしらえされて何匹か並んでいる……左側には、一〇匹以上のネズミが盆に並べられている。ヴェールで半分顔を隠した若い女性が、かたわらに少女を連れ、びくびくしながらネズミの死骸に近づいていている。値段を尋ねたがっているようだが、もし持ち合わせのお金で足りるようなら買おうと思っているのだろう」

オックスフォード大学を卒業してパリで英語を教えていたヘンリー・マークハイムという男性も、占領時のパリについて記録を残しているが、当時新たに食べられるようになった動物についてこうまとめている。「マトンの代用肉として犬は悪くない……ご存じのとおり、ウサギの代わりとして猫もよく食べられている」。一方で富裕層は「ネズミのパテを楽しんでいる」。ネズミは値上がりし、シベットによると、犬と猫の肉は一ポンド（約四五四グラム）あたり二〇セントから四〇セントだったが、「まるまると太ったネズミ」は一ポンドあたり五〇セントもしたという。

食料不足によって肉は軒並み値上がりし、贅沢品になった。猫の肉の値上がりについては、イギリスの政治家で作家でもあったヘンリー・ラブーシェアも言及している。「市場で猫が値上がりしていて、太った上質の猫は今や二〇フランもする。まだ生きてうろついているのは、獰猛《どうもう》な猫だけである」

一二月にはパリのほとんどの有名喫茶店やレストランが閉鎖され、多くが政府の管理する食堂になり、貧しい人々はそこで何か食べられるものと期待した。シベットは、クリスマスに「馬の肉のロースト、少量のジャガイモ料理、とてもおいしい小麦パンと大量のワイン」を飲食したが、馬の骨の薄いスープを求めて列をなしているパリの労働者たちのことを思って後ろめたい気持ちになった。

閉鎖せずに営業を続けた店の一つが、サン＝トノレ通りのレストラン・ヴォワザンである。平和時には富裕層や有名人でにぎわい、イギリス皇太子もひいきにするような店だった。有名シェフのアレクサンドル・ショロンは、クリスマスを迎える夜に「包囲九九日目」と名づけた特別料理を供した。まるで動物園を歩きながら動物をかたっぱしから選んでいったかのようなメニューで、ロバの頭部にイワシや大根を詰めたもの、象のコンソメ、熊の脛《すね》にペッパーソースをかけたもの、ネズミと猫の盛り合わせ、イギリス風ラクダのローストなどが並んでいた。

富裕層の美食家は異国の肉を求めて目を光らせ、彼らのナイフとフォークから逃れられるものはほとんどなかった。ラブーシェアはこう語っている。「動物園では、サルを除くあらゆる動物が殺された。サルが死を逃れたのは、サルは人間の親類だというダーウィン的な考えが漠然と抱かれているためだ。少なくとも一部の政府高官にとってはそうらしい。自然がたいして美しい容貌を恵んでくれなかったから、彼らにはサルが親類のように思えるのだろう」

異国の動物の肉は専門的な肉屋で売られた。商売上そうする必要があったということもあるが、評判を維持し、異国の動物の肉を絶望や飢えと結びつけられないようにするという目的もあった。誰もが象を食べられたわけではなく、厳しい家計をやりくりする人々は、それまで有害と考えられてきた動物やペットを食べざるをえなかった。だが、そのような人々でもまだ恵まれているほうなのだとラブーシェアは言う。「けさ、私はネズミのサルミを食べた。とてもおいしく、カエルとウサギの中間のような味だった。二人の特派員と朝食をともにしたのだが、一人はしばらくためらったあとで、ネズミの足を食べさせてくれ、と言った。実際に食べたあと、まるでテリア犬のように、もう一本求めた」。ネズミは人気があって値段も高かったようだが、パリ市民はそんなものを食べたり出したりするところまで落ちぶれたことを認めようとしなかった。ラブーシェアは続ける。「レストランのオーナーが請求書にネズミと記す勇気があるかどうか興味があるところだったが、そのような勇気はなかったようで、単に獣肉と書かれていた」

ネイサン・シェパードというアメリカ人もパリ包囲中ずっと日記を書き続けていたが、ある日のディナーで出されたのは、「マッシュルーム入りの猫のシチュー」「ロバのローストとジャガイモ」「ドブネズミとエンドウ豆とセロリ」「ハツカネズミを載せたトースト」だった。シェパードは「今パリのレストランで食事をすれば、動物の肉なしですませることは難しいだろう」と結論づけている。

『ラルース料理大事典』には、一番おいしいネズミはワイン貯蔵室で見つかる、と記されているが、ワインの酒気をたっぷりと吸っているからということらしい。ネズミを料理したいなら、このすばらしいレシピで十分だ。

ボルドー風アントルコート
ネズミの皮を剥いで内臓を取り除く。オリーブ油の濃厚なソースとすりつぶしたエシャロットをすりこむ。塩コショウを加える。不必要になったワイン樽の木材を利用して火をおこし、その上で下ごしらえの終わったネズミをあぶり焼きにする。

このネズミ料理は伝統的なボルドレーズソースといっしょに供することがすすめられている。『ル・シエクル』誌の編集者、アドルフ・ミシェルは、「小粒のグリーンピース入りの犬のコロッケ」や「犬の肝臓の串焼き」といったメニューが出るディナーを食べている。犬のコロッケは口に合わなかったが、串焼きのほうは「やわらかくてとてもおいしかった」。ラブーシェアは、猫の肉に関しては「おいしそう」と書いているが、犬を食するときには感傷的な気持ちを抑えきれなかった。「犬を食べるときは罪悪感を抱かざるをえない。先日、スパニエル犬の薄切り肉を食べた。決してまずくはなく、子羊の肉のような味だったが、人肉食を行っているような気になった。犬の肉に詳しい美食家は、プードルが一番おいしく、ブルドッグは避けたほうがよいとアドバイスしてくれた」。象を食べるときにはそのような罪悪感は湧かなかったようだ。「夕食にポルックスを食べた。ポルックスとその兄弟のカスターという二頭の象が最近殺されたのだ。硬くてざらざらして、それでいて脂っぽい。イギリスの家族には象を食べることはおすすめできない」

肉屋の荷車には、パリは決して飢えに負けないという内容の落書きが書かれていた。馬がまったくいなくなれば、「ネズミ、猫、犬を食べるだけだ」。そしてパリ市民は実際にそうしたのだ。食料不足や戦争といった危機にあっては、人間と動物の関係は常日頃のものから変化し、ペットや有害生物も食品へと早変わりする。ラブーシェア自身も、犬を食べることには罪悪感を覚えながらも、パリ包囲によって「多くの思い込みが誤りであると判明した。先入観から多くの動物が食用にされないできたが、そのような考えは消え去ったのだ」と断言している。

一八七〇年代のフランスでは犬の肉を使った料理のレシピがちまたにあふれ、犬の肉の料理本が何十冊も出版された。だが、今日の西洋世界では、犬や猫を料理するより、ペットの犬や猫に何を食べさせるか考えることに夢中なようだ。

7章　絶滅するまで食べられて

ローマ教皇グレゴリウス一世は、紀元六〇〇年ごろに定めた七つの大罪の一つに暴食を含めたが、歴史を通じて人類はあらゆるものを貪り食ってきた。それは、私たちがこれまでにどれだけの食品を口にしてきたかを見れば明らかだ。おいしいといって食べすぎ、絶滅にまで追いやった動物がいるほどである。そういった動物を食べて吐き気を催すことはないだろうが、恥知らずにも絶滅にまで追いやった人類には吐き気を催さざるをえない。

古代ギリシャの哲学者テオプラストスは、サティリオンという野生のランについて書き記している。乾燥させて粉末状にすりつぶしたサティリオンを原料にした飲料を飲むと、男性は七〇回も続けて性行為を行うことができるのだという。こう書き留めたことで、テオプラストスは我知らずこの植物に死刑執行状を発行してしまった。ギリシャ中の男がこの情報に大興奮してサティリオンを採りつくし、絶滅させることになったのだ。だが、人間の過度の欲望によって滅んだのは、サティリオンが最後ではなかった。

ドードーやリョコウバト、ステラーカイギュウ、オオウミガラスなど、数多くの動物が人間の餌《え》食《じき》になって絶滅に追いやられた。人間は耳をすませば聞こえるはずの動物たちの嘆きの声を無視して、相変わらず動物たちを貪り食い続けている。

一八世紀から一九世紀にかけて、リョコウバトは世界で最も数の多い鳥だった。フランスで生まれアメリカで活躍した博物学者のジョン・ジェイムズ・オーデュボンは、北米原産のあらゆる鳥類を調査し、素描で記録しようとしたが、一八三三年には、リョコウバトをアメリカ大陸で最も数の多い鳥類と鑑定した。幅一マイル（約一・六キロメートル）、長さ三〇〇マイル（約四八三キロメートル）におよぶリョコウバトの群れが一四時間かけて頭上を飛んでいったという報告が寄せられたこともある。オーデュボンの記録には、幅一マイルのリョコウバトの群れが頭上を横切り、三日間太陽を遮ったと書かれている。

一九世紀の博物学者、ジョエル・グリーンバーグの記録によれば、一八五四年にオハイオ州で奇妙な形の雲が目撃されたが、その正体はリョコウバトの群れだった。「やがてその雲が鳥の群れであることがわかってきた。さらに時が経つと、あたりは真っ暗闇になった。これまでこの現象を見たことがなかった人々は、終末の時が到来したと思い、ひざまずいて祈った。何億という翼の羽ばたきによって風が起こり、寒さを感じるほどだった」

リョコウバトの絶滅は突如としてやってきた。一時は北米を支配したかに見えたリョコウバトだったが、一九〇〇年にはなんとわずか一羽になっていたのだ。この最後のリョコウバトは、初代ア

THE PENNY MAGAZINE

OF THE

Society for the Diffusion of Useful Knowledge.

99.]　PUBLISHED EVERY SATURDAY.　[October 19, 1833.

THE PASSENGER-PIGEON.

(Abridged from 'Wilson's American Ornithology.')

[Passenger-Pigeon.]

This remarkable bird inhabits a wide and extensive region of North America, spreading over the whole of Canada, and extending to the Gulf of Mexico southward, while the Stony Mountains appear to limit its westward range. In the United States it occasionally visits and breeds in almost every quarter.

The passenger-pigeon is sixteen inches long and twenty-four in extent; and it is in this circumstance of size, and that of plumage, that we are chiefly to look for the distinguishing external difference between this and other species of the pigeon. A light slate colour predominates in the head and upper part of the neck, and a darker slate in the back, wings, and rump coverts. The throat, breast, and sides, so far as the thighs, are of a reddish hazel; the lower part of the breast and the thighs fade into a brownish red; and the belly and the vent are white. The lower part of the neck and sides are of a resplendent gold, green, and purplish crimson, the latter most predominant. The tail is long, and all the feathers taper towards the point; the two middle ones are plain, deep black; the other four on each side hoary white, lightest at the tips, and deepening into bluish near the base. The bastard wing is black; the legs and feet are lake seamed with white. The female is about half an inch shorter than the male, and an inch less in extent;—she resembles the male generally in colour, but less vivid and more tinged with brown.

The most remarkable characteristic of these birds is their associating together, both in their migrations and during the period of incubation, in such prodigious numbers as almost to surpass belief, and which has no parallel among any other feathered tribes on the face of the earth with which naturalists are acquainted.

These migrations appear to be undertaken rather in quest of food than merely to avoid the cold of the climate. The passenger-pigeons are found lingering in the northern regions around Hudson's Bay so late as December; and their appearance is casual and irregular. As the beech-nut constitutes the chief food of this wild pigeon, in seasons when it is particularly abundant corresponding multitudes of pigeons may be confidently expected. It sometimes happens that when they have consumed the whole produce of the beech-trees in one extensive district, they discover another, at the distance of perhaps sixty or eighty miles, to which they regularly repair every morning, and return as regularly in the course of the day, or in the evening, to their place of general rendezvous, or, as it is usually called, the roosting-place. These roosting-places are always in the woods, and sometimes occupy a large

Vol. II.　3 F

リョコウバトのイラスト
（1833年ごろ）

ハトのパイのイラスト

メリカ大統領のジョージ・ワシントンの妻、マーサ・ワシントンにちなみ、マーサと名づけられた。マーサはシンシナティ動物園で孤独な生涯を送った末、一九一四年に息を引き取り、ここにリョコウバトは絶滅したのだった。

最後に残ったマーサこそ大切に扱われ、とても有名な存在になったが、その先祖のリョコウバトたちはまことに粗末に扱われたと言うしかない。大量に殺され、タンパク源としては最も安い食品だった。

巨大な群れをなして繁殖、移動するリョコウバトは、何十万羽という単位で簡単に殺し、食用肉として売ることができた。リョコウバトを求める人々は、電報で連絡を取って群れの位置を知らせ合ったため、大量に捕獲し、樽に入れて発送することが可能だった。リョコウバトの大群は一瞬のうちにパイの具として焼かれ、足も飾りつけに利用された。翼や羽毛もさまざまな用途に使われた。

ペストリーのトッピングや煮込み、瓶詰、炒め物、ローストとさまざまな料理にされたリョコウバトは、多くの北米人の主食であり、ほぼ毎日メニューに登場した。一八四三年にミシガン州で発行された記事にはこう記されている。

ハト――気候が暖かい時季には無数のハトがやってくる。空はハトで満たされ、あまりの密集で朝になっても太陽が見えないほどだ。銃が絶えず発砲され、狩りをするならず者たちの歌が聞こえてくる。

「空のハトめがけて
ライフル撃てば
豚肉や豆はもういらない
おいしいミートパイをいただくさ」

料理本や新聞にもリョコウバトのレシピが掲載された。『*Mrs. Lincoln's Boston Cook Book*（リンカーン夫人のボストンの料理本）』には、蒸し煮、パセリの詰め物、瓶詰、ローストなどさまざまなハト料理のレシピが載っている。『*Mrs. Rorer's Philadelphia Cook Book*（ローラー夫人のフィラデルフィアの料理本）』にも同様にハト料理が数多く掲載されている。最も人気のあるハト料理はまちがいなくパイだったが、今日この料理を作ろうというなら、にせリョコウバト・ミートパイでがまんしなければならない。「ミートパイを作るには、まず鍋にパイ生地を敷いたあと、胸の部分にバターを少し塗ったハトを入れ、コショウをふりかけて、カップ一杯の水を入れる。鍋がいっぱいになるほど入れないよう気をつけること。半インチ（約一・三センチ）の厚さの皮を入れ、蓋を熱した石炭で覆い、下にもいくつか石炭を置く。蓋の上に熱した石炭をさらに加え、皮が焼けるまで、全体に熱が通るよう鍋を慎重に動かし続ける。これで家族向けのとてもおいしい料理のできあがりだ」

マーサが止まり木から落ちて息を引き取った一年後、ワシントンDCの新聞に「新鮮な卵二個に一万ドルの報奨金」の見出しが躍った。「かつてわが国で、リョコウバトは最も数の多い鳥であり、全国でその姿が見られたが、何百万という単位で殺され、水牛と同じように、ほしいままに殺戮された……わずか一〇年のうちに絶滅に追いやられたのだ」。記事は報奨金の理由について詳しく伝えている。「政府はリョコウバトをまた繁殖させたいと願っており、巣を見つけたがっている」。政府がこのような行動をとったのは、料理を作りたいからではなく、生態系のバランスを取り戻したいからだった。「リョコウバトは、現在……急速に農場を荒廃させつつある害虫のガの繁殖を抑えてくれる鳥なのだ」。ちなみに、高額な報奨金がリョコウバトの発見につながらなかったのは言うまでもない。

これまで無数の動物が絶滅の運命をたどってきたが、中でもドードーは喪失の象徴とも言うべき存在である。絶滅した動物といってまず思い浮かぶのはドードーだろう。この奇妙な飛べない鳥は私たちの想像力をかきたててきた。ルイス・キャロルの『不思議の国のアリス』からデイヴィッド・クォメンの『ドードーの歌——美しい世界の島々からの警鐘』（鈴木主税訳、河出書房新社、一九九七年）まで、この鳥の記憶は神話的な生物の域にまで高められている。

ドードーは、ずんぐりした座っている不器用なアヒルというイメージが抱かれている。一六世紀末に、腹を空かせた船乗りたちがモーリシャス島に降り立ち、ドードーを捕らえて鍋料理にした。ドードーは、自然のいたずらによって知性と敏捷《びんしょう》さが与えられなかったため、その運命を避けることができなかったと考えられているが、この説明は不十分で、真実ではない。ドードーはコミカルな鳥とみなされることが多いが、分類上はハトの仲間である。何百万年におよぶ進化の過程で大型の

ドードーのイラスト

島になり、飛ぶ能力を失ったと考えられている。この鳥の記録がはじめて出版されたのは、オランダ人がモーリシャス島に寄港した翌年、一五九九年のことだった。その後この島はオランダの植民地となったが、ドードーは一七世紀末には姿を消した。

ドードーの生態については多くの研究が行われているが、それによれば、この鳥は私たちが思ってきたよりもはるかにすばしこく、ほっそりしていて、姿勢もまっすぐだったということだ。私たちのこれまでの思い込みは、正しくない剝製《はくせい》の展示によって広まったものである。

オランダの船乗りや植民者はドードーを食用にしたが、それだけが絶滅の原因だとは考えにくい。豚やヤギ、鹿、サル、ネズミなどさまざまな外来種が島に侵入したことも間接的な要因だろう。ドードーは飛べなかったので、巣が捕食動物の標的になりやすかった。豚やネズミなどがドードーの卵やひなを捕食する一方で、食物をめぐってドードーと競合する動物もいた。ドードーは一年に一個しか卵を産まなかったので、卵やひなを食べられてしまうと、種として致命的な打撃を受け、長く生き残ることができなかったものと思われる。

今日でこそドードーの絶滅は嘆き悲しまれているが、この鳥が本当にこの世からいなくなったということを科学者たちが認めたのは、実際にドードーが絶滅してかなり経ってからのことである。全能の神が自ら創りたもうた生物を絶滅の運命に導くなどありえないと考えられ、どこかに同じ種が存在しているはずだと思われたのだ。種の絶滅という事実を科学界に知らしめたのは、古生物学者のジョルジュ・キュヴィエと考えられているが、それも一七九六年のことだった。

しかし、種が絶滅するということが起こりうるのだとわかっても、人類の行動が変わることはなかった。オオウミガラスがもし人間による乱獲を生き延びていたら、その事実を証言してくれたことだろう。オオウミガラスも飛べない鳥だったが、その貴重な羽毛や生皮、肉、油を目的として狩猟者たちに乱獲され、殺された。一七八五年の時点で、探検家のジョージ・カートライトはすでにオオウミガラスの運命を予言していた。「ファンク島から戻ってきた船は捕獲した鳥でいっぱいだったが、そのほとんどがペンギン［オオウミガラスのこと］だった。近年では、羽毛を求め、鳥を殺すためだけに、何艘もの船で乗組員たちがこの島に乗り込み、夏を過ごすことが慣習になっているが、彼らが引き起こしている破壊は信じられないほどだ。この慣習を早くやめさせないと、この種自体がほとんどいなくなってしまうだろう」

THE GREAT AUK　471

herbage. It is scarcely raised above the surface, and is mostly wet. The eggs are five or six in number, and their normal colour is white, though they soon become stained with the decaying vegetable matter on which they rest, and before hatching are of a muddy brown hue. The mother bird always covers her eggs with leaves and aquatic algæ before leaving them. The bird has a curious habit of building a kind of supplementary nest, in which it sits until it has completed the structure in which the eggs are to be laid. The young soon take to the water, and are, on their first introduction to the waves, nearly as adroit as their parents.

The food of the Dabchick consists of insects, molluscs, little fish, and the smaller crustaceans.

In its summer plumage the head, neck, and upper portions of the body are dark brown, except the secondaries, which are white. The sides of the face are warm chestnut, and the under surface is greyish white. In the winter the upper part of the body is chocolate-brown, and some of the primaries are white; the chin is white, the front of the neck ashen brown, and the under surface greyish white. The total length of the Dabchick rather exceeds nine inches.

The sub-family of the Alcinæ, or Auks, has several British representatives, among which the Great Auk is the rarest.

This bird, formerly to be found in several parts of Northern Europe, in Labrador, and very rarely in the British Islands, has not been observed for many years, and is as completely extinct as the Dodo. Almost the last living specimens known were seen in the Orkneys, and were quite familiar to the inhabitants under the name of the King and Queen of the Auks. So agile is (or was) this bird in the water, that Mr. Bullock chased the male for several hours without being able to get within gunshot, although he was in a boat manned by six rowers. After his departure, the bird was shot and sent to the British Museum. The female had been killed just before his arrival.

According to Mr. Lloyd, this bird formerly frequented certain parts of Iceland, a certain locality called the Auk-Skär being celebrated for the number of Auks which nested upon it. The Skär, however, is so difficult of approach on account of the heavy surf which beats upon it, that few persons have the daring to land. In 1813 a number of Auks were taken from the Skär, and, horrible to relate, they were all eaten except one.

GREAT AUK.—*Alca impennis.*

The eggs are variable in size, and colour, and markings, some being of a silvery white and others of a yellowish white ground; and the spots and streaks are greatly different in

オオウミガラスのイラスト

オオウミガラスは「元祖ペンギン」と呼ばれることもあり、学名はピングイヌス・インペニスだった。今日私たちが知るペンギンは、このピングイヌス・インペニスに似ているためにその名がとられたが、生物学的には別種である。

オオウミガラスは、アイスランドやグリーンランド、スコットランド北部で平和に暮らし、繁殖していたが、一六世紀半ばにヨーロッパの船乗りたちが海を探検し始め、鳥やその卵を乱獲し、この種を悲劇の運命へと追いやることになった。

オオウミガラスが悲しい最期を迎えることになったのは、生きているよりも死んだほうが価値があったことに起因している。一五三四年、フランス人探検家ジャック・カルティエはこう記している。「三〇分もしないうちに、二艘の小型漁船はオオウミガラスでいっぱいになり、船底に石のように敷きつめられた。新鮮なうちに食べるものは別にしても、どの大型漁船にも、塩漬けにしたオオウミガラスでいっぱいの樽が五、六個積まれることになった」。同じように、一六二二年にイギリス人のリチャード・ウィットボーン船長も、船乗りたちがオオウミガラスを「一度に何百羽も」捕獲し、「まるで神が、人間が存続するためのすばらしい道具となるよう、この無垢であわれな鳥を創造したかのようだった」と記している。

オオウミガラスが乱獲されたのは、その肉のためだけではなかった。脂肪からとれる油が船乗りたちに重宝され、その羽毛が枕製造業者によって求められた。一七六〇年にはケワタガモの羽毛の供給が不足し、枕製造業者は乗組員をファンク島のオオウミガラスの巣へ送ったのである。毎年春になるとオオウミガラスの大量捕獲が行われ、一八一〇年には島に一羽もいなくなってしまった。一七九四年には、ボストン号の乗組員アーロン・トマスが、オオウミガラスがいかに臆面もなく残虐に殺されたか記しているが、それを読めば、この鳥がファンク島から姿を消したのも当然と納得できる。

羽毛が目的なのであれば、わざわざ殺す手間をかける必要もない。捕まえて羽毛を剝ぎとればいいのだ。あとはこのあわれなペンギンを海へ放ち、羽をもがれていわば半裸というべきこの鳥が勝手気ままに消えていくに任せればよい。人道的なやりかたではないかもしれないが、これが一般的な慣習である。この島に住んでいると、残虐きわまりない慣習を絶えず目にすることになる。生きている鳥の皮を剝ぐばかりか、その肉を食べるために生きながら火あぶりにするのだ。鍋にペンギンを一羽か二羽入れたあとで火をおこすのだが、その火自体も不幸なペンギンによるものである。油を多く含むペンギンの体自体が炎を作り出すのだ。島には木材はない。

一七七〇年代、カナダのセント・ジョン島は、オオウミガラスの羽毛と卵の採取を禁じ、違反した者には公開のむち打ち刑が科された。一七七五年には、ノヴァスコシア州政府がオオウミガラスを殺すことを禁じるようイギリス政府に求め、請願書を提出した。請願は認められ、羽毛を目的にオオウミガラスを殺したり、卵を持ち去ったりした者には、むち打ち刑が科された。だが、漁師がえさ用の肉として利用する場合はこの鳥を殺すことが認められた。その結果、オオウミガラスは減少し続け、価値がさらに上がった。

一八四〇年、ラクラン・マッキノンは四人の男を連れてスコットランドのセント・キルダ群島のスタック・アン・アーミンで海鳥を捕獲していた。マッキノンたちは、オオウミガラスが一羽、崖で眠っているのを見つけ、金儲けになると思ってこの鳥を捕らえ、ロープでつないで小屋に連れ帰った。当然のことながら、警戒心を抱いた鳥は大騒ぎした。嵐が迫っていたこともあって、男たちは鳥のたてる不気味な音に恐怖を覚え、嵐を呼ぶ魔女ではないかと疑い出した。捕獲して三日後、男たちはオオウミガラスを撲殺した。

実際に鳥を捕まえたのはマルコム・マクドナルドで、両手で首をつかんでいる間に他の男たちが寄ってきて鳥の足にロープを結んだ。鳥はカツオドリのような声で、しかしそれよりずっと大きな鳴き声で騒いだが、やがてくちばしを閉じた。男たちが一人でも近づくと再びくちばしを開いた。くちばしでロープを切りかねない様子だった。嵐がやってきたこともあり、男たちはこの大騒ぎする巨大な鳥を魔女だと思い始めた。鳥は捕獲三日後に殺されたが、マッキノンによれば、二つの大きな石で殴りつけ、死ぬまでに一時間かかったということである。男たちの中で一番おびえたのがマッキノンで、殺すことを提案したのも彼だった。

イギリス最後のオオウミガラスの死体は、小屋の後ろに捨てられた。スタック・アン・アーミンでのこのエピソードは、実際の出来事から五〇年後にマッキノンが語った思い出話にもとづいており、信憑性に欠けるきらいがある。ジョン・ラヴによる最近の研究によれば、セント・キルダ群島でのこの事件は長い間一八四〇年の出来事として受け入れられてきたが、実はそれから八年後の一八四八年の出来事だったかもしれないということだ。ラヴが正しければ、マッキノンたちはイギリスだけでなく、世界で最後のオオウミガラスを殺した可能性が出てくる。

一八四四年、アイスランド沖のエリデイ島で、船乗りたちがつがいの繁殖期のオオウミガラスを見つけた。彼らはこの二羽を絞め殺したが、その最中に男たちの一人が二羽が抱いていた卵をつぶし、この奇妙な鳥の繁殖の最後の試みはここについえたのだった。

オオウミガラスの最後の一羽がセント・キルダ群島のものだったのか、一八四四年に船乗りたちが殺したものだったのかは、どうでもいいことだ。重要なのは、この鳥が人間による乱獲によって絶滅に追いやられ、人間の欲深さによって永遠に地上から姿を消したという事実である。

ステラーカイギュウが発見されてから絶滅するまでには、わずか三〇年足らずしかかからなかった。その原因は、この平和を愛する草食動物がおいしいことが知られたためだ。ステラーカイギュウが西洋人によってはじめて発見されたのは、一八世紀、アラスカとロシアの間にあるベーリング海沖のコマンドルスキー諸島でのことだった。

一七四一年にステラーカイギュウを発見したドイツ人探検家、ゲオルク・ステラーは、この驚くべき動物は空気呼吸を行い、海に潜ることはなく、かつては陸を歩いていた可能性もある、と記している。歯は退化してほとんどなく、尾は二股に分かれていた。白い剛毛が生えた上唇と、ケラチン質の二つのくちばしのようなものを使い、昆布をはじめとする海草をもぐもぐと食べた。一夫一婦制で、社交的な性格と仲間の死を悲しむ習性を持っていた。ステラーカイギュウについての数少ない報告は、主としてステラーによるおおざっぱな記録がもとになっているが、残念ながらその記録の大部分は、この動物を殺したことにまつわるものだった。そうした殺戮のため、ステラーカイギュウはまもなく絶滅することになったのだ。一七五一年にステラーカイギュウ狩りを行ったある探検家はこう記している。「メスが捕らえられると、オスは必死になって助けようとするが、それもかなわず、人間から何度攻撃されても岸までついてきた。翌朝早く、肉を切り分けるためにメスの死体を持ち帰ろうと岸辺に行くと、オスがまだ近くで待っていた」

ステラーたちは肉を目当てにステラーカイギュウを狩ったが、この動物はヨーロッパのファッション業界の間接的な犠牲者でもあった。毛皮やアザラシの皮の需要の高まりを受け、毛皮業者がロシアから中国、北米へ進出したが、彼らはその遠征の食料として、新鮮な肉を目的にステラーカイギュウを殺戮したのである。ステラーカイギュウは一七六八年までには絶滅した。

「老犬に新しい芸は教えられない」ということわざがあるが、これは人間にもあてはまるようだ。多くの動物を食べつくして絶滅に追いやったにもかかわらず、今なお自分たちの食欲を優先して、他の種を破滅に追いやろうとしているのだから。

ズアオホオジロは澄んだ声でかわいらしい歌声を聞かせる小鳥だが、このか弱い鳴鳥は、ある美食の儀式で主役を演じさせられている。この儀式は倫理的に問題があるため、大きなナプキンのヴェールの後ろに隠れて行われる。ズアオホオジロは体重が一オンス（約二八グラム）未満ととても小さく、そんなものを食べて腹の足しになるのかと思ってしまうが、大変な珍味と考えられ、骨をバリバリ噛み砕かれてまるごと食べられるのである。

ズアオホオジロは、一九七九年以来、欧州委員会の鳥類指令によって保護種に指定されているに

ズアオホオジロのイラスト

もかかわらず、捕獲する人があとを絶たない。フランスでズアオホオジロの殺処分と販売が禁じられたのは一九九〇年代後半のことで、しかも実際に禁令が厳格に適用されるようになったのはようやく二〇〇七年になってからである。ハンターたちが規制を無視してズアオホオジロを大量に捕獲してレストランに売り続けたことでその数が目に見えて減少し始めたため、政府が介入することになったのである。フランスの鳥類保護連盟は、一九九七年から二〇〇七年の間にズアオホオジロの数が三〇パーセントも激減したと主張している。二〇一六年の最新データでは、ヨーロッパのズアオホオジロの数は一九八〇年から八八パーセントも減っている。

ズアオホオジロを殺して食べることが非難されているのは、この鳥の数が少ないからだけではない。捕獲、殺処分の方法が、食欲にまかせたひどいものだからである。

密猟者は、ズアオホオジロが渡ってくる季節に、野原に罠を仕掛けて捕らえる。網にかかった鳥は、その後、覆いつきのかごで飼われ、体を二倍にするために穀物やイチジクを食べさせられる。かつてローマ皇帝たちは、ズアオホオジロの目をえぐり出し、夜と勘違いしてえさを食べるように仕向けたという。ズアオホオジロは、この世の最後の日々を暗闇でえさを食べさせられて過ごしたあと、生きたまま、ブランデーのアルマニャックが入った桶に突っ込まれ、溺死することになるのだ。

ズアオホオジロの食べかたもまたおぞましいものである。美食家にとってはすばらしい体験なのかもしれないが、高価なうえに人を選ぶ料理であり、その食べかたは野蛮できたならしく、恥ずべき暴食を象徴するような原始的な儀式である。

ズアオホオジロは八分間焼かれたのち、骨や内臓、頭もついたまま、まるごと食卓に出される。この恥ずべき行為を隠すかのように、食べる人間の頭にはナプキンがすっぽりとかぶせられる。これは、退廃的で恥ずべき行為を神の目から見えないようにするための工夫だと言われてきた。鳥の香ばしいにおいが逃げないよう、おいしさをさらに際立たせるためだという説もあるが、食べる者の威厳を維持し、他の食事仲間がおぞましい光景を見ないですむようにするためにナプキンが必須であることは明らかだ。

この食べ方の伝統は、ジャン・アンテルム・ブリア＝サヴァランが始めたものだと言われている。ブリア＝サヴァランは、「あなたがふだんから食べているものを教えてほしい。あなたがどんな人であるか、当ててみせよう」という言葉で知られる有名なフランス人の美食家で、法律家、作家でもあった。一八九〇年には、ヴィクトリア女王がワデスドンマナーでズアオホオジロを食したが、このときには、マスのゼリー寄せや、トリュフとフォアグラの詰め物をしたウズラ、金箔で飾り立てた甘口のスフレといった料理も用意された。また、フランスのミッテラン元大統領は、生涯最後の贅沢な食事にこの小鳥も含め、二羽食したという。

ナプキンをかぶったら、熱々の鳥の頭部を手づかみにし、足から食べる。くちばしを除いてすべて食べることになる。この料理の愛好家に言わせると、もろい骨や肉、脂肪をいっしょにバリバリと噛む感覚や、内臓肉の濃厚な風味がこたえられないとのことである。二〇一八年に亡くなったシェフ、アンソニー・ボーディンは、ズアオホオジロを食べる体験を「脂肪、内臓、骨、血、肉が熱々の状態で混ざり合うもの」と表現している。

ジェレミー・クラークソンは二〇〇二年、ヨーロッパ中を訪問して回るテレビ番組「隣人訪問」シリーズでズアオホオジロを食べたが、その味を絶賛し、「ほんとにおいしい。すごいよ、すごいよ」と言ったあと、視聴者から寄せられる苦情を予想して、お決まりの機知に富んだ文句を口にした。この料理が賛否両論を呼び起こすものであることはまちがいない。古い伝統と妙なる味を持つ料理だと美化する者もいれば、野蛮だと考える者もいる。

ズアオホオジロの狩猟は禁じられているが、かといってこの鳥が安全というわけではまったくない。儲けの出るブラックマーケットがあり、フランス南部のハンターたちは、自分たちが捕獲する量などこの鳥全体の数から見ればほんのわずかだと言い張って、絶えず規制を免除してもらおうとしてきたのだ。多くのシェフたちも、この料理はローマ時代にまでさかのぼる伝統ある美食文化の一部であり、継続されるべきだと主張している。新生児の拳ほど小さい食品であっても、人間の食欲が何よりも優先されるようなのだ。

キプロス島で珍味とされるアンベロポウリアと呼ばれる料理も同様の例である。このごちそうは、キプロス島で何千羽も違法に罠で捕らえられているズグロムシクイなどの鳴鳥をピクルス漬けにしたり、ローストにしたり、茹でたりして作られるものである。鳥は足、骨、内臓を含めてまるごと食べられる。この違法な伝統料理には地元で高い需要があり、その市場で大儲けできることが鳴鳥の虐殺の主要因になっている。この渡り鳥の大半は、ヨーロッパ本土からキプロス島に渡ってくる。このアンベロポウリアはかつては貧しい人々のための料理だった。数羽の鳥が家族の食卓に出され、なんとかやりくりする家計を助けたのである。だが、時が経つにつれ、この料理は、そのような生活の支えとはかけ離れた、金持ちの気まぐれのようなものに変わってしまった。今日では、アンベロポウリアは禁じられているがゆえに人の欲望を誘うものとなり、たいていはこっそりと食べられる。

これらの鳥の違法捕獲は、数百万ポンド規模のブラックマーケットになっている。かすみ網とともち棒によって、ズグロムシクイやウタツグミ、その他の不運な鳥たちが罠へと飛び込んでいく。鳥の鳴き声をまねた音を流して、鳥を悲しい最期へと追いやることも行われている。毎年秋になると、何百万羽の鳴鳥が、冬をアフリカで過ごすため、イギリスとヨーロッパ大陸諸国から南へと飛んでいく。移動ルートに沿って進んでいくが、地中海周辺で推定二五〇〇万羽が密猟者によって殺されているのである。

ヨーロッパ、アフリカ、中東から移動する渡り鳥の半数近くが、ケープ・パイラに立ち寄って休息すると考えられている。鳥類保護団体「バードライフ・キプロス」の最新データによると、一年で九〇万羽近くがケープ・パイラで殺されているという。

この儲けの出る密猟ビジネスには、罰金と投獄のリスクがともなうが、罰金は平均四〇〇ユーロと少額だし、刑務所入りになるのはほんの一握りの人間にすぎない。だから、現実問題としては、この利益率の高い、税金のかからない稼ぎは、密猟者にとってリスクを上回るものなのだ。実際、食用の鳴鳥の取引はきわめて多額に上り、年間約一五〇〇万ユーロ規模と考えられている。この鳥の料理の伝統は長い年月にわたって築かれたもので、今や儀式的な様相を呈し始めている。

歴史的に見ると、鳴鳥をはじめとする小鳥はイギリスでは一七世紀ごろまで広く消費されていた。中世の宴会の記録には「小鳥」がよく出てきて、フィンチやヒバリ、セキレイ、ムシクイ、ツグミ、ムクドリ、クロウタドリといった鳥がすべてメニューに登場している。ピエール・ブロットは、一八六七年の『*Hand-book of Practical Cookery*（実践的料理の手引き）』の中でフランス料理で食される鳥を挙げているが、その中にはコマドリ、クロウタドリ、タゲリ、マキバドリ、チドリ、ツグミ、「その他の小鳥」が含まれている。イザベラ・ビートンは、ズアオホオジロやミヤマガラス、ヒバリのローストのレシピを扱っているし、フランカテリの『労働者階級のための気取らない料理の本』では、「小鳥のプディング」がすすめられ、「田舎に住む勤勉で頭のよい少年たちは、冬の間に折を見て小鳥を捕まえることが得意だ」と記されている。野鳥を食用にする習慣は、一九五〇年代のイギリスではまだふつうに見られたが、人々の好みや態度、規制の変化とともに徐々に人気を失い、すたれていった。

何世紀にもわたり、ふかひれは珍味として賞味されてきた。捕獲、料理法が残酷で、絶滅危惧種のサメを根絶させしてしまうかもしれないという非難にもかかわらず、メニューにとどまり続け、裕福な人々の間ではますます人気を博している。

ふかひれ料理の製造過程は、野蛮としか言いようのないものである。生きているサメのひれを切り取ったあと、用済みの負傷したサメは船から海へ放り投げられ、海底に沈んで苦痛に満ちたみじめな死を遂げることになる。ひれを失ったため、泳ぐことも、えらに水を送ることもできなくなったサメは、呼吸もできなくなり、失血死するか、他の捕食動物に食べられるしかない。

ひれを茹でたあとで皮と肉をこそぎ落とすと、貴重なやわからいタンパク繊維が残る。それをスープに加えればふかひれスープのできあがりだ。

ふかひれスープはアジア諸国、特に中国で高級料理と考えられている。その起源は明王朝（一三六八～一六四四年）の皇帝にさかのぼり、富を誇示するためにこの料理が発明されたと考えられている。ふかひれは、アワビ、ナマコ、魚肚《ぎょと》（魚の浮き袋）とともに、中華料理の四大海味の一つとなった。

アワビもまた、中国をはじめとするアジア諸国のレストランで重宝されている。海のカタツムリとも言うべきこの生物への人々の欲望は飽くことを知らず、野生のアワビは二一世紀に入って乱獲のために激減している。奇妙でありながら愛嬌のあるこの海の生物は、何世紀にもわたってアジアで珍味としてもてはやされてきたが、あくまで富裕層だけに手の届く高価で貴重なごちそうだったにすぎない。しかし、一九八〇年代、中国の中産階級の勃興にともない、高価な食品を食べることのできる人々が増え、アワビへの需要が急激な高まりを見せた。今日では、アワビは高級レストランで供されたり、乾燥させてきれいな箱に入れたものが特別食材として売られたりしている。アワビの採取は儲かるため、食用として人気のある数種の絶滅を引き起こしかねない状況になっているのだ。

ベルーガ・チョウザメと言えば、今では一キログラムあたり何千ポンドもする高価なキャヴィアの食材として知られているが、この巨大な古代魚は高級料理店とカクテル・パーティーの犠牲者だ。キャヴィアと肉のために乱獲されたことにより、その数は激減している。高級レストランの象徴とも言うべきキャヴィアは、カナッペに載せる宝石であり、ディナージャケットやカクテルドレスとともにカクテル・パーティーの代名詞的存在になっている。だが、洗練された金持ちが求める究極の料理とされるキャヴィアには、とても洗練されているとは言えない秘密がある。数十年前まで、漁師はカスピ海や黒海からチョウザメを引き上げ、魚卵の入った腹を切り裂くという「ロシア流」のやりかたでキャヴィアを取り出し、用済みになったサメは海に投げ返していた。キャヴィアへの高い需要と、残酷な狩猟方法により、チョウザメは絶滅危惧種になった。カスピ海や黒海の野生のチョウザメの国際的取引は二〇〇六年以降禁止され、キャヴィアの製造をより持続可能な形にしようとしているチョウザメの養殖場が世界中で増え続けているとはいえ、魚卵を抽出するやりかたや、貴重な資源を利用して贅沢の象徴を作り出していることを思えば、キャヴィアが倫理的に許されるものかどうかはあやしいままである。チョウザメの未来は依然として明るいものとは言えない。一部の人間は、養殖キャヴィアは濁ったような味がし、野生の「本物の」キャヴィアの澄んだ味にはとうていかなわないと文句を言っているが、料理通たちは、責められるべきは暴飲暴食、そして暴飲暴食を行う人間だけだということを認識するべきだ。

人間は歴史から教訓を学ばないようである。今日、絶滅危惧種で指定されている多くの動物たちは、生物を食べつくして絶滅に追いやろうとする人間の欲望の象徴だ。オックスフォード大学のデイヴィッド・マクドナルド教授によれば、二〇一六年の時点で、人類の食生活によって絶滅の危機に瀕している動物は、陸上哺乳動物だけで三〇一種にもおよぶということである。

一八世紀の社会哲学者・経済学者で、『蜂の寓話　私悪すなわち公益』（泉谷治訳、法政大学出版局、一九八五年）を著したバーナード・マンデヴィルは、贅沢品は、社会が嫉妬心と名誉心にはたらきかけて消費と成長を促すために必要なものだ、という考えを提唱し、多くの点で現代を先取りする「貪欲さは善だ」という見解を表明した。しかし、欲深さや野心には高い代償が払われ、自然界に多くの喪失を引き起こしてしまうようである。料理にまつわる強欲さは特にそうだ。

8章　一杯いかが？

食物の好みはさまざまだが、特に飲み物の好みは人となりについて多くを語ってくれると言われている。ワインとラガー、蒸留酒のうちどれを好むかは、その人の階級や職業、性格について多くのことを明らかにしてくれるが、それならば、かび臭い飲み物、不気味な飲み物、あるいは腐った飲み物を作ったり飲んだりするのはどういう人間なのだろうか。

「何か違う」「おかしい」と思われるにおいがかすかにするだけで、人は嫌悪感を抱くものである。不快なにおいがするだけで、筋骨隆々な人間でも胃の中のものを吐き出したくなるものだ。不気味な菌類が食品を覆っているのを見れば、ほとんどの人が吐き気を催すだろうが、一部の非常に人気の高い飲み物には、菌類や細菌類でいっぱいの材料が不可欠である。よいにおいを放って発酵する酵母菌（それだって菌類にはちがいないが）のことではない。今話題にしているのは、腐ったもののことだ。

日本では一〇〇〇年以上にわたってかびを利用した飲み物が製造されている。米を材料とする日本酒の醸造は伝統ある技術と考えられているが、その醸造過程の中心にいるのが麴菌《こうじ》（学名アスペルギルス・オリゼー）である。日本料理と言えば、しょうゆやみそ、日本酒が思い浮かぶが、広く愛好されているこれらの食材はすべて、麴菌の発酵作用によって生産されているものである。

日本酒の製造過程では、麴菌の胞子を湿った米に散布し、菌から「綿菓子」のような白い物質が出てくるまで腐敗するにまかせておく。これを水と酵母といっしょに発酵させると、強度の醸造酒になる。この過程で生産される酵素は、米のデンプンを糖に分解するが、今度はその糖が発酵し、わずか二〇日のうちに、最大二四パーセントのアルコール度数になる。この過程は驚くべきものだが、日本人がなぜかびの生えた米を使おうと思ったのか、その歴史背景ははっきりしない。室温で放置されたり、再加熱されたりした米を食べれば、ひどい食中毒になることだってあるのだ。調理しない状態の米はセレウス菌の胞子を含んでいるが、この細菌種は急速に繁殖して食中毒を起こす可能性がある。セレウス菌は、米が室温で放置されたり、再加熱されたりすると生き延びることができる。胞子が細菌へと成長し、それが急激に増加して、吐き気や下痢を引き起こす毒素を産生するのだ。

かびを口に入れるとたいてい健康に害をおよぼす。麦角菌がその好例で、これを摂取すると、かゆみや痙攣《けいれん》、ひきつけ、しびれ、吐き気、嘔吐、下痢、腫れといった数々の恐ろしい症状に苦しむことになる。これらの症状に加え、麦角菌は手足の指の血管を収縮させ、乾性壊疽《えそ》を引き起こすこともある。麦角中毒の最悪の副次的影響の一つは、精神疾患や幻覚を引き起こす可能性があることだった。

アメリカ合衆国マサチューセッツ州のセイラムの魔女裁判騒動には麦角菌に侵されたライ麦が関係していたのではないかという説がある。この裁判は、一六九二年の春、セイラムの二人の少女が幻覚やひきつけの発作に苦しみ、奇声を発したり、体を異様な姿勢にねじまげたりしていると報告されたことに始まる。同様の行為が他の六人の少女に関しても報告され、何か悪意あるものが背後で動いているのではないかと考えられた。その後に行われた裁判では、総勢一五〇人におよぶ人々が魔女として告発を受けた。この事件の原因についてはさまざまな見解が提示されたが、麦角中毒もその一つである。

一九七〇年代に、カリフォルニア大学サンタ・バーバラ校の大学院生、リンダ・キャポラエルが、「魔女に取りつかれた」少女たちがあのようなふるまいをしたのは、麦角菌を摂取したためだという説を提唱した。筋痙攣や精神疾患、複視、吐き気、発汗といった症状は、麦角中毒でも見られるものだった。キャポラエルは、一九七六年に発表した論文で「裁判記録の内容が基本的に証人の経験を正直に書き留めたものだとすれば、魔女狩り騒動を引き起こしたのは、麦角菌で汚染された穀物の摂取によって引き起こされる疾患、つまり痙攣性の麦角中毒だった可能性がある」と述べている。

麦角菌は温暖で湿度の高い気候で繁殖するが、魔女裁判が始まる前年のセイラムの環境は、麦角菌が繁殖しやすいものだっただろうとキャポラエルは主張している。

麦角中毒の記録は古くからあり、メアリー・セレスト号の謎の失踪の原因に挙げられることもある。

初期の麴菌の実験は試行錯誤の連続であり、おそらく命を落としたり、健康を害して療養したりといったこともあっただろう。アスペルギルス・オリゼーは人間が口に入れても安全だが、近縁種のアスペルギルス・フラバスは有害なアフラトキシンを産生し、重篤な肝臓病を引き起こす可能性があり、時には命にかかわることもある。二〇〇三年には、一二〇人がアスペルギルス・フラバスに汚染されたトウモロコシを食べて死亡したと報告されている。

アスペルギルス・オリゼーを商用の食品や飲料の生産に使っているのはアジアに限られるようだが、菌類と細菌類が重要な役割を果たす食品は世界中にあふれている。

イギリスの代表的な飲料と言えばジンジャービアだが、この飲み物に関していつも思い出す画期的な事件がある。瓶の中で腐敗したカタツムリを発見し、ショックで呆然としたドナヒュー夫人が紙面を飾った事件である。一九二八年八月二六日、この女性は友人とスコットランドのウェル・メドウ・カフェを訪れた。友人がドナヒュー夫人にジンジャービアを一瓶頼んでくれたが、それを飲んでいたとき、カタツムリの腐敗した死骸が見つかったのだ。カタツムリは、ほとんど全部飲み干してしまわないとわからないところにひそんでいたのである。

メイ・ドナヒュー夫人は具合が悪くなり、のちに精神的なショックと重度の胃腸炎を患っていると診断された。彼女はジンジャービアの製造責任者のスティーヴンソン氏を相手に賠償訴訟を起こした。この裁判は消費者法において画期的な事件だったが、死んだカタツムリと画期的な訴訟事件のほかにも、ジンジャービアにはかびくさい秘密がまだあるのだ。

イギリスの少年少女向けミステリーの『フェイマス・ファイブ』シリーズと言えば、「たっぷりのジンジャービア」という名文句を思い浮かべる人が多いだろうが、この言葉は実はエニード・ブライトンの原作には出てこない。テレビドラマで創作されたセリフなのだ。だが、原作シリーズにもジンジャービアを飲む場面は何度も出てくる。気持ちのいい夏の日に、おいしいジンジャービアのピリッとした味わいを楽しむほどすてきなことはない。とはいえ、ジンジャービアはもともと、今日瓶や缶で売られているような炭酸飲料ではなかった。「本物の」ジンジャービアは、「ジンジャービア・プラント」から作られるものだ。名称だけ聞くと、なんだかおいしそうに思われるかもしれないが、実際は細菌と酵母が共生するコロニー（スコービーと呼ばれる）で、ゼラチン質で半透明なスライムのような層である。これを砂糖とショウガの入った水の中に入れると、シューッと泡立ち、かすかにアルコール分を含んだ、とても爽快な飲み物が自然にできあがる。ラクトバチルス・ヒルガルディーという細菌が独特の風味を加えるのだ。

ジンジャービア・プラントの歴史ははっきりわかっておらず、なぜイギリス中の窓台に生えるようになったかについて、明確な答えはない。クリミア戦争から帰還したイギリス兵が持ち込んだという説もある。ケフィアやコンブチャといったスコービーがロシア各地でよく見られるからだ。

以下の一九八〇年一〇月二九日付の『ベルファスト・テレグラフ』の記事を見ればわかるとおり、ジンジャービア・プラントは「給餌」のたびに成長するため、スコービーが分裂したり、別株になったものを友人や家族、隣人に配ることも多かった。この過程により、スコービーが成長すると、そこに微生物がとても複雑に混じり合って棲むことになる。一九世紀後半には菌類学者のハリー・マーシャル・ウォードがジンジャービア・プラントを研究し、一〇あまりの微生物が仲良く共生していることを発見した。麴菌同様、ジンジャービア・プラントは人間には無害であり、カタツムリがこっそりひそんでいないか気をつけてさえいれば、危険なく賞味することができる。

ジンジャービア・プラント

培養開始の手順。二オンス（約五七グラム）の酵母菌を大瓶に入れる（二ポンド入るジャム瓶が最適）。半パイント（約二八四ミリリットル）のぬるま湯、小さじすりきり二杯の砂糖、小さじすりきり二杯の粉末ショウガを入れて、一晩寝かせる。翌日、砂糖と粉末ショウガを小さじ一杯ずつ瓶に加える。この作業をさらに六日続ける。八日目に水抜きをし、ボウルに移す。そこに、二カップの沸騰した湯で砂糖を溶かしたもの、一二カップの冷水、レモン二つ分の果汁を加える。使用する前に瓶に入れたまま七日間保存する。最初の瓶には海綿のような物質が残っている。これを冷水に一時間半浸け、水切りをし、二つに分け、最初の酵母菌の代わりに半分のプラントを使って再び同じ作業を始める。

ジンジャービア・プラントは楽しいピクニックのお供になるが、仲間のスコービーであるコンブチャはそれほど無害ではない。一般に危険性は高くないと考えられているものの、吐き気や嘔吐、アレルギー反応、もろもろの痛み、黄疸《おうたん》といった症状を引き起こすこともあり、時には死に至ることさえある。

貴腐菌（ボトリティス・シネレア）は、ブドウをしなびさせて腐らせる菌で、条件がそろえばワイン醸造業者の夢となる。美しいブドウが腐ってしなびている光景は、喜ばしい眺めであり、おいしいワインへと変じる可能性があるものなのだ。

貴腐菌は子嚢《しのう》菌門の菌で、他の子嚢菌には、抗生物質のペニシリンやスティルトン・チーズとも関係のあるアオカビ、水虫の原因となる白癬《はくせん》菌などがある。貴腐菌はごく一般的な菌で、果物や野菜、花など、約二〇〇種の植物に棲みつく。果物を放置しておくと、灰色でけばのように果物を覆うあのかびのことなのだ。このかびは、ブドウ園に破滅をもたらすこともあれば、幸運を呼ぶこともある。すべてはタイミングにかかっている。ブドウが熟しきった栽培期の終わりころに襲ってくれば、カビはブドウの実に損害を与えることなく、実の表面をゆっくり覆っていく。この時期には、ブドウの実はすでにしぼんで水分もなくなり始め、糖分も凝縮している。貴腐菌は腐り始めたブドウから水分をさらに取り除き、それによって糖分がさらに凝縮してグリセロールが作り出される。その結果、濃厚で甘い、独特の味わいのワインができあがるのだ。

ソムリエたちは、貴腐菌がワインに加える味を「はちみつ」「蜜蠟」「ショウガ」などといった言葉を使って説明しようとする。この味わいを作り出すのが、フェニルアセトアルデヒドと呼ばれる芳香族化合物である。

残念ながら、ボウルいっぱいのイチゴにカビが一面に生えていたところで、おいしい自家製ワインが飲めるわけではない。熟しきって水分がなくなったブドウでなければならないのだ。

発酵酒の中でも「カモメ酒」は通好みの飲み物だろう。水の入った瓶にカモメの死骸を入れ、日なたで発酵させて作られるこの飲み物は、あやしげに思われるかもしれないが、古くからイヌイットによって賞味されてきたものである。

暑い夏の日にはリンゴ酒を一杯やってくつろぎたくなるものだ。昔のリンゴ酒製造業者はリンゴ酒が入った桶にネズミを入れて発酵を促したという話がまことしやかに伝わっているが、俗説にすぎないと主張する人も多い。一九〇二年の『セント・ジェイムズ・ガゼット』の特集記事は、りんご酒の製造にネズミが関係していると伝えている。「リンゴ酒桶のネズミ」と題されたこの記事は、リンゴ酒製造で改善の努力がきちんと行われていないことを嘆くもので、その製造法がでたらめきわまりなく、そのため多くのうわさ話を広めることになっていると指摘している。「そういう次第で、たまたまおいしいリンゴ酒ができたという話が出てくるのだ。その中には本当の話もあるし、単なるでっちあげもある。最近の信憑性のある話では、サセックスのリンゴ酒桶は一種のネズミ捕りの罠となっており、蓋の上を通ろうとするネズミはすべて桶の中に落ち、溺死するという。この結果、当然アルコール度数が増すことになった。労働者たちがリンゴ酒で酔っぱらう姿が頻繁に目撃されたため、真実が明らかになったのだ。彼らは人目につかないようにその桶に近づき、酒を飲んでいたのである」

齧歯類《げっし》がリンゴ酒桶の中に入り込んだことは事実と見てまちがいない。製造業者は、発酵期間にネズミが地下室にいてもたいした害にはならないと思っていたのだろう。そもそも、かつては桶に生の肉の破片やサンデーローストの残りを入れたものである。タンパク質が酵母菌の養分となり、発酵過程を促進すると考えられていたのだ。

リンゴ酒のお風呂で自殺したのは齧歯類だけではない。あるとき、リンゴ酒製造期間中に豚が一匹消える事件が起こったが、人々は豚は盗みにあったのだろうと考えていた。その年のリンゴ酒はいやにおいしかった。やがて大きなリンゴ酒桶が空っぽになって底に豚の骨が発見され、ここでようやく豚の行方が判明し、リンゴ酒の質が上がった理由も明らかになったのだ。熟していないリンゴ酒は酸が多いため腐食性が高い。豚は桶に落ちて溺死したあと、骨を除いて肉をすべて溶かされていたのである。

腐りかけた飲み物やかび臭い飲み物が好みに合わない、あるいはネズミや豚入りのリンゴ酒にはそそられないというのなら、牛の睾丸入りスタウトビールでのどをうるおしてはいかがだろうか。アメリカ合衆国コロラド州のウィンクープ・ブリューイング・カンパニーは、ロッキーマウンテン・オイスター・スタウトという悪名高いビールを醸造しているが、これは薄切りローストにした牛の睾丸二五ポンド（約一一キログラム）を利用して作られたスタウトビールである。このビールはもともとエイプリル・フールの冗談として始まったが、たちまち人気となり、会社によって「世界的に有名」なものと自画自賛され、「口当たりがよく、チョコレートとエスプレッソ、ナッツの濃厚な風味と……強い香り、粘り気を持つスタウト」と説明されている。

睾丸のローストはスタウトビールの材料としては変わったものだと思われるだろうが、二〇一五年には、ニュージーランド、ウェリントンのチョイス・ブロス・ブリュワリーが、グリーン・マン・パブのために、雄鹿の精液の入った「ミルク風」スタウトを開発した。このスタウトは、グリーン・マン・パブのオーナー、スティーヴ・ドラモンドが思いついたものだが、物議をかもす原料が入っている。地元の種馬飼育場から供給された雄鹿の精液だ。このパブでは、馬の精液の入ったリンゴ果汁入りのアルコールも提供しており、こちらも人気を博しているようだ。

奇食ならぬ奇飲といえば、アイスランドに勝る国はないだろう。その代表が、糞で燻製したクジラの睾丸ビールだ。アイスランドの地ビール醸造所のステジは、クジラの睾丸を羊の糞で燻製した「クヴァーリャ2」を製造している。これは二〇一五年にはじめて発売され、すぐ売り切れた。それ以来、毎年発売の時期になると人気が沸騰する。この酒がおいしそうに思われても、一つ考えなければならない問題がある。使われているのはナガスクジラで、国際自然保護連合が作成したレッドリストで絶滅危惧種に分類されているのである。

足フェチの人は絶対飲まなければならないカクテルがある。特に足の指フェチの人におすすめだ。一九七三年、カナダ北西部のユーコン準州のドーソン・シティで作られた「足の指カクテル」は、伝説の飲み物になっている。塩漬けにして保存された本物の人間の足の指を含んだもので、唯一無二のシュールな飲み物である。

もとになった指は、炭鉱作業員で酒類密輸入者でもあったルイ・ライケンという男性のものだったと言われている。ライケンは、一九二〇年代に凍傷を負った足の指の切断手術を受けたが、その記念として指をアルコール漬けにして保存したのだという。一九七三年、ユーコン準州に住むキャプテン・ディック・スティーヴンソンは、地元のキャビンの後片づけをしているとき、その保存された足の指を見つけた。この変わった拾い物を何かに利用できないかと考えたディックは、サワードー・バーに持って帰り、勇気のあるやつはこれを入れた飲み物を飲んでみろと挑発したのである。こうして、「すっぱい足の指《サワートー》・カクテル・クラブ」が誕生した。

残念ながら、ライケンの足の指は長寿を保つことはできなかった。サワートー・カクテル・クラブによれば、「一九八〇年七月、ギャリー・ヤンガーという炭鉱作業員がサワートー・シャンパンを何杯飲めるかという記録に挑んだ。一三杯目に挑んだとき、イスが後ろに傾き、ヤンガーは思わず足の指を飲み込んでしまった。残念ながら……足の指は失われてしまった」

しかし、クラブに足の指を寄付する人がひきもきらず、代わりの足の指がいくつも手に入った。寄付者の足の指の切断理由は、治る見込みのないうおのめや、凍傷、糖尿病などさまざまだった。アルコール漬けの足の指の瓶といっしょに、次のようなメモが入っているものもあった。「芝刈り機を使うときは、指がむきだしになるサンダルは履かないようにしたほうがいいですよ」

キャプテン・ディックがこの不気味なサワートー・カクテルの最初の規則を考えついたのは、友人と酔っぱらいながら過ごしているときだった。その規則とは「シャンパンをグラスいっぱいにつぎ、その中に指を入れ、グラスを傾けて飲む」という単純なものだった。それ以来、足の指はいくつか飲み込まれたり、紛失したり、破損したりして、ルールも少しずつ変わっていった。足の指を入れる飲料はどんな種類のものでもよいということになったが、一つだけ不変のルールがある。「ぐびぐび飲み干しても、ちびりちびりと時間をかけて飲んでもよいが、唇を足の指に触れなければならない」というものである。

二〇一三年八月二四日、ジョシュ・クラークという男性がサワートー入りの酒を注文し、故意に足の指を飲み込んだ。彼はすぐさま五〇〇ドルの罰金を払わされ、酒場を出ていった。故意に指が飲み込まれたのはこのときがはじめてだったが、予防措置として、罰金は二五〇〇ドルに引き上げられた。

この足の指カクテルのことを思うと、飲み物というのはバーテンダー次第で何でもありなのだなと思えてくる。わざとまずく作られた飲み物もあれば、いかがわしい製造過程を持つものもあるし、ただ単に変わっているとしか言いようのないものもある。

医療目的で売られる飲み物にも長い伝統がある。蛇酒もその一種で、その歴史は中国の西周時代にさかのぼる。伝統的な中国医療では、蛇の「エキス」を酒に入れると万能薬になると考えられ、EDから薄毛にいたるあらゆるものに効くとされている。蛇酒は媚薬として広く販売され、今でも人気のある「強壮剤」である。

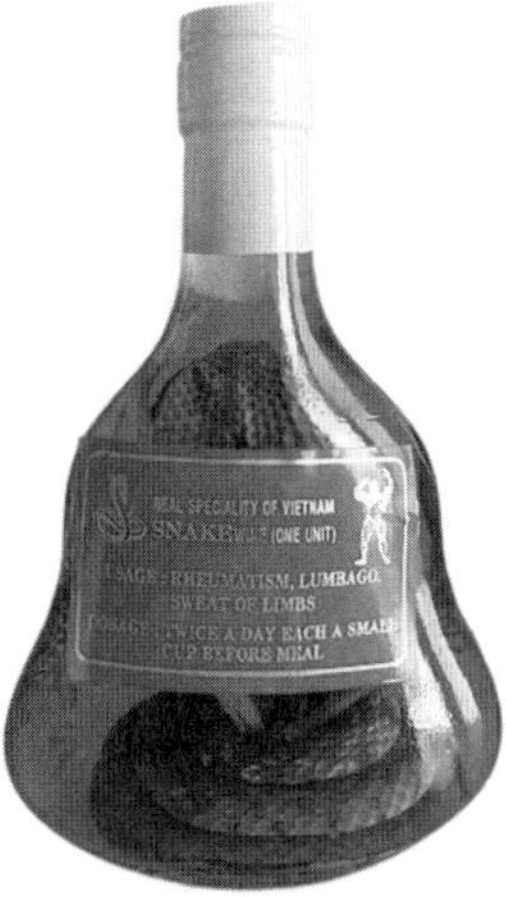

蛇酒

蛇酒は、一瓶に一匹の蛇が入れられ、酒の効力を高めるため、ハーブや根菜、場合によっては他の生物が加えられることもある。瓶にはさらに蒸留酒などの酒がつがれ、数カ月間寝かされる。蛇の毒や血も混ぜられ、精力剤、強壮剤ができあがる。

蛇酒を生産するときは細心の注意を払わなければならない。蛇が溺死せずに生き延び、酒の中で何カ月も身動きせずに過ごしたまま、瓶を開けた人間を攻撃することがあるからだ。

二〇一三年、黒竜江省出身の中国人女性が入院したという記事がイギリスの新聞に載った。三カ月間ソルガム酒に浸けていた蛇に手を噛まれたのである。記事にはこう書かれている。「この女性は関節痛に苦しみ、闘病のために夫から蛇を贈られると、蛇酒の製造に取りかかった。痛みがひどくなると、大きなガラス製のデカンターの底の栓から少しずつ酒をついで飲んでいた。だが、あるとき、酒をかき混ぜていると蛇が逃げようとし、手を嚙んだのである」

ベトナムにはさまざまな「薬用酒」があるが、その多くは野生の動物の死骸を利用しており、中には絶滅危惧種を使っているものもある。これらの酒はすべて健康増進を目的としているが、本当にその効果があるという科学的証拠は示されていない。

イギリスには健康増進を謳う酒などなかったと思われるかもしれないが、実際にはそのような飲み物が多く存在していた。その一例が「カタツムリ水」だ。これはふつうのカタツムリを利用したもので、万病を治癒する飲み物とされた。カタツムリは「世界一清潔な食用動物の一つ」と考えられ、著名な薬草学者のニコラス・カルペパーは、「カタツムリを食べるとなぜ衰弱した体が元気になるかというと、人間は軟泥から生まれたから、衰弱したときにねばねばした物質を食べると気力が回復するのだ」と述べている。一八世紀、一九世紀を通じて、カタツムリを採取して水に入れたものが健康増進のために利用され、特に呼吸器系の疾患や結核に効くものとされた。この飲料を作るには大量のカタツムリが必要で、薬草やミルクも利用される。

カタツムリ水

ヒレハリソウ、チコリーの根をそれぞれ四オンス（約一一三グラム）ずつ、甘草を三オンス（約八五グラム）用意する。コタニワタリ、オオバコ、コバノカキドオシ、ヒメオドリコソウ、ノコギリソウ、クワガタソウ、オランダガラシ、タンポポ、キンミズヒキの葉を、それぞれ両手いっぱいほど用意する。これらのハーブは晴れた日に集めること。水洗いはせず、布で汚れをとること。カタツムリを五〇〇匹集め、殻から出してきれいにする。ただし、ごしごしと洗い流さないこと。それから、卵の白身を泡立てて一パイント（約五六八ミリリットル）の水に入れたもの、ナツメグ四つを粉々にすりつぶしたもの、レモンとオレンジそれぞれ一つずつの黄色い皮を用意する。根とハーブをすべていっしょにすりつぶしたあと、他の材料とともに、新鮮なミルク一ガロン（約四・五リットル）とカナリーワイン一パイントの中に入れる。それからしっかり蓋をして四八時間寝かせ、標準的なサイズの蒸留器に入れて弱火で蒸留する。この量だと、蒸留器を二回いっぱいにすることになるだろう。できあがったものは一年間もつが、春か秋に作るのが最適である。作りたてのときが一番効果があるが、三カ月間は瓶に栓をせず、紙で覆って蓋をすること。この飲み物はすぐに飲むことができる。この水から四分の一パイント（約一四二ミリリットル）取り出し、牛からしぼりたてのミルクをできるだけたくさん加え、午前中、午後四時、そしてその二時間後に飲むこと。トウアズキの粉末を少し加えると、気分が爽快になるだろう。この水を飲むときには、規則正しい食事をとり、塩辛いものやすっぱいものは口にしないこと。

飲み物の世界は奇妙なもので、一見何のへんてつもないものにも、うしろ暗い秘密がある。「一杯いかが？」と誘われても、じっくり考えてからにしたほうがよいかもしれない。

9章　田舎のごちそう

アナグマの毛は、二世紀以上にわたり、ひげそり用ブラシや絵筆、時には女性用帽子の飾りとして使われてきた。では、アナグマの夕食はいかがだろうか。二一世紀には、アナグマのローストなど奇妙に思われるかもしれないが、アナグマの肉は古くから一定の人気を保ってきたのである。

アナグマは一八世紀のイギリスの立派な料理本にはまったく出てこないが、他の記録には散見される。今日では、路上で車に轢《ひ》かれて死んだものを料理する場合を除き、アナグマがメニューに載ることはほとんどないが、ひと昔前まではそんなことはなかった。一九二三年の『グロスターシャー・エコー』の「コッツウォルド・ハウンド犬との狩り」と題された記事には、狩りの記録が記されているが、そこには「アナグマを見つけて殺し、食べた」と記されている。

二〇一四年に惜しくも亡くなった料理人・著述家のディクソン・ライトは、田舎に限られていたらしいとはいえ、アナグマはずっと主食として食べられていたと証言している。イングランド西部地方では、今でも軽食堂でアナグマのハムを出す店があると聞くし、他のヨーロッパ諸国ではアナグマの肉はもっと広く食されている。フランスではブレロー・オ・サン（血のついたアナグマ）という料理がよく知られているし、イタリアやバルカン諸国の田舎ではアナグマを食べる文化がある。ロシアでは、アナグマは何世紀にもわたって食物、民間療法として利用され、その脂肪は咳や肺感染症に効くとされている。

コーンウォール在住のアーサー・ボイトは、数十年にわたり、車に轢かれた動物の遺骸を食べてきた。自分と同じように、道路掃除のついでに遺骸を拾ってただで食事を作ろうという人向けに、路上轢死《れきし》動物レシピ本まで書いている。ボイトは路上轢死動物に関してはまちがいなく第一人者であり、創意工夫に満ちた料理人だが、彼が作る料理にはアナグマ料理も入っている。そのレシピはシンプルだ。アナグマの皮を剝いで関節で切り分け、臓物は他の料理で使うためにとっておく。あとは、牛肉や豚肉と同じように、野菜も入れて伝統的な鍋料理にすればいいのだ。

ヨーロッパ諸国のレシピでは、アナグマは流水に数日間浸けてくさみをとるのがふつうだが、ボイトによれば、そのような処理が必要なのはキツネだけである。アナグマは、吊り下げる必要はないが、その他の点では猟獣肉と同じように新鮮なうちに処理し、食することができるのだ。

ボイトは、さまざまな路上轢死動物の中でもアナグマが特に好きということだ。ラブラドルレトリーバーも子羊の肉のようにおいしいと感じ、「変わった」肉も幅広く賞味しているが、アナグマ・サンドイッチが大好物だという。特に偏愛しているのがアナグマの頭部で、これは、顎筋、唾液腺、舌肉、脳みそという四つの食材に分けて利用することができる。

ボイトはずいぶん変わった味覚の持ち主だと思われるかもしれないが、イングランド西部の地方紙『ウェスタン・モーニング・ニュース』の一九四一年二月二二日付の従軍記者による記事にはこう書かれている。

イタリアではアナグマの肉を食べ、ドイツでも、梨といっしょに茹でて料理している。ちなみに、一〇〇年足らず前にはイングランドの田舎でもアナグマのハムが珍味とされたし、イルチエスターの「カウ・イン」では、一年に一回、アナグマのごちそうがふるまわれる。この食事会では、フォークを使うことは許されず、折りたたみ式小型ナイフでアナグマのローストを食べることになっている。アナグマが食べるものは、キツネとは異なっている。春には子ウサギを大量に食べるが、それ以外の季節にはあまり肉を食べない。しかし、だからと言ってアナグマ自体がおいしくないということはない。豚肉にとても似た味がするという評判だが、旅行者たちに聞くと、熊の肉に似ているということだ。

アナグマ料理のレシピはさまざまで、かつては他の肉に代えてアナグマのハムを食することが多かった。一九七三年の『バーミンガム・デイリー・ポスト』は、「アナグマの肉が近々伝統的なサンデーローストに取って代わることになるかもしれない」と報じ、「アナグマの肉は見た目も味も豚肉に似ていると言われている」と説明している。記事には、肉の値上がりのため、「最近、アナグマの肉が地方紙の広告にもよく載っているが、この状況が続けば、店で売り出され、ディナーの食卓に上るのも時間の問題だろう」と記されている。

そして一九八六年、アナグマは、実際に、オックスフォードシャー州ソニング・コモンのレストラン「ブッチャーズ・アームズ」で、イギリスの伝統料理をテーマとしたメニューの一つとして登場した。その広告には「古きイングランドの夜の味。過ぎ去りし日のさまざまな料理を中心とした三コースのメニューが五ポンドで楽しめます。オックスフォード・ジョン（薄切りの羊肉を煮込んだ料理）やオールダーマンズ・ウォーク（羊の鞍下肉）、子羊をベースにした二つの伝統料理、アナグマのベーコンなどを用意しています」。このアナグマのベーコンには実は本物のアナグマは使用されていないのだが、これを食べれば、少なくとも「ディナーにアナグマを食べた」と自慢することはできるだろう。

本物のアナグマのハムを食べたいと思っても、一九九二年以降、イギリスではアナグマを殺すことは違法になっていることを忘れてはいけない。だから、アナグマの鍋料理を食べたいなら、道路の遺骸を拾うしかないのである。

鹿やウサギ、ハトの肉はアナグマやキツネよりも人気を博しているが、ハリネズミはどうだろうか。ハリネズミを食べるといって思い浮かぶのは、ロマ族の人々が焚き火を囲んで座りながら楽しむ光景だろう。ロマ族の研究で有名だった故ドーラ・イエーツ博士は、多くのインタビューでハリネズミ料理についてアドバイスをくれている。ロマ族とともにキャラバンに乗ってイギリスをさまよった時代を回想しつつ、イエーツ博士はハリネズミのローストのレシピを明かしてくれる。「ハリ

焚き火を囲んで料理をするロマ族のイラスト(1886年ごろ)

ネズミを縦に切り裂き、粘土で覆って丸め、灰に入れてあぶり焼きにする。ハリネズミの針は粘土といっしょに自然にとれる」。その結果は？「とてもおいしく、アヒルのような味がする」

ハリネズミ料理に賛辞を捧げるのはイエーツ博士だけではない。一九二五年の『ヨークシャー・イヴニング・ポスト』は、粘土を用いた伝統的なハリネズミ料理を記事に取り上げている。「ハリネズミはとてもおいしいと言われ、ロマ族はハリネズミをたいへんな珍味とみなしている。ロマ族の料理方法は、ハリネズミを粘土で覆って丸めて焼くというものだ。粘土を砕くと、その粘土に針が埋め込まれており、あとにはすばらしくおいしい肉が焼きあがっているというわけだ」

ハリネズミを賞味したのはロマ族だけではない。第二次世界大戦で肉が配給制になったとき、イギリスでは、配給用の肉を補うため、肉屋が提供したハリネズミの肉が利用され、地方の医師によって処方されたという報告があるのだ。「数世紀の伝統を持つロマ族の料理に、洗練された味覚を適応させるだけでよかった」と報告されているところをみると、ハリネズミを夕食に食べることにそれほど抵抗はなかったようだ。一九五〇年五月には、英国医師会の医師がハリネズミを食べることを是認している。『ベルファスト・テレグラフ』の記事にこう書かれているのだ。「ハリネズミのローストが村の肉屋で売られ、地方の医師によって処方されているとのことだ。今のところ、私自身は肉屋のカウンターの下でハリネズミのおいしいフィレ肉を目にする機会には恵まれていない……ロマ族のレシピは、ハリネズミに泥のころもをつけて焼くというものである。ハリネズミのローストを賞味した英国医師会の医師によれば、ハリネズミの肉に治療効果があるとは思えないが、チキンの安い代替物として注文することには何の問題もないという。味もチキンのようでとてもおいしく、消化もよいということである」

焼いたハリネズミ料理など万人受けするものではないし、ノミがたくさんついた動物を料理するなど考えただけで吐き気がするという人もいるだろう。だが、味蕾《みらい》を刺激しようがしまいが、ハリネズミもまた現在では保護種に指定されており、料理しようと思うなら、路上で押しつぶされたものを見つけるしかない。

カモメの卵は一部の人々によって珍味と考えられ、レストランで高級料理としてメニューに載っていることもある。カモメの卵はニワトリの卵より大きく、黄身は濃いオレンジ色をしている。少し塩辛いというのが大多数の意見だが、魚のような味だと言う人もいる。カモメの卵がどのように採取されているかは、謎に包まれている。許可制であるうえに採れる季節も限られているため、めったにお目にかかることのできないごちそうである。

カモメというと、ギャーギャー騒いでゴミ袋を裂き、瓶をあさる厄介者というイメージがあるだろうが、レストランがこぞって欲しがる貴重な卵を産むのは、その種の乱暴者たちではない。フライドポテトを狙って尾けてきたり、アイスクリームを奪ったりするのは、セグロカモメやオオカモメだ。これに対して、青緑の斑点のついた光沢のある卵が垂涎《すいぜん》の的となっているのは、ユリカモメである。こちらはより小柄で優美であるうえ、行儀もよい。ユリカモメの卵が採取されるようになったのは数世代前からである。かつては沿岸地域に住む人々にとって季節限定のごちそうで、身の危険を感じながらも危なっかしい崖に登って卵を手に入れようとしたものだったが、採取できる季節が短いため、貴重な食材となっているのだ。

ヴィクトリア朝時代の人々はユリカモメの卵が大好物で、熱心に採取した。その慣習が目に見えて広まったのは、ニワトリの卵の供給が不足した第二次世界大戦中のことである。戦時中のウミガラスやユリカモメの卵の採取については、地方紙、全国紙ともに多くの記事になっている。次に紹介するのは、一九四一年三月一日の『ハートルプール・ノーザン・デイリー・メール』の記事で、ここには莫大な予想採取量も記されている。

「食料供給を補うカモメの卵」
この国の食料供給は、まもなくカモメの卵で補われることになるだろう。近い将来、数十万個のカモメの卵が店で売られることになると推定されている。イギリス沿岸のカモメの卵の数が当局者によって調査され、春の産卵期に採取する手はずが整えられた。「沿岸地域の漁師たちは長年にわたってカモメの卵を食べており、とてもおいしいということだ」とは、ニューカッスルの自然史協会の北部担当名誉書記、G・W・テンパリー氏の言葉である。テンパリー氏によれば、カンバーランドのレーヴングラス地域には約一五万羽のユリカモメが棲息しており、一羽あたり二、三個の卵を産むという。「ウミガラスの卵はもっと大きいので、より腹の足しになるだろう」とテンパリー氏は付言した。ウミガラスは、ヨークシャーのベンプトン・クリフスに大量に棲息している。

第二次世界大戦中には莫大な量のカモメの卵が採取されたが、戦後になっても需要はたいへん高く、一九四七年には輸入に頼ることになった。「食糧大臣は、デンマーク、オランダ、アイルランドからカモメの卵を輸入することで商務委員会と合意した」と報じられている。

今日、カモメの卵は、沿岸地域に住む人々のごちそうでもなければ、戦時中のニワトリの卵の代替品でもない。ロンドンの最高級料理店のメニューに載るような料理になっているのだ。『ニューヨーク・タイムズ』のジャーナリスト、エドワード・シュナイダーは、ロンドンの高級レストラン

「ジ・アイヴィー」でカモメの卵を賞味したときのことをこのように記している。「でも、私たちはすばらしい時を過ごし、おなかいっぱいになるまで食べた。料理にはカモメの卵も含まれていた。あのすばらしいまだら模様の殻に入ったまま、弱火で茹でられ、白身が半熟になり、しかし色鮮やかな赤みがかったオレンジ色の黄身はまだ液体状のまま、手作りマヨネーズとセロリソルトといっしょに供されるのだ」。シュナイダーはさらに「ロンドンの高級なイギリス伝統料理店では、きまってカモメの卵が出てくる。特別な料理なのだ」と説明している。

「エッガー」として知られるカモメの卵の採取者は、政府からライセンスをもらわなければならない。このライセンスは年一回更新されるが、採取が認められている時期には、採取者は厳格なスケジュールに従い、平日は午前九時、土日は午前一一時には沼地帯から出なければならない。そのため、当然、カモメの卵の供給は限られており、値段も高い。エッガーにはカモメの卵採取の長い伝統があり、採取技術も熟知しているが、この商売はたいへん儲かるため、違法採取があとを絶たない。違法採取者は、正式な許可を得ているエッガーのような経験が不足しており、ユリカモメの卵だと思ってまちがって保護種のニシズグロカモメの卵を採ってしまうことも多い。違法に採取、販売されている卵の多くは、人間が食用にすれば害をおよぼすかもしれないという懸念もある。

この珍味のために命を失った者も数多い。貴重な卵を求めて危険な崖を登っているときに転落死したのである。田舎のごちそうを求めるなら、路上轢死動物を拾うほうが安全なようである。ただし、かつては、もっと人々に親しまれていた田舎料理があった。ミヤマガラスのパイや鍋料理だ。大半のイギリス人は、子供のころからマザーグースの「六ペンスの唄」に親しんでいるだろうが、この童謡でパイにされる「ブラックバード」とは、庭でよく見られる鳴鳥のことではなく、ミヤマガラスの若鳥だと考えられている。

ミヤマガラスのパイは一部の人々にはとてもおいしい料理と考えられたが、この「ただで作れる料理」には、嫌悪や軽蔑を表明する人もいた。『*Cassell's Dictionary of Cookery*（カッセルの料理事典）』には、「ミヤマガラスの肉は乾いていてざらざらしている。この若鳥を具にしたパイは、まあそこそこのレベルである。少なくとも、この鳥を食用にするなら、パイが一番おいしいことはたしかだろう」と書かれている。

一八八五年六月、ロンドンのレドンホール・マーケットは「ミヤマガラスの若鳥で真っ黒」だったと描写されている。この鳥は主としてイングランド西部とスコットランドの原産で、「市場では一羽数ペンス足らず」という安値で売られていた。一八七五年の『ペーズリー・ヘラルド・アンド・レンフルーシャー・アドヴァタイザー』は、ミヤマガラスは「今の値段で買って食べる価値があるか」という問題を論じている。記者は「その利点を熱心に擁護する」気にはならないという。安いとはいえ、「少量しか得られない肉」のために下ごしらえに「かなりの手間」を要するからだ。事実、下ごしらえには手間がかかったようだし、食用にできると考えられたのは胸部だけだった。もっとも、下ごしらえの手間だけでなく、見た目にも問題があったようだ。「ミヤマガラスの死体ほどおいしくなさそうな鳥もない。おいしいパイができるとは思えない見かけである。この鳥に対する偏見もそこから来るのだろう」。多くの記事がミヤマガラスをハトと比べ、「ミヤマガラスのパイはハトのパイと同じくらいおいしい」と結論づけているが、ミヤマガラスのパイは食欲をそそるものではないという意見も根強く、その最大のセールスポイントは、値段が安いことだったようである。

ミヤマガラスの肉は、ハトの肉と比べられ、同じくらいおいしいものと評価されたうえ、旬の時期にはとても安く、大量に出回ったため、ハトのパイとして売られることもあった。一九二九年の記事には、「メニューにはハトのパイと書かれていながら、ミヤマガラスのパイが出されても驚かないように。私が味わったミヤマガラスのパイにも、本物のハトのパイだといって容易に通用すると思われるものがあった」とある。ミヤマガラスの肉を絶賛する記事もあり、一九八〇年の以下の記事では、胸肉がすすめられている。

ミヤマガラスのまるまるとした胸肉は、幼鶏よりもやわらかく、料理人がきちんと料理法を知っていればおいしいものができあがる。数年前には（今でもそうかもしれないが）、競馬好きの老人たちが、ハンプシャーのグッドウッド競馬場で五月に開催されるフェスティヴァルで、馬主や調教師行きつけの高級レストランについて語ったものである。目玉料理はいつもミヤマガラスのパイで、その料理を見下すような態度を示す者がいれば、くだらない人間とみなされた。そのような食事をとったあとでは、昼食に何を食べたか尋ねられたとき、単に「カラス」だとはもちろん言わなかった。野生のハトは村の農場主の脅威となっているが（思い出せるかぎりでは、かつてはあふれるほど見かけたものだ）、この鳥の肉からはハトパイと呼ばれるすばらしい料理を作ることができる。そのレシピはまともな料理本であればどれでも載っているものだ。野生のハトは収穫期には網で大量に捕らえることができ、鳥肉販売店や獣肉販売店で売られていた。

ミヤマガラスの下ごしらえには手間がかかり、苦い脊椎は取り除かなければならないということは広く認められているようだが、おいしいかどうかは好みの問題だったようで、メイン・ディッシュになることは一度もなかった。ミヤマガラスのパイは農家で作られた料理で、農村社会ではありがたいごちそうと考えられていた。パイにするときには、次のような注意事項があった。「老いた鳥はパイにしてはいけない——若鳥を利用するときも、とても若いものだけを使うこと。羽をむしってはならない——皮を剝ぐのだ。あらかじめ頭部と脚の下の部分を取り除き、翼を中央の関節で切り取っておけば、皮剝ぎの作業はすばやく行うことができる」。ミヤマガラスのパイは、熱々の場合は煮込みステーキやグレーヴィーソースといっしょに出され、冷めた状態で切り分けた場合は、ゆで卵やゼリーといっしょに出されることが多かった。

ミヤマガラス狩りは田舎の生活を彩る伝統的な風物詩だったが、現在では組織立ってミヤマガラス狩りを行うことはなくなっている。イギリスでは、ミヤマガラスが農作物や他の野生動物、公衆衛生に問題を引き起こす場合を除いて、撃ち殺すことは違法となっている。ミヤマガラスパイも現

ミヤマガラスの狩猟会のイラスト
（1881年）

ミヤマガラスの狩猟のイラスト
（1800年ごろ）

在ではほとんど見られず、作られることがあったとしても、たいがいは懐かしさをかきたてる思い出料理としてにすぎない。「ミヤマガラスパイあります」という記事が地方紙に掲載されるような時代は過ぎ去ったのだ。一九一二年の『ヨークシャー・イヴニング・プレス』には、「ミヤマガラスパイ愛好家に耳寄りな情報。今週末、ミヤマガラスが登場。半ダースで一シリング三ペンスから一シリング六ペンスの値段でセール中」のような告知が見られるが、今後そのような広告が掲載されることはないだろう。今日、ミヤマガラスはその希少性ゆえに「珍味」の地位に上りつめている。古くから広く食されてはきたものの、これまで高級料理と考えられたことはなく、田舎料理とみなされ続けてきたようだ。一九五一年、アイルランドのラウズ県最大の鳥肉業者の一人、ルーズヴェルト・ウィルキンソン氏はこう語っている。「この時季にはミヤマガラスを数百羽という単位で売るが、買ってくれるのはリンカンシャーの人々だけだ。都会に住む人はミヤマガラスパイなど聞いたこともなく、もちろんそのおいしさも知らない」

ミヤマガラスの若鳥は、枝《ブランチ》でぴょんぴょん跳びはねることから「ブランチャー」と呼ばれ、巣の近くで撃ち殺されたあと、主としてパイの具にされた。非常に凝ったパイ料理にされることもあった。「すばらしい賄い業者として広く知られたイエーツ夫人だが、その夫人の過ぎし日の思い出で最も印象深いのが、一九一三年五月、チャーチ・ハウスで開かれたフォレスター家のお祝いディナーだという。夫人が作ったミヤマガラスパイは、村のパン焼き場で焼かなければならないほど巨大なものだった。このパイは、ミヤマガラス一〇〇羽、牛肉の切り身二五ポンド（約一一キログラム）、

ミヤマガラスの狩猟のイラスト
（1879年）

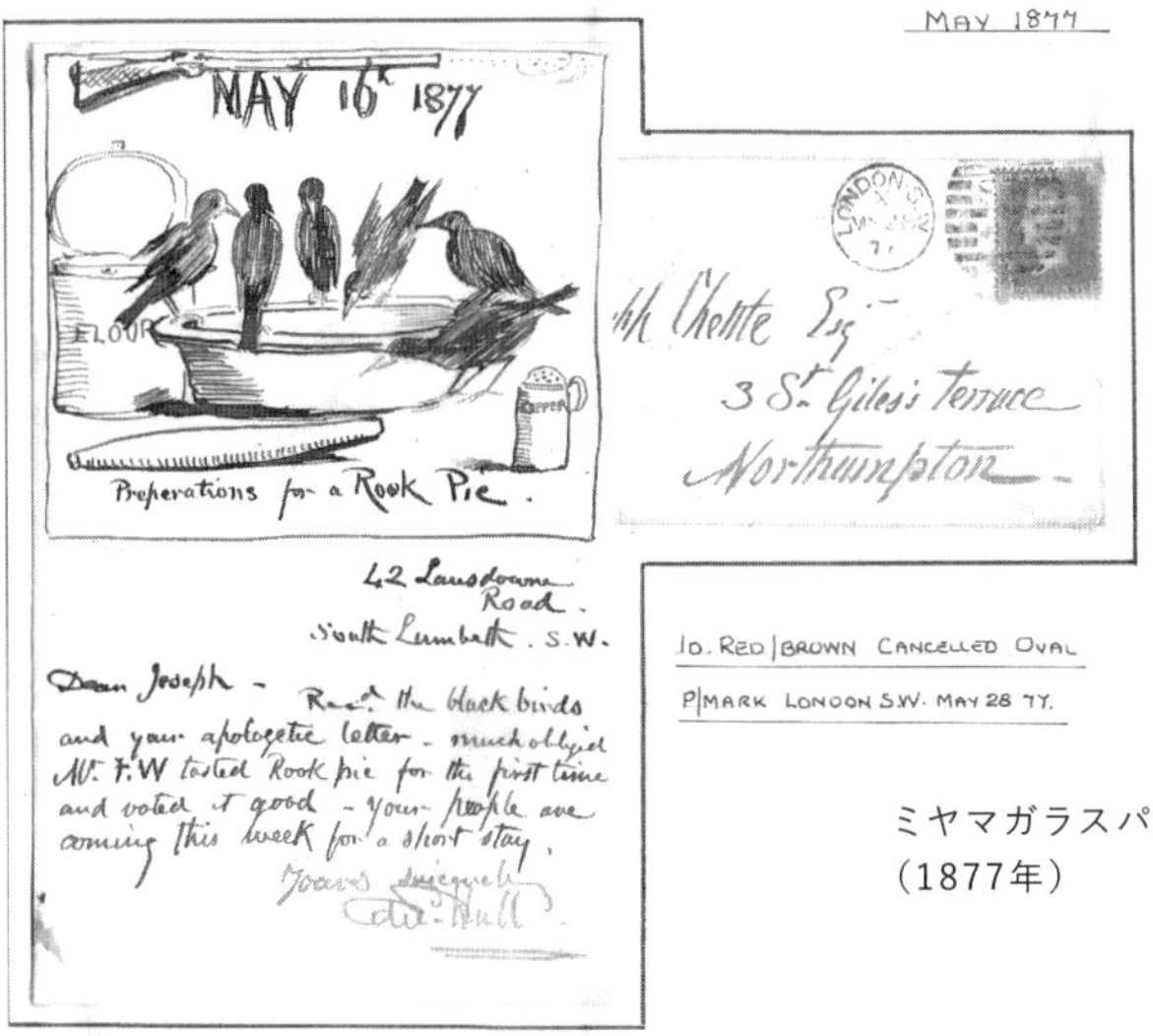

ミヤマガラスパイのスケッチ
（1877年）

六ダースのゆで卵、豚足を材料とし、一三七人の客がその分け前にあずかった」。もっとも、イエーツ夫人のものほど巨大なミヤマガラスパイが作られることはめったにない。『*Mrs. Beeton's Poultry and Game*（ビートン夫人の家禽肉と獣肉）』で紹介されるレシピは、五、六人分のもので、ミヤマガラスの若鳥六羽、尻肉のビーフステーキ四分の三ポンド（約三四〇グラム）、熱い煮出し汁をペストリーで包んだものを材料としている。

一九一一年、『ペル・メル・ガゼット』はミヤマガラスへの反感に異議を唱え、その肉を堂々と擁護した。

ミヤマガラスパイを避ける人がいるのは、この鳥がハシボソガラスと結びつけて考えられ、混同されているからだ。そのような誤った考えはすぐに捨ててもらいたい。ミヤマガラスは最も消化が悪い肉だというばかげた考えもはびこっている。実際、獣肉の長所と短所を並べ立てた以下のような表を見たことがある。消化にかかる時間が、ミヤマガラスは六時間、ハトは三時間一〇分、キジは三時間五分、ライチョウは二時間半、シギとヒバリは二時間、鹿肉は一時間半、茹でたトライプは一時間、とするものである。この表を見ると、ミヤマガラスパイは食料として一番適していないということになりそうだが、この表の作成者の信憑性はあやしいものだ。実際には、ミヤマガラスパイはハトパイと同じくらい消化しやすいし、そうであるべきなのだ。味もハトパイに劣るものではない。すべては料理方法にかかっている。しかし、ミヤマ

吊るす準備のできた猟鳥(1890年ごろ)

ガラスパイはまだ大衆に浸透していないので、料理法を知っていたとしても、田舎の屋敷に住む人々は作るのに苦労し、結局、品質が保証された高級な獣肉を選ぶことになるのだ。

ミヤマガラスを熱狂的に愛好する人々は、古くからミヤマガラスパイがどれほどすばらしいか美化して語ったものだが、この料理は、長い間、悪いイメージに苦しんできた。だが、二〇〇七年には、スコットランド出身の有名シェフ、ゴードン・ラムゼイのおかげで、ミヤマガラスの肉は新聞の見出しを飾ることになった。ラムゼイは、ミヤマガラスを活用したサラダを作り、「こういったものがイギリスの伝統料理のメニューに載ってもよい時期だと思う」と発言したのだ。ただし、この歴史的料理が記事になったのは、好ましい理由からではなかった。ミヤマガラスを食べることのすばらしさではなく、「一九八一年野生生物および田園地域法」に違反するということで報じられたのである。二〇一一年にも同じようなことが起こっている。このときには、ワイト島のレストランがミヤマガラスのひな鳥を含む料理を出したが、それが違法に撃ち殺されたものだということが発覚し、即刻料理の提供が取りやめられてしまった。ミヤマガラスはまたしても、料理とは関係ない理由で新聞記事になったのである。ミヤマガラスはイギリスのメニューから姿を消し、それについてカラスのようにぎゃーぎゃー騒いでも世の趨勢《すうせい》を変えることはできないようだ。

10章　危険を冒さねば牡蠣は食えぬ

女性美食家：「あれはきっと悪いものだったのね」
牡蠣売り商人（怒って）：「どういう意味ですか。奥さん、じゃあ飲み込まなければよかったんですよ。この商売を始めて一〇年になりますが、そのようなことは一度もありません」
女性美食家：「でも、ひどい味だったけど」
牡蠣売り商人（機嫌を直して）：「はい、もちろんもっとおいしいものがあることは否定できませんがね」

（一八七九年の『パンチ』より「礼儀をわきまえた返答など」）

今日、牡蠣は、シャンパンのお供にするのに最適な退廃的で贅沢な料理と考えられている。このぬるぬるしたしろものは、新鮮なレモン汁をかけて生で食べることが多いが、タバスコをかけたり、マティーニに入れて飲み下すこともある。

牡蠣はイギリスの高級海鮮料理レストランのメニューを彩り、牡蠣の食事を楽しむフェスティヴァルまであるが、一方で、この食品をちょっと不気味だと感じる人もいる。その見た目がいやだという人もいるし、ぬるっとした質感と海のにおいだけで吐き気を催す人もいる。

牡蠣をきちんと味わうには、殻から直接身をまるごと口に入れて何度か噛み、ミネラルいっぱいの風味を口の中に放出させなければならない。酒を一杯、という感じで飲み込んでよいものではないのだ。牡蠣に詳しくない人は、「ミルキー」な牡蠣を口にすると驚いてしまう。ミルキーと形容されるほど白い牡蠣は放卵直前のもので、この時季の牡蠣を噛むと、口の中にまとわりついて変な感じがする。ジョナサン・スウィフトが言うように、「牡蠣を最初に食べた人間は勇気があった」にちがいない。このスウィフトの言葉は、一六六二年に出版されたトーマス・フラーの『*Worthies of England*（イングランド名士録）』に見られる「牡蠣をはじめて食べるという冒険を行った者は勇敢な男だっ

魚屋——マーゲートで売りに出るピアス氏（1935年ごろ）

牡蠣売り商人のイラスト（1863年ごろ）

た」を踏まえたものである。たしかに、牡蠣を食べるのはちょっと勇気がいる。牡蠣の見かけが変わっていて、その質感や味に慣れるのに時間がかかるという理由からだけではない。食中毒になり、時には死をもたらすこともあるからだ。

紀元四三年にローマ軍によって占領される前、イギリスでは甲殻類は肉や魚類に比べると二流のものと考えられ、他に選択肢がないときにしかたなく食べるものとされた。だが、ローマ人たちはあらゆる海の幸を好んだので、牡蠣やエゾバイ、ザルガイ、イガイ、カサガイなどの甲殻類の需要が高まった。

ローマ軍による占領中、牡蠣は人気料理で、ハーブや卵黄、発酵させた魚肉用ソースで味つけしたものが賞味された。だが、ローマ軍が去ると、都市部や荘園で見られたローマ・ブリトン文化の影響は衰え、牡蠣も人気がなくなり、珍味としての地位も失った。

牡蠣の殻を取る様子（1891年ごろ）

ファッションの世界では、新しいものなどなく、今はやっているものはかつて流行したものだという考えが信じられているが、料理の流行にも同じことが言えるだろう。牡蠣を食べる伝統は数世紀の間途絶えたが、八世紀には再びメニューに載り、一四〇〇年代には人気のある栄養源となっていた。

中世ヨーロッパで魚類や甲殻類が人気を博したのは、教会によって「魚の日」が定められていたからだ。この規則により、中世末期まで、階級や地位に関係なく、金曜日と土曜日には動物の肉を食べることが禁じられた。水曜日もまた一五世紀前半まで魚の日とされていた。毎週定められたこれらの曜日のほかに、受難節の六週間や、宗教的に重要な意味を持つ他の日にも魚の日が課された。これらの規則が厳格に強制される中、ビーバーやセイウチ、カエル、カオジロガンは魚に分類され、食べることが許されたが、特に人気があったのが、淡水魚とニシン、タラ、そして牡蠣だった。

中世には、魚と肉は混ぜて食べてはいけないものとされ、牡蠣の食べ方もその影響を受けた。牡蠣が去勢鶏のローストや牛肉、アヒルといっしょに食べられるようになったのは、一七世紀になってからである。数世紀の間厳格に守られた規制が緩和され、牡蠣は突如として、詰め物の材料やソース、ソーセージ、パイに利用されるようになった。相変わらず牡蠣単独で、またはオードブルとして賞味されることもあったが、生で、煮込んで、ピューレにして、香辛料を加えて、ローストで、焼いて、とさまざまな形で食されるようになったのだ。

一八世紀には緑牡蠣が人気を博した。エセックス州のマーシー島沖の浅瀬に棲息するイギリス原産のこの牡蠣は、扁平な殻が特徴的で、九月には緑のひげ（無害な藻類から成るものだ）を生やした。ローマ人は、イギリスでまともなものは、コルチェスター原産の牡蠣だけだ、と言ったらしいが、それがイギリス人にも楽しまれるようになったのである。

地元の食料調達者は、緑牡蠣を採取すると、塩性湿地に掘った穴に六週間から八週間入れっぱなしにしておいた。そうすると牡蠣は深緑になり、これがロンドンでたいへんもてはやされ、流行の最先端を行く料理になったのだ。

ヴィクトリア朝になっても牡蠣は豊富に利用され続けたが、少数の特権階級のための珍味というわけではなかった。ピクルス漬けにされ、貧困層が手軽に楽しめ、持ち運びもできる食品だったのである。行商人が売り歩くことが多く、

牡蠣売り商人の戯画的な肖像（1880年ごろ）

チャールズ・ディケンズの『ピクウィック・クラブ』のサム・ウェラーは「貧乏と牡蠣はいつもいっしょにいるようだ」と言っている。

『イラストレイテッド・ロンドン・ニュース』には「牡蠣の日」の様子を描いた記事が掲載された。牡蠣の日とは、「ビリングスゲートのロンドン市場にはじめて牡蠣が持ち込まれた日」として知られる日だった。「路上は祝祭日のような活況を呈し」、その描写から、群集でにぎわう日だったことがうかがわれる。「牡蠣の日がやってきた。毎年この日はとても忙しい日になる。メイヒュー氏の『*London Labour and the London Poor*（ロンドンの労働とロンドンの貧民）』によれば、『行商人が一年に売る牡蠣の数は、一億二四〇〇万個におよぶ。一ペニーで四個とすると、総額一二万九六五〇ポンドに上る。だから、ロンドンの路上では、毎年約一二万五〇〇〇ポンドが牡蠣に費やされているといってよい』」

行商人の呼び売りの声はロンドンの路上ではおなじみのものだったが、その中でも「牡蠣だよ、一ペニーでいくつも牡蠣が買えるよ」の声が一番よく聞かれたにちがいない。安価で主食として人気が出たため、一九世紀半ばには、サセックス州の沿岸で牡蠣やホタテ貝が何艘もの小型漁船によって大量に採取された。乱獲と汚染により、牡蠣養殖場は突然涸渇することになった。しばらくの間、牡蠣の将来は暗いものに思われたが、人工養殖によってなんとか絶滅の危機を切り抜けた。

牡蠣は最も料理がしやすいシンプルな食品としてもてはやされ、酢かコショウを少しかけて、バターつきのパンとともに出されることが多かった。ルイス・キャロルの『鏡の国のアリス』の「大工さんとセイウチ」という詩には次のような一節がある。

「食パンこそが」とセイウチが言う、
「われらのいちばん欲しいもの。
あとはコショウと酢があれば
まことによいのだが――
さて、用意はいいか、牡蠣たちよ、
われらは食事を始めるぞ！」

人々の牡蠣への欲望は飽くことを知らなかったようで、需要はますます高まっていったが、イングランドの牡蠣養殖業者は人工養殖場の経営に乗り出し、商売を拡大してその需要に応えた。ポーツマス近郊のエムズワース港で牡蠣養殖にたずさわった二人の著名な人物がJ・D・フォスターとジョン・ケネットで、この地域の牡蠣養殖場はほとんどこの二人によって買い占められた。

牡蠣はイギリスのメニューに載り続け、ステーキパイなどの安い具として利用されたが、牡蠣帝国はやがて崩壊の危機を迎えることになる。一九〇〇年代はじめ、自治体によって下水道と排水管が敷き直され、エムズワースの波打ち際に排水が流れ込むことになったのだ。フォスターは、その流出口のすぐ近くに養殖場をいくつか新たに建設して、大量の若牡蠣を養殖していた。不幸にも、下水管の再配置の影響がすぐに認識されることはなく、汚染の危険性が考慮されることもなかった。それと知られることなく、フォスターの牡蠣は波打ち際の排水によって汚染され、一九〇二年のスキャンダルにつながった。フォスターは地元の市長の宴会に牡蠣を提供したが、そこで食事をした人々のうち数人が腸チフスで死亡したのである。死者の中には、ウィンチェスター大聖堂の首席司祭も含まれていた。クリスマス直前の首席司祭の死はあらゆる新聞で報じられ、クリスマスのごちそうに牡蠣を食べようという人々の気持ちに水を差す結果になった。

「牡蠣の食中毒の疑い」

ウィンチェスター首席司祭のW・R・W・スティーヴンスが、昨夜九時すぎに亡くなった。氏は腸チフスの症状を呈しており、その原因は一一日に開かれた市長の宴会で汚染された牡蠣を食べたことだと考えられている。首席司祭は元市長を送るこの宴会に出席し、牡蠣をいくつか口にしたということだ。ハンプシャーで広まっている腸チフスの流行はこの牡蠣によるものとされ、スティーヴンスは最初の患者の一人だった。この腸チフスが原因と見られるウィンチェスターの死者は、スティーヴンスで三人目である。日曜日の朝に症状が急激に悪化し、回復の見込みがないということで、家族が呼ばれることになった。

利益を上げていたエムズワースの牡蠣帝国は実質上一夜にして崩壊し、腸チフスでの死が汚染された牡蠣によるものだと判明したことで、ほとんどの人々が牡蠣で生計を立てていたこの町は壊滅的な打撃を受けた。
緊急会議が招集されて牡蠣の汚染問題について話し合われ、牡蠣養殖場の近くの排水を止める要請が出された。この重要な会議は、全国紙でも報じられた。

「牡蠣の食中毒、業者が行動を起こす」

ロンドンの魚屋ホールで牡蠣業者委員会の会合が開かれ、これ以上の汚染を防ぐ措置を講ずるため、漁場近くで下水が流入している場合、魚屋と牡蠣養殖業者は委員会に知らせることを義務づける決議が採択された。河川や入り江への下水排出に抗議するため、牡蠣養殖に関わる人々が会議を開くことを求める決議も採択された。

「牡蠣中毒」という言葉が見出しに躍ることが増え、汚染された牡蠣の記事が次々と掲載された結果、大衆の信頼感は揺らいでいった。エムズワースの細菌学者のクリーツ博士が、食べるのに適していないという判断を下したにもかかわらず、下水で汚染された牡蠣が依然として流通し、牡蠣産業はますます信用を失った。汚染牡蠣の話は繰り返し報じられ、ウィンチェスター首席司祭の死から五年経ってもなお、汚染された牡蠣が売られているという記事が出ている。

「汚染された牡蠣」
ワイヴンホーの牡蠣業者、ウィリアム・バートレットは、土曜日にコルチェスターで、（セント・バーソロミュー病院のクリーツ博士の示す証拠によれば）下水で汚染された牡蠣を売った罪で、二〇ポンドの罰金と訴訟費用を科された。

フォスターはウォーブリントン議会に対して一五〇〇ポンドの損害賠償訴訟を起こしたが、数年にわたって激しくやりあううちにその賠償額は一万八〇〇〇ポンドにまで膨れ上がった。一九〇六年には、競合する牡蠣養殖業者のケネットが、フォスターは下水の流出を知っていたばかりか、そこに含まれる栄養素を利用するために敢えてその流域に養殖場を設立したのだと証言した。その結果、フォスターへの賠償金は減額されたが、牡蠣の取引への悪影響は続いた。

一九〇二年の市長の宴会で起きた牡蠣中毒の原因は、下水によって養殖場が汚染されたことだったが、牡蠣料理には危険がつきもので、未処理の下水に汚染されていなくても食中毒は珍しいことではない。牡蠣は濾過摂食者、つまり、水やその中に棲む微生物を飲み込んで摂取することで食事をする動物で、その中には有害な細菌やウイルスも含まれているのだ。飲み込まれた細菌やウイルスは牡蠣の体内で濃縮され、生の状態の、または十分に火が通っていない状態の牡蠣を食べた人々に感染するのである。生きている牡蠣には、ノロウイルスと腸炎ビブリオ菌という二種の病原菌がひそんでいる。ノロウイルスが胃炎や腸炎を引き起こすのに対し、腸炎ビブリオ菌はコレラの原因

貝類の入った木箱を展示し、燻製ニシンを吊り下げたコーンウォールの伝統的な魚屋。仕出し屋たちが誇らしげに立っている

となる細菌で、高熱やショック状態、水膨れなどを引き起こし、場合によっては血液感染から死に至ることもある。

人間にとって危険で食べるのに適さない食品は、見た目やにおい、味で異常が感じられるものが多いが、有害な細菌を含む牡蠣はまったくそんなことはない。そのため、犠牲者は症状があらわれるまで何の疑念を抱くこともなく、牡蠣の危険性にまったく気づかないのである。

具合が悪くなったり、発作を起こしたり、時には死に至る可能性があるとはいえ、牡蠣はハイガイほど危険ではない。ハイガイは、A型肝炎や腸チフス、赤痢を引き起こすウイルスを含んでいる。一九八八年には三一人がハイガイを食べたことで命を落とし、ハイガイを食べた人の一五パーセントがなんらかの感染症を患ったと報告されている。ハイガイを茹でても致死性の病原菌を殺すことはできないため、赤痢になる可能性が非常に高い。

ハイガイのことを思えば牡蠣ははるかに安全であるように思われるが、それでも、牡蠣を食べることはロシアン・ルーレットの料理版と言ってよい。牡蠣を食べるときには、シャンパンに派手に金を使うのもいいだろう。それが最後の晩餐にならないという保証はないのだから。

訳者あとがき

本書は、二〇二二年五月に刊行された、食物史家セレン・チャリントン＝ホリンズの『*Revolting Recipes From History*』の全訳である。

まず、著者のセレン・チャリントン＝ホリンズについて簡単に紹介すると、ウェールズ在住の食物史家で、BBCをはじめとするラジオ番組・テレビ番組に数多く出演し、『デイリー・テレグラフ』や『デイリー・メール』、『ザ・サン』といった新聞にも料理関係の記事を寄稿している。歴史的な研究とともに、過去の料理の復元にも力を入れ、そのサンプルはイギリス各地で展示されているということだ。二〇二〇年六月に茶の歴史に関する『*A Dark History of Tea*』を出版し、飲料から食物にテーマを変えた本作が二冊目の著作となる。

「奇食」というと、ゲテモノ料理を食べてその感想を述べるような書籍を想像される方が多いだろう。それはそれで楽しみに満ちた読み物ではあるが、本書はそういった著作とは異なるものだ。ウジ虫チーズやペニス料理といったいかにも奇食らしい奇食も紹介されるが、その狙いは、さまざまな食材を取り上げながら、古代から現代までの多種多様な資料を参照しつつ、その社会的、文化的背景を探ることである。

1章では缶詰食品、2章では臓物、3章では血液、4章ではカエル、5章では昆虫……と、扱われる食材はさまざまだ。これらの素材を利用して、作者は適切な〝味つけ〟をほどこし、その裏にひそむ興味深い話題を次々と並べていく。缶詰による食料保存が発明され、不良品などの苦難を乗り越えつつ缶詰が普及していく歴史(北極海探検航海を行ったフランクリン遠征隊が不幸な結果に終わった原因の一端は缶詰にあったらしい)。カエルの缶詰を売りまくって養殖事業を広めたものの、自らが引き起こしたカエル・ラッシュがかえって仇となり、会社を閉鎖せざるをえなかったアメリカ・カエル缶詰会社の創設者アルバート・ブロエル。普仏戦争でプロイセン軍に包囲され、食料不足に追い込まれた結果、犬や猫、ネズミといった動物の肉を食べざるをえなくなったパリ市民。ドードーやリョコウバト、オオウミガラスなど、人間が暴食したことによって(もちろんそれが唯一の原因ではないが)絶滅に追いやられた動物たち。未処理の下水による汚染のため、よりどころとなる牡蠣養殖産業が崩壊してしまった町……。

社会的、文化的背景が語られるといっても、堅苦しい研究書ではないのでご安心を。ディケンズやエミリー・ブロンテ、エリザベス・ギャスケルといったヴィクトリア朝の作家の小説や、ジェイムズ・ジョイスの『ユリシーズ』、ケネス・グレアムの『たのしい川べ』といった文学作品からの引用もあるが、中心となるのは、各時代の人々の姿を如実に示してくれる新聞記事などの身近な資料だ。そこからは、缶詰食品による食中毒によって不幸にも命を失った人々や、不法な缶詰によって大儲けを企んだ商人、結核療法として解体されたばかりの動物の血を求める若い女性たちなどの姿が浮かび上がってくる。私たちは、風変わりな食材の紹介を楽しみつつ、奇食にまつわるトリビアとともに、その歴史や周囲を取り巻く人間模様を目の当たりにすることになる。過去の料理の復元にも取り組んでいる著者らしく、有名な『ビートン夫人の家政読本』などからのレシピも多く紹介されている（奇食のレシピだから、なかなか自分で作ってみようと思われる方は少ないかもしれないが…）。

古今東西の豊富な話題が雑然と詰め込まれている感はあるが、本書で紹介されている数々の料理を堪能するごとく、肩肘張らずに楽しんで読んでいただければ幸いである。

最後に、本書を翻訳する機会を与えていただき、拙訳を丁寧にチェックしてくださった原書房の相原結城さんに感謝する。

なお、訳出にあたっては以下の資料を参照した。

- ジョージ・オーウェル「イギリス料理の弁護」（小野寺健訳）『新装版　オーウェル評論集4　ライオンと一角獣』（平凡社ライブラリー、川端康雄編、二〇〇九年）
- エリザベス・ギャスケル「ラドロー卿の奥様」（中村祥子訳）『ギャスケル全集 別巻Ⅱ（短編・

ノンフィクション)』(大阪教育図書、日本ギャラスケル協会監修、二〇〇九年)
・ルイス・キャロル「鏡の国のアリス」(芦田川祐子訳)『ポケットマスターピース11 ルイス・キャロル』(集英社文庫、鴻巣友季子編、二〇一六年)
・ケネス・グレアム『新訂版 川べにそよ風』(講談社青い鳥文庫、岡本浜江訳、一九九七年)
・シェイクスピア『シェイクスピア全集1 ハムレット』(ちくま文庫、松岡和子訳、一九九六年)
・シェイクスピア『シェイクスピア全集9 ウィンザーの陽気な女房たち』(松岡和子訳、ちくま文庫、二〇〇一年)
・ジェイムズ・ジョイス『ユリシーズ1』(丸谷才一・永川玲二・高松雄一訳、集英社文庫、二〇〇三年)
・チャールズ・ディケンズ「バーナビー・ラッジ」(小池滋訳)『集英社ギャラリー 世界の文学3 イギリス2』(集英社、一九九〇年)

参考文献

$10,000 Reward for Two Fresh Eggs. (1915, Jun 06). *Evening star(Washington, D.C.).*

(1880, Nov 27). *North Wilts Herald*, p. 2.

(1897, Mar 25). *Flintshire Observer Mining Journal and General Advertiser for the Counties of Flint Denbigh.*

(1931, Jul 30). *Aberdeen Press and Journal.*

(1947, Mar 11). *Dundee Courier.*

(1972, Jul 18). *Belfast Telegraph.*

(1978, Aug 1). *New York Times*, pp. Section A, Page 4.

(1997, Aug 3). *Sunday Mirror.*

(1998, Feb 6). *Irish Independent.*

(2017, Aug 20). *The Sunday Times.*

(2018, Jan 27). *The Guardian.*

A Frog Farm. (1896, Aug 8). *The South Wales Daily Post.*

'A Taste of Old England Night'. (1986, Sep 19). *Reading Evening Post.*

Acton, E. (1845). *Modern Cookery for Private Families.*

American Frog Farming. (1894, Dec 8th). *South Wales Daily News.*

Appert, N. (n.d.). *Le livre de tous les ménages ou l'art de conserver pendant plusieurs années toutesles substances animales ou végétales; Barrois l'aine:.*

Association, B. M. (1909). *Secret Remedies: What They Cost & What They Contain.* London.

Baby's Toes Brawn. (1906, Sep 22). *Weekly Mail.*

Badger meat could soon take the place of the traditional Sunday Joint.(1973, May 11). *Birmingham Daily Post.*

Barbier, J. (1994). *Nicholas Appert Inventeur et humaniste.* Paris: CCB Royer, Saga Sciences.

Beef Tea for the Million. (1907, Nov 29). *Carnavon and Denbigh Herald and North and South Wales Independant.*

Beeton, I. (1861). *Mrs Beeton's Book of Household Management.* London: Ward Lock & Bowden Ltd.

Beeton, I. (1861). *Mrs Beeton's Book of Household Managemment.*

Beeton, I. (1865). *Mrs Beeton's Every Day Cookery and Housekeeping Book.*

Beeton, I. (1895). *Mrs Beeton's Book of Household Management.* London: Ward, Lock & Bowden Ltd.

Bell, M. E. (2006). *Vampires and Death in New England, 1784 to 1892, Anthropology and Humanism* (Vol. 31 issue 2).

Bristles in Brawn. (1910, Jun 30). *The Welsh Coast Pioneer and Review for North Cambria.*

Brothers, D. (1882). *The Cosmopolitan Cook and Recipe book.* Buffalo NY.

Bryder, L. (1988). *Below th Magic Mountain: A*

Social History of Tuberculosis in Twentieth Century Britian. New York: Oxford University Press.

Buckmaster, J. C. (1874). *Buckmaster's Cookery.* London: George Routledge and Sons.

Byron, M. (1914). *The British Home Cookery Book.*

Caporael, L. R. (1976, Apr 2). Ergotism: The Satan Loosed in Salem? *Science*, 192.

Chester Tripe Dresser Summonsed. (1901, Jul 3). *The Chester Courant And Advertiser for North Wales.*

Chitterling Song. (1971).

Choked by Tripe. (1889, May 7). South Wales Echo.

Christmas Display. (1910, Dec 24). *Denbighshire Free Press.*

Cookman, s. (2000). *Ice Blink: The Tragic Fate of Sir John Franklin's Lost Polar Expedition.* New York: John Wiley & Sons.

Culpeper, N. (1708). *Pharnacopoeia Londinensis: or the London Dispensatory.* London.

Dangers of Tinned Food. (1897, Jul 28). *South Wales Daily News* (3rd edition).

Day, C. A. (2017). *Consumptive Chic: A History of Beauty, Fashion, and disease.* London: Bloomsbury Academic.

Deadly Brawn. (1908, May 30). *Cardiff Times.*

Death After Eating Brawn. (1908, Jun 6). *Weekly News.*

Decayed Food. (1905, Feb 17). *Barry Herald.*

Department of Agriculture. (1954). *Bullfrog Farming and Frogging in Florida.*

Department of Conservation of State of Louisiana. (1933). *Bulletin. Dictionarium Domesticum.* (1736). London: Hitch, Davis, Austen.

Diseased Meat as Brawn. (1906, Aug 4). *Evening Express* (Special Edition).

Dr Dora. (1969, Nov 26). *Liverpool Echo.*

Drinking Blood. (1879, Oct 8). *Aberdeen Evening Express.*

English Frog Preserves. (1888, May 26). *South Wales Echo.*

Everard, H. (1935). *J & E Hall Ltd 1785-1935.*

Fadda et al., F. e., Hoz, O. A., & Puolanne, P.-K. A. (2008). *Principles of Meat Fermentation.* University of Hellsinki.

Farmers Bulletin. (1921). *Farmers Bulletin 1186 Pork on the Farm, Killing. Curing & Canning*, 8.

Fed up with Jamie? So try roadkill rat or badger. (2006, Jan 31). *The Times.*

Feeding on Beef Blood. (1885, Mar 22). *Rocky Mountain News.*

For Women Folk I HOMELY HINTS AND DAINTY DISHES. (1906, Oct 25). *Evening Express.*

Forbes, e. a. (n.d.). *Microscopic Post-Mortem Changes: the Chemistry of Decomposition.* 2017.

Francatelli, C. E. (1852). *A Plain Cookery Book for the Working Classes.*

Frog Eating and Frog Farming. (1900, Jul 5). *Flintshire Observer Mining Journal and General Advertiser.*

Frog Eating in England. (1899, Jan 13). *Barry Herald.*

Frog Eating New-Yorkers. (1909, Apr 19). *Evening Express.*

Frozen Meat. (1882, Jun 23). *The Cambrian.*

Fuller, E. (1999). *The Great Auk: The Extinction of the Original Penguin.* Bunker Hill Publishing.

Ginger Beer Plant. (1980, Oct 29). *Belfast Telegraph.*

Glasse, H. (1793). *The Art of Cookery Made Plain and Easy.*

Gull Eggs. (1941, Mar 1). *Hartlepool Northern Dail Mail.*

Hedgehog. (1925, Aug 20). *Yorkshire Evening Post.*

Hedgehog. (1950, May 24). *Halifax Evening Courier.*

How To Make Calfs Foot Jelly. (1887, Jan 8th). *Cardiff Times.*

Hunting with the Cotswold Hounds. (1923, Oct 11). *Gloucestershire Echo.*

International Tin Research & Development Council. (1939). *Historic Tinned Food.*

International Tin Research & Development Council. (1939). *Historic Tinned Food,* Publication No 85.

J.A Harvie- Brown, T. B. (1888). *Vertebrate Fauna of the Outer Hebrides.*

Jelly that Jells. (1896, Sep 19). *The Cardiff Times.*

Jennifer Munroe, R. L. (2011). *Ecofeminist Approaches to Early Modernity.* New York.

k., B. (2011). *Tuberculosis and the Victorian Literary Imagination.* Cambridge: Cambridge University Press.

Kay Shuttleworth, S. J. (1832). *The Moral and physical condition of the working classes employed in cotton manufacture in Manchester.*

Keenleyside, A. (1997). The Final Days of the Franklin Expedition - New Skeletal Evidence. *Artic Magazine,* 50:1.

Kelly, M. (1823). *Good Things In England.* (F. White, Ed.)

Kowal W, B. O. (1991). *Source Indentification of Lead found in tissues of sailors from the Franklin Artic Expedition of 1845.* J Archelog Sci.

Labouchère, H. (1871). *Diary of the Beseiged Resident in Paris.* London: Hurst and Blackett.

Lee, N. (1854). *The Cooks Own Book, And Housekeeper's Register.* C.S. Francis and Co.

Leon P.A.M, C. H. (2015). *The Morphology of the Thirioux dodos.*

Letter of the Conseil de Santé to General Caffarelli, préfet maritime. (1803, Nov).

Lovell, M. S. (1884). *The Edible Mollusca Of Great Britain And Ireland, 1884).* London: L Reeve & Co.

M.D., W. H. (1876). *Theraputics of Tuberculosis or Pulmonary Consumption.* New York: Boericke and Tafel.

Manufacture of Brawn. (1885, Mar 11). *South Wales Echo.*

Markham, G. (1615). *English Huswife.* London.

Marlow, F. (2010). *The Hadza: Hunter-Gatherers of Tanzania (Volume3).* University of California Press.

Martin, A. (1807, May 22). *Letter of Admiral Martin, préfet maritime (navy chief administrator), to the "Ministre de laMarine.*

May, R. (1660). *The Accomplisht Cook.*

McCoogan, K. (2001). *Fatal Passage: The Story of John Rae, the Artic Hero Time Forgot.* New York: Carroll & Graf.

Michel, A. (1871)., *Le Siège de Paris, 1870-71.* Paris: Librairie A. Courcier.

(1999). *Ministero delle politiche agricole alimentari e forestali for Italy.* MINISTRY OF AGRICULTURAL, FOOD AND FOREST POLICIES, del decreto ministriale.

Mitchell, M. H. (1935). *The Passenger Pigeon in Ontario.* Toronto: The University of Toronto Press.

Money in Frog Farming. (1902, Jun 27). *Evening Express.*

Montagen, P. (2001). *Larousse Gastronomique:The Worlds Greatest Cookery*

Encylopedia. Hamlin.
Mrs Beeton's Book of Houshold Management. (1880). London.
Nathan Sheppard. (1871). *Shut Up in Paris*. London: Richard Bentley & Son.
Old Testament, Leviticus 11:47. (n.d.).
Parmentier, A. (1810). *Cadet de Vaux A. Examen des produits conserves par Monsieur Nicolas Appert*. Bull, Pharmacie.
Passenger Pigeon. (1915, Jun 6). *Evening star (Washington, D.C.)*.
Paterson, C. D. (1998). *The Two Fat Ladies, Full Throttle*. New York: Clarkson Potter.
Pepys, S. (1957). *Selections from the diary of Samuel Pepys 1660-1669*. New York: Fine Editions Press.
Pigeons. (1843, Apr 29). *Niles (Michigan) Republican (NR)*.
Pliny. (1982). *Naturalis Historia : Pliny the Elder*. (J. I. Whalley, Ed.) Victoria and Albert Museum.
Plumbtre, A. (1813). *Domestic Management: or The Healthful Cookery Book London*. B and R Crosby and Co.
Poisoned by Tinned Lobster. (1897, Oct 12). *South Wales Echo*.
Pools of Blood. (2019, Jun 29). *The Sun*.
Ptomaine Poisoning: Caution to Hotel Keepers. (1900, Mar 31). *South Wales Daily News*.
Quinn, A. H. (1998). *Edgar Allan Poe: A Critcal Biography*. Baltimore: The John Hopkins University Press.
Randolph, M. (1848). *The Virginia Housewife or Methodical Cook*. Philadelphia: E.H. Butler & Co.
Rats in the Cider Vat. (1902, Oct 22). *St James Gazette*.
Rebecca L. Spang, (2002). *"And they ate the zoo": Relating gastronomic exoticism in the siege of Paris,' Modern Language Notes, 107 (September 1992), 752-73; Hollis Clayson, Paris in Despair: Art and Everyday Life under Siege, 1870-71*. University of Chicago Press.
Richard Sykes Advert. (1910, Sep 17). *Rhyl Journal*.
Roast Hedgehog. (1950, May 25). *Belfast Telegraph*.
Salt, H. (1886). *A Plea for Vegetarianism and Other Essays*. The Vegetarian Society.
Seizure of tinned food. (1899, Apr 8). *Rhyl Journal*.
Silverman, K. (1991). *Edgar Allan Poe: A Mournful and Never- Ending Rememberance*. New York: Harper Perenial.
Slater, F. (2016). *From Black to Green: Midlands to Mid-Wales (& The World) Through a Countryman's Eyes*.
Smith, A. B. (1984). *The invisible Whale*.
Society, A. A.-O. (1969). *Yesterday's Shopping, the reprinted catalogue of the Army & Navy Stores: 1907*. Newton Abbot: David Charles.
Soyer, A. (1854). *Shilling Cookery for the People*.
The Best Beef Tea. (1910, Jul 16). *Denbighshire Free Press*.
The Primal Diet: The Silliest Diet Ever. (2009, Mar 21). *The Times*.
Unsound Tinned Food. (1900, Jun 2). *County Observer and Monmouthshire Central Advertiser*.
Unwholesome Brawn. (1886, Sep 4th).
Walker, J. (1819). Pantologia: *A New Cabinet Encyclopaedia*. London.
Watson, D. C. (1915). *Food & Feeding in Health and Disease*. McAinsh & Co.
Weir, A. (1999). *Eleanor of Aquitaine: by the wrath of God, Queen of England*. Pimlico.
Woman Choked by Tripe. (1895, Oct 15). *Evening Express* (pink).

Yulin Meat Festival. (2020, Jun 19). *The Telegraph*.
Zdor, K. &. (2003). *Changes in Soviet and Post-Soviet Indigenous Diets*. Universite Laval.

著者　セレン・チャリントン＝ホリンズ Seren Charrington - Hollins

ウェールズ在住の食物史家。薬草学を専門としていたが、料理と歴史への興味が高じてイギリスの食物史に取り組むように。テレビ・ラジオへの出演や、雑誌への寄稿多数。地方や農業の歴史、女性史、家政学、食事作法、第一次・第二次世界大戦中の銃後の国民生活などのテーマを専門的に扱う。歴史研究とともに、過去の料理の復元にも力を入れ、そのサンプルはイギリス中のカントリー・ハウスや博物館、城などで展示され、好評を博した。2020年に*A Dark History of Tea*を出版し、本作が2冊目の著書となる。

訳者　阿部将大（あべまさひろ）

1976年生まれ。山口県宇部市出身。大阪大学文学部文学科英米文学専攻卒業。大阪大学大学院文学研究科イギリス文学専攻博士前期課程修了。

世界《せかい》の奇食《きしょく》の歴史《れきし》

人《ひと》はなぜそれを食《た》べずにはいられなかったのか

2023年2月19日　第1刷

著 者 ・・・・・・・・・・・・・ セレン・チャリントン＝ホリンズ
訳 者 ・・・・・・・・・・・・・ 阿部将大《あべまさひろ》
ブックデザイン ・・・・・・ 永井亜矢子（陽々舎）
カバー ・・・・・・・・・・・・ Mrs Beeton's Book of Household Management
発行者 ・・・・・・・・・・・・ 成瀬雅人
発行所 ・・・・・・・・・・・・ 株式会社原書房
〒160-0022 東京都新宿区新宿1-25-13
電話・代表　03(3354)0685
http://www.harashobo.co.jp/
振替・00150-6-151594
印 刷 ・・・・・・・・・・・・・ 新灯印刷株式会社
製 本 ・・・・・・・・・・・・・ 東京美術紙工協業組合

ISBN 978-4-562-07260-6 Printed in Japan